STUDY ON CONTEMPORARY OVERSEAS MARXIST PHILOSOPHY

当代国外
马克思主义哲学研究丛书

南京大学
建设世界一流大学一流学科工程项目

国家出版基金项目　张一兵　主编

Rewriting Modernity
A Study on Lyotard's Marxist Thoughts

重写现代性

利奥塔的马克思主义思想研究

郑劲超　著

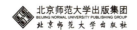

北京师范大学出版集团
BEIJING NORMAL UNIVERSITY PUBLISHING GROUP
北京师范大学出版社

总　序

今天中国的改革开放创造了一个前所未有的华夏文明的时代，中国人文社会科学学术研究领域中那种单向的"去西方取经"一边倒的情形，已经转换为世界各国的科学家和思想家纷纷来到中国这块火热的大地上，了解这里发生的一切，与中国的学者进行面对面的交流。在作为中国马克思主义哲学研究重镇的南京大学，德里达来了，齐泽克[①]

[①]　斯拉沃热·齐泽克(Slavoj Žižek，1949—　)：当代斯洛文尼亚著名思想家，欧洲后马克思思潮主要代表人物之一。1949年3月21日生于斯洛文尼亚的卢布尔雅那市，当时，该市还是南斯拉夫西北部的一个城市。1971年在卢布尔雅那大学文学院哲学系获文科(哲学和社会学)学士，1975年在该系获文科(哲学)硕士，1981年在该系获文科(哲学)博士。1985年在巴黎第八大学获文科(精神分析学)博士。从1979年起，在卢布尔雅那大学社会学和哲学研究所任研究员(该所从1992年开始更名为卢布尔雅那大学社会科学院社会科学研究所)。主要著作：《意识形态的崇高对象——悖论与颠覆》(1989)、《斜视》(1991)、《延迟的否定——康德、黑格尔与意识形态批判》(1993)、《快感大转移——妇女和因果性六论》(1994)、《难缠的主体——政治本体论的缺席中心》(1999)、《易碎的绝对——基督教遗产为何值得奋斗?》(2000)、《视差之见》(2006)、《捍卫失败的事业》(2008)、《比无更少》(2012)等。

来了，德里克①来了，凯文·安德森②来了，凯尔纳③来了，阿格里塔④
来了，巴加图利亚⑤来了，郑文吉⑥来了，望月清司⑦来了，奈格里⑧

① 阿里夫·德里克(Arif Dirlik, 1940—2017)：土耳其裔历史学者，美国著名左派学者，美国杜克大学、俄勒冈大学教授。代表作：《革命与历史——中国马克思主义历史学的起源，1919—1937》(1978)、《中国革命中的无政府主义》(2006)、《后革命时代的中国》(2015)等。

② 凯文·安德森(Kevin B. Anderson, 1948—)：美国当代西方列宁学家，社会学家，加利福尼亚大学圣塔芭芭拉分校教授。代表作：《列宁、黑格尔和西方马克思主义：一种批判性研究》(1995)等。

③ 道格拉斯·凯尔纳(Douglas Kellner, 1943—)：马克思主义批判理论家，美国加利福尼亚大学洛杉矶分校教授，乔治·奈勒教育哲学讲座教授。代表作：《后现代转折》(1997)、《后现代理论——批判性的质疑》(1991)、《媒体奇观：当代美国社会文化透视》(2001)等。

④ 米歇尔·阿格里塔(Michel Aglietta, 1938—)：法国调节学派理论家，法国巴黎第五大学国际经济学教授，法国巴黎大学荣誉教授。代表作：《调节与资本主义危机》(1976)等。

⑤ 巴加图利亚(G. A. Bagaturija, 1929—)：俄罗斯著名马克思主义文献学家和哲学家。

⑥ 郑文吉(Chung, Moon-Gil, 1941—2017)：当代韩国著名马克思学家。1941年11月20日出生于韩国庆尚北道大邱市；1960—1964年就读于大邱大学(现岭南大学)政治系，1964—1970年为首尔大学政治学研究生，获博士学位；1971年起，任教于高丽大学，1975年任副教授，1978年任教授；2007年，从高丽大学的教职上退休。1998—2000年，郑文吉任高丽大学政治科学与经济学院院长。代表作：《异化理论研究》(1978)、《青年黑格尔派与马克思》(1987)、《马克思的早期论著及思想生成》(1994)、《韩国的马克思学视域》(2004)等。

⑦ 望月清司(Mochizuki Seiji, 1929—)：日本当代新马克思主义思想家。1929年生于日本东京，1951年就读于日本专修大学商学部经济学科，1956年就任该大学商学部助手，1969年晋升为该大学经济学部教授。1975年获得专修大学经济学博士，并从1989年开始连任专修大学校长9年，直至退休为止。代表作：《马克思历史理论的研究》(1973)等。

⑧ 安东尼·奈格里(Antonio Negri, 1933—)：意大利当代著名马克思主义哲学家。1956年毕业于帕多瓦大学哲学系，获得哲学学士学位。同年加入意大利工人社会党。20世纪60年代曾参与组织意大利工人"自治运动"(Autonomia Operaia)。1967年获得教授资格。1978年春季，他应阿尔都塞的邀请在巴黎高师举办了一系列关于马克思《政治经济学批判大纲》的讲座，其书稿于1979年分别在法国和意大利出版，即《〈大纲〉：超越马克思的马克思》。1979年，奈格里因受到红色旅杀害时任意大利总理阿尔多·莫罗事件的牵连而被捕。释放后流亡法国14年，在法国文森大学(巴黎第八大学)和国际哲学学院任教。1997年，在刑期从30年缩短至13年后，奈格里回到意大利服刑。在狱中奈格里出版了一批有影响的著作。1994年，奈格里与哈特合作出版了《酒神：国家形式的批判》。之后，二人又相继合作出版了批判资本主义全球化的三部曲：《帝国》(2000)、《诸众》(2004)、《大同世界》(2011)等。

和普舒同①来了，斯蒂格勒②和大卫·哈维③这些当代的哲学大师都多次来到南京大学，为老师和学生开设课程，就共同关心的学术前沿问题与我们开展系列研讨与合作。曾几何时，由于历史性和地理性的时空相隔，语言系统迥异，不同文化和不同的政治话语语境，我们对国外马克思主义哲学的研究，只能从多重时空和多次语言转换之后的汉译文本，生发出抽象的理论省思。现在，这一切都在改变。我们已经获得足够完整的第一手文献，也培养了一批批熟练掌握不同语种的年轻学者，并且，我们已经可以直接与今天仍然在现实布尔乔亚世界中执着抗争的欧美亚等左派学者面对

---

①　穆伊什·普舒同（Moishe Postone，1942—2018）：当代加拿大马克思主义历史学家、哲学家和政治经济学家。1983年获德国法兰克福大学博士学位，代表作《时间、劳动和社会支配：对马克思批判理论的再解释》在国际马克思主义学界产生了很大影响。普舒同教授曾于2012年和2017年两次访问南京大学马克思主义社会理论研究中心，为师生作精彩的学术演讲，并与中心学者和学生进行深入的研讨与交流。

②　贝尔纳·斯蒂格勒（Bernard Stiegler，1952—　）：当代法国哲学家，解构理论大师德里达的得意门生。早年曾因持械行劫而入狱，后来在狱中自学哲学，并得到德里达的赏识。1992年在德里达的指导下于社会科学高级研究院获博士学位（博士论文：《技术与时间》）。于2006年开始担任法国蓬皮杜中心文化发展部主任。代表作：《技术与时间》（三卷，1994—2001）、《象征的贫困》（二卷，2004—2005）、《怀疑和失信》（三卷，2004—2006）、《构成欧洲》（二卷，2005）、《新政治经济学批判》（2009）等。

③　大卫·哈维（David Harvey，1935—　）：当代美国著名马克思主义思想家。1935年出生于英国肯特郡，1957年获剑桥大学地理系文学学士，1961年以《论肯特郡1800—1900年农业和乡村的变迁》一文获该校哲学博士学位。随后即赴瑞典乌普萨拉大学访问进修一年，回国后任布里斯托大学地理系讲师。1969年后移居美国，任约翰·霍普金斯大学地理学与环境工程系教授，1994—1995年曾回到英国在牛津大学任教。2001年起，任教于纽约市立大学研究生中心和伦敦经济学院。哈维是当今世界最重要的马克思主义思想家，提出地理—历史唯物主义，是空间理论的代表人物。其主要著作有《地理学中的解释》（1969）、《资本的界限》（1982）、《后现代的状况——对文化变迁之缘起的探究》（1989）、《正义、自然与差异地理学》（1996）、《希望的空间》（2000）、《新自由主义简史》（2005）、《跟大卫·哈维读〈资本论〉》（第一卷，2010；第二卷，2013）、《资本社会的17个矛盾》（2014）、《世界之道》（2016）等。

面地讨论、合作与研究，情况确实与以前大不相同了。

2017 年 5 月，我们在南京召开了"第四届当代资本主义研究暨纪念《资本论》出版 150 周年国际学术研讨会"和"《政治经济学批判大纲》专题讨论会"。在这两个会议上，我们与来到南京大学的国外马克思主义哲学研究者们，不仅共同讨论基于原文的马克思《1857—1858 年经济学手稿》中的"机器论片断"，也一同进一步思考当代数字资本主义社会出现的所谓自动化生产与"非物质劳动"问题。真是今非昔比，这一切变化都应该归因于正在崛起的伟大的社会主义中国。

2001 年，哲学大师德里达在南京大学的讲坛上讨论解构理论与当代资本主义批判之间的关系，他申辩自己不是打碎一切的"后现代主义者"，而只是通过消解各种固守逻辑等级结构的中心论，为世界范围内的文化、性别平等创造一种新的思维方式。如今，这位左派大师已经驾鹤西去，但他的批判性思想的锐利锋芒，尤其是谦逊宽宏的学术胸怀令人永远难忘。

2003 年以来，我们跟日本学界合办的"广松涉与马克思主义哲学国际学术研讨会"已经举行了六届，从南京到东京，多次与广松涉①夫人及

---

① 广松涉(Hiromatsu Wataru，1933—1994)：当代日本著名的新马克思主义哲学家和思想大师。广松涉 1933 年 8 月 11 日生于日本的福冈柳川。1954 年，广松涉考入东京大学，1959 年，在东京大学哲学系毕业。1964 年，广松涉在东京大学哲学系继续博士课程的学习。1965 年以后，广松涉先后任名古屋工业大学讲师(德文)、副教授(哲学和思想史)，1966 年，他又出任名古屋大学文化学院讲师和副教授(哲学与伦理学)。1976 年以后，广松涉出任东京大学副教授、教授直至 1994 年退休。同年 5 月，任东京大学名誉教授。同月，广松涉因患癌症去世。代表作：《唯物史观的原像》(1971)、《世界的交互主体性的结构》(1972)、《文献学语境中的〈德意志意识形态〉》(1974)、《资本论的哲学》(1974)、《物象化论的构图》(1983)、《存在与意义》(全二卷，1982—1983)等。

学生们深入交流，每每谈及广松先生从 20 世纪 60 年代就开始直接投入
左翼学生运动狂潮的激情，尤其是每当聊到广松先生对马克思主义哲学
的痴迷和以民族文化为根基，以马克思主义哲学为中轴，创立独具东方
特色的"广松哲学"的艰辛历程时，广松夫人总是热泪盈眶、情不能已。

2005 年，卡弗①访问了南京大学马克思主义社会理论研究中心，每
当谈起马克思恩格斯的《德意志意识形态》等经典哲学文本时，这位严谨
的欧洲人认真得近乎固执的治学态度和恭敬于学术的痴迷神情总是会深
深打动在场的所有人。2018 年，卡弗再一次来到南京大学时，已经带
来了我们共同关心的《德意志意识形态》手稿版和政治传播史的新书。
2006 年，雅索普②在我们共同主办的"当代资本主义研究国际学术研讨
会"上受邀致闭幕词，其间他自豪地展示了特意早起拍摄的一组清晨的
照片，并辅以激情洋溢的抒怀，他对中国社会和中国文化的欣赏与热情
展露无遗，令与会者尽皆动容。

令我记忆深刻的还有 2007 年造访南京大学的哲学家齐泽克。在我

---

① 特雷尔·卡弗(Terrell Carver, 1946—)：英国布里斯托大学政治学系教授，
当代著名西方马克思学学者。1974 年在牛津大学贝列尔学院获得政治学博士学位，1995
年 8 月至今任英国布里斯托大学政治学系教授。代表作：《卡尔·马克思：文本与方法》
(1975)、《马克思的社会理论》(1982)、《弗里德里希·恩格斯：他的生活及思想》(1989)、
《后现代的马克思》(1998)、《政治理论中的人》(2004)、《〈德意志意识形态〉手稿》
(2016)等。

② 鲍勃·雅索普(Bob Jessop, 1946—)：当代重要的西方马克思主义理论家。毕
业于英国兰卡斯特大学，从事社会学研究并获得学士学位。在英国剑桥大学获得博士学
位后，任剑桥大学唐宁院的社会与政治科学研究员。1975 年他来到艾塞克斯大学政府
学院，开始教授国家理论、政治经济学、政治社会学和历史社会学，现为英国兰卡斯特
大学社会学教授。代表作：《国家理论：让资本主义国家归位》(1990)、《国家的过去、现
在与未来》(2016)等。

与他的对话中，齐泽克与我提到资本主义经济全球化中的那一双"童真之眼"，他说，我们应该为芸芸众生打开一个视界，让人们看到资本的逻辑令我们看不到的东西。在他看来，这，就是来自马克思主义批判的质性追问。也是在这一年，德里克访问南京大学，作为当代中国现代史研究的左翼大家，他在学术报告中提出后革命时代中马克思主义的不可或缺的意义。不久之后，在我的《回到马克思》英文版的匿名评审中，德里克给予了此书极高的学术评价，而这一切他从来都没有提及。

2008 年，苏联马克思主义研究院的那位编译专家巴加图利亚，为我们带来了自己多年以前写作的关于《德意志意识形态》的哲学博士论文和俄文文献。也是这一年，韩国著名马克思文献学学者郑文吉应邀来南京大学访问，他在为南京大学学生作的报告中告诉我们，他的学术研究生涯是"孤独的 30 年"，但是，在他退休之后，他的研究成果却在中国这样一个伟大的国家得到承认，他觉得过去艰难而孤独的一切都是值得的。2011 年，日本新马克思主义思想家望月清司访问南京大学，他将这里作为 40 年前的一个约定的实现地，此约定即谁要是能查到马克思在《资本论》中唯一一次使用的"资本主义"（Kapitalismus）一词，就请谁喝啤酒。已经初步建成《马克思恩格斯全集》电子化全文数据库的我们都喝到了他的啤酒。

最令我感动的是年过八旬的奈格里，他是怀中放着心脏病的急救药，来参加我们 2017 年"第四届当代资本主义研究暨纪念《资本论》出版 150 周年国际学术研讨会"的，曾经坐过十几年资产阶级政府大牢的他，一讲起意大利"1977 运动"的现场，就像一个小伙子那样充满激情。同样是参加这次会议的八旬老翁普舒同，当看到他一生研究的马克思

《1857—1858 年经济学手稿》的高清扫描件时，激动得眼泪都要流出来了。不幸的是，普舒同教授离开中国不久就因病离世，在南京大学的会议发言和访谈竟然成了他留给世界最后的学术声音。

2015—2018 年，斯蒂格勒四次访问南京大学，他连续三年为我们的老师和学生开设了三门不同的课程，我先后与他进行了四次学术对话，也正是与他的直接相遇和学术叠境，导引出一本我关于《技术与时间》的研究性论著。[①] 2016—2018 年，哈维三次来到南京大学，他和斯蒂格勒都签约成为刚刚成立的南京大学国际马克思主义研究院的兼职教授，他不仅为学生开设了不同的课程，而且每一次都带来了自己的最新研究成果。我与他的哲学学术对话经常会持续整整一天，当我问他是否可以休息一下时，他总是笑着说："我到这里来，不是为了休息的。"哪怕在吃饭的时候，他还会问我："马克思的异化概念到底是什么时候形成的？"

对我来说，这些当代国外马克思主义哲学家和左派学者真的让人肃然起敬。他们的旨趣和追求是真与当年马克思、恩格斯的理想一脉相承的，在当前这个物质已经极度富足丰裕的资本主义现实里，身处资本主义体制之中，他们依然坚执地秉持知识分子的高尚使命，在努力透视繁华世界中理直气壮的形式平等背后深藏的无处控诉的不公和血泪，依然理想化地高举着抗拒全球化资本统治逻辑的大旗，发出阵阵发自肺腑、激奋人心的激情呐喊。无法否认，相对于对手的庞大势

---

① 　张一兵：《斯蒂格勒〈技术与时间〉构境论解读》，上海，上海人民出版社，2018。

力而言，他们显得实在弱小，然而正如传说中美丽的天堂鸟①一般，时时处处，他们总是那么不屈不挠。我为有这样一批革命的朋友感到自豪和骄傲。

其实，自 20 世纪 80 年代以来，中国马克思主义理论界接触、介绍和研究国外马克思主义哲学已经有 30 多个年头了。我们对国外马克思主义哲学家的态度和研究方法也都有了全面的理解。早期的贴标签式的为了批判而批判的研究方式早已经淡出了年轻一代的主流话语，并逐渐形成了以文本和思想专题为对象的各类更为科学的具体研究，正在形成一个遍及中国的较高的学术探讨和教学平台。研究的领域也由原来对欧美马克思主义哲学的关注，扩展到对全球马克思主义哲学研究的全景式研究。在研究的思考逻辑上，国内研究由原来零星的个人、流派的引介和复述，深入到对国外马克思主义哲学的整体理论逻辑的把握，并正在形成一批高质量的研究成果。各种国外马克思主义论坛和学术研讨活动，已经成为广受青年学者关注和积极参与的重要载体和展示平台，正在产生重要的学术影响。可以说，我们的国外马克思主义哲学学科建设取得了喜人的进展，从无到有，从引进到深入研究，走过的是一条脚踏实地的道路。

从这几十年的研究来看，国外马克思主义哲学研究对于我国的马克思主义学术理论建设，对于了解西方当代资本主义社会的变迁具有极为

① 传说中的天堂鸟有很多版本。辞书上能查到的天堂鸟是鸟，也是一种花。据统计，全世界共有 40 余种天堂鸟，在巴布亚新几内亚就有 30 多种。天堂鸟花是一种生有尖尖的利剑状叶片的美丽的花。但是我最喜欢的传说，还是作为极乐鸟的天堂鸟，在阿拉伯古代传说中是不死之鸟，相传每隔五六百年就会自焚成灰，在灰中获得重生。

重要的意义。首先，国内的马克思主义哲学研究由于长期受到苏联教条主义教科书的影响，在取得了重大历史成就的同时也存在着一些较为严重的缺陷，对这些理论缺陷的反思，在某种意义上是依托对国外马克思主义哲学的研究和比较而呈现出来的。因而，在很大的意义上，国外马克思主义哲学的研究推动了国内马克思主义研究在理论和方法上的变革。甚至可以说，国外马克思主义哲学研究和国内马克思主义哲学研究是互为比照，互相促进的。其次，我们对国外马克思主义哲学的研究同时也深化了对西方左翼理论的认识，并通过这种研究加深了我们对于当代资本主义现实的理解，进而也让我们获得了中国特色社会主义道路自信最重要的共时性参照。

当然，随着当代资本主义的发展，国外马克思主义哲学理论逻辑也发生了重大变化，比如，到 20 世纪 60 年代，以阿多诺的《否定的辩证法》和 1968 年"红色五月风暴"学生运动的失败为标志，在欧洲以学术为理论中轴的"西方马克思主义"在哲学理论逻辑和实践层面上都走到了终结，欧洲的马克思主义哲学研究出现了"后马克思"转向，并逐渐形成了"后马克思思潮""后现代马克思主义""晚期马克思主义"等哲学流派。这些流派或坚持马克思的立场和方法，或认为时代已经变了，马克思的理论和方法已经过时，或把马克思的理论方法在新的时代条件下加以运用和发展。总的来说，"后马克思"理论倾向呈现出一幅繁杂的景象。它们的理论渊源和理论方法各异，理论立场和态度也各异，进而对当代资本主义的认识和分析也相去甚远。还应该说明的是，自意大利"1977 运动"失败之后，意大利的马克思主义理论研究开始在欧洲学术界华丽亮相，出现了我们并没有很好关注的所谓"意大利激进思潮"①。在 20 世纪 60 年代曾经达到学术高峰的日本马克思主义哲学研究界，昔日的辉煌不再，青年一代的马克思追随者还在孕育之中；而久被压制的韩国马克思主义哲学研究，才刚刚进入它的成长初期；我们对印度、伊朗等第三世界国家的马克思主义哲学研究还处于关注不够、了解不深的状况之中。这些，都是我们在今后的国外马克思主义哲学研究中需要努力的方向。

本丛书是关于国外马克思主义哲学研究的专题性丛书，算是比较完整地收录了近年来我所领导的南京大学马克思主义哲学研究学术团队和学生们在这个领域中陆续完成的一批重要成果。其中，有少量原先已经出版过的重要论著的修订版，更多的是新近写作完成的前沿性成果。将这一丛书作为南京大学"双一流"建设工程的重要成果之一，献礼于马克思诞辰 200 周年，我深感荣幸。

张一兵

2018 年 5 月 5 日于南京大学

---

① 意大利激进理论的提出者主要是 20 世纪六七十年代意大利新左派运动中涌现出来的以工人自治活动为核心的"工人主义"和"自治主义"的一批左翼思想家。工人运动缘起于南部反抗福特主义流水线生产的工会运动，他们 1961 年创刊《红色笔记》，1964 年出版《工人阶级》，提出"拒绝工作"的战略口号。1969 年，他们组织"工人运动"，1975 年，新成立的"自治运动"取代前者，成为当时意大利学生、妇女和失业者反抗斗争的大型组织。1977 年，因一名自治主义学生在罗马被法西斯分子杀害，引发"1977 运动"的爆发。因为受红色旅的暗杀事件牵连，自治运动的主要领导人于 1979 年 4 月全部被政府逮捕入狱，运动进入低潮。这一运动的思想领袖，除去奈格里，还有马里奥·特洪迪（Mario Tronti）、伦涅罗·潘兹尔瑞（Raniero Panzieri）、布罗那（Sergio Bologna）以及马西莫·卡西亚里（Massimo Cacciari）、维尔诺（Paolo Virno）、拉扎拉托（Maurizio Lazzarato）等。其中，维尔诺和拉扎拉托在理论研讨上有较多著述，这些应该也属于广义上的意大利激进理论。这一理论近期开始受到欧美学术界的广泛关注。

马克思主义辩证法的重复性、回忆性与修复性（代序）^①

文／刘怀玉

　　按照利奥塔"重写现代性"的说法，思想史有重复性、回忆性与修复性三种模式。马克思主义辩证法在其经典叙述中存在一个不断的既有重复又有差异的自我突破过程，20 世纪语境中的苏联马克思主义与西方马克思主义辩证法则经历了一个不断回忆马克思主义之前的思想资源重建其当代形态的多元化展开的过程。21 世纪面对新自由主义与后现代主义的挑战，马克思主义及其在当代的命运、价值与可能的视野，需要从已有的历史强制记忆中走出来，不断地修复与激活辩证法思想中的有韧性的激进的能量，直面当代资本主义的世界历史这个"自在之物"本身。

---

① 原文发表于《天津社会科学》，2016 年第 1 期。文字有改动。

一、思想史的重复性、回忆性与修复性

利奥塔，这位法国新尼采主义者，作为后现代主义叙事最有名的倡导者，曾经提出过"重写现代性"①这个著名口号。为此，他借用弗洛伊德《回忆、重复与修通》（1914）一文中的措辞，提出现代性有三种书写方式。第一种是重复，它出现于被压抑的想法重新返回并萦绕着主体时，是某种不受主体意识模式所控制的结构，它让主体强制性地重复一个动作，如俄狄浦斯逃脱不了自己的命运。第二种是回忆，即现代主义记忆的模式。主人公开始意识到不能受制于匿名的结构，于是试图去寻找令他遭受痛苦的原因，起源与结果成为他最关心的问题。利奥塔采纳的是第三种"修通"（durcharbeitung/workingthrough，亦译"透析"），以此方法来重写现代性。这种重写并非从头开始找一个绝对真实的零度状态的史前史起点，也不是弗洛伊德式的回忆那被压抑的无意识的过去，而是"既是回归又是想象未来"的双向过程。"重写"并不像我们最初期待的那样，能够还原或再现最初的场景，与其说它在回忆，不如说在忘却；与其说它在提供关于过去的知识，不如说它是一种突破规则、创造现在与未来的艺术活动。

作为马克思主义思想史的书写者，我们有重写思想史的义务与能力，而没有必要简单挪用利奥塔的方式。但他对自己历史的无意识的强

---

① ［法］让-弗朗索瓦·利奥塔：《非人——时间漫谈》，罗国祥译，25—38 页，北京，商务印书馆，2000；［英］西蒙·莫尔帕斯：《导读利奥塔》，孔锐才译，重庆，重庆大学出版社，2014；周慧：《利奥塔的差异哲学：法则、事件、形式》，重庆，重庆大学出版社，2012。

制重复的批判，对寻找原初历史真相之神话的批判，和对回复与展望的双重努力的渴望，是有借鉴作用的。利奥塔重写现代性的努力与初衷并不是一笔勾销启蒙与现代性的历史合法性，而是指出现代性宏观叙事的粗暴性，试图展现被压制的那些沉默的环节与声音。重写马克思主义思想史的学者们自然不能回避与否认传统专业思想史中曾经被压制的某些不在场的沉默声音。恢复这些场面与声音，不足以颠覆或危及马克思主义思想史的整体合法性或崇高感，倒是有助于实践性地阐释这部崇高历史的复杂性与开放性的内涵。

距列宁的《谈谈辩证法》（1915）一文的写作已过去 100 多年，我们写一篇从当代视野反思马克思主义辩证法的历史与经验教训、追问其未来走向的文章，无疑是必要且有充分理由的。问题是我们应从何种角度入手来写这 100 年，甚至是从马克思主义辩证法创立至今的 170 年的历史？一个惯常的角度是认为这个历史是处于不断发展过程中的历史，一个多元化发展的历史，一个始终受到挑战因而需要有明确的立场的历史。①

作为对利奥塔以上所述的"重写现代性"的回应与借鉴，本文旨在从另外的角度思考这个历史。这就是思想史有着"发展性"之中的"重复性"的特征，有着表面"多样性"之下的相互冲突的"回忆性"的特征，有着坚守立场与拒绝历史之对立的"修复性"的特征。

我们要强调，马克思主义辩证法的历史在表面的发展背后是有"重复性"的无意识结构的。马克思主义经典作家并没有给我们留下一个"标准的"唯物辩证法的经典形态、经典设想，而是在"反复地"、多次地反

---

① 刘怀玉：《马克思主义思想史三题》，载《理论视野》，2014 年第 12 期。

思自己哲学的思想与现实前提中，在反复地克服与超越古典哲学与古典经济学的思维方式、思维前提中，给我们留下了对辩证法的不同的理解与想象及叙述形式。"不断重复着的"与"修正着的"经典叙述形式，是马克思主义辩证法中最重要的"活东西"，而把经典马克思主义的某种辩证叙述形式固定化、教条化，则是马克思主义辩证法最僵化的"死东西"。所以"重复性"既反映了马克思主义辩证法的"活的"生命力或者"有韧性"的一面，也反映了被僵化的"死东西"的一面。①

首先，所谓"思想史重复性"之说，是针对曾经最为强势的进步的积累性之范式而言的，既有褒义也有贬义。所谓褒义的重复性，是说思想史上总有一些最基本的问题与范式，会不时地、间断性地、反复性地被讨论，而不像单线性进步论所假设的那样总是在一个问题上"走到黑"，或者在一个问题上不断积累，也不像断裂论所说的那样总是新问题不断。例如，俄国思想史上的民粹派与合法派之争，这种现象其实早在19世纪40年代就出现过，像日耳曼浪漫主义与法兰西主义之争一样。而今天的价值论与后殖民主义之争何尝不是这种合法派与民粹派之争的又一次改头换面的再现？

所谓贬义的重复性，是指思想史上经常出现一种病症，即当一个时代或社会出现危机而没有新的思想灵感之时，人们就会再次陷入他们可能遗忘的集体无意识的思维定式之中。如民族主义、虚无主义或者马克思主义内部经常出现的修正主义现象都是这样的。当社会出现了危机，

---

① [美]弗雷德里克·詹姆逊：《辩证法的韧性：三个方面》，见《辩证法的效价》，余莉译，北京，中国社会科学出版社，2014。

包括经济政治危机、文化认同危机时，思想史上那些病症就会显现出来。就像弗洛伊德讲的精神病人，间歇性地、无意识地做同一个动作，以此掩盖病人自己无法想起的那种焦虑与恐惧。一旦发生周期性经济危机，人们就会习惯性地想到通过控制货币流通来解决一切问题，而没有想到，货币诞生之最初原因就是经济生活遇到了危机与矛盾而不得不发明的一种转移方式。再如，在出现周期性动荡与政治危机时，人们就会想到民族、国家、爱国主义、政治强人，仿佛它们能够解决一切问题，而忘记了国家本身恰恰就是社会陷入不可解决的矛盾的一种征候。[①] 虚无主义或价值多元主义似乎是现代历史的病态，思想其实也是历史上一再出现的文化认同危机的社会文化病症，例如，春秋战国时期的"百家争鸣"之于新文化运动，希腊化怀疑主义之于青年黑格尔派，青年黑格尔派之于今天的后现代主义，凡此种种，不一而足。

其次，所谓思想史的"回忆性"，就是试图走出这种强制的失忆的自我重复的病症，试图在记忆中发现所谓"曾经的本来的我与历史"，对掩盖真相与撒弥天大谎的历史进行复仇。通常的说法就是"从前的历史是错的，而我现在要告诉你历史本来是这个样子"。只有对过去一再统治着我们的假历史进行摧毁与报复，回到原来的历史，我们才能获得解放。照此来看，20世纪马克思主义辩证法的多元化发展，实际上就是由于第二国际马克思主义"集体遗忘"辩证法和经典马克思主义范式危机或者历史断裂所造成的"回忆焦虑症"。今天我们面临着类似的范式危机

---

① 有关观点参见［日］柄谷行人：《历史与反复》，王成译，北京，中央编译出版社，2011。

与历史断裂。在此情势下，20 世纪以苏联马克思主义、中国马克思主义与西方马克思主义为主要标志的马克思主义辩证法，其多元发展背后有一个重新回顾马克思主义辩证法来源的焦虑与期待，即不是完全在已有的基础上进一步发展的辩证法，而是由范式危机引起的"回忆式"地寻找所谓辩证法的"本真"形态与意义的问题。在此意义上，多元化辩证法的发展其实是对第二国际辩证法无意识的报复。

最后，所谓"修复性"历史，其表现就是试图从第二种"报复性的"、彻底否定性的历史情结中走出来，指出历史的不可呈现性与不可重复性，认为思想历史正是在超越重复式思维与报复性思维的过程中慢慢健全与丰富起来。今天马克思主义辩证法面临的主要挑战有 20 世纪以来的后形而上学的分析哲学与实证主义，特别是以普遍主义与历史终结论为特征的自由主义，但更大的挑战或启示来自以从西方马克思主义流派中分化或变形的后结构主义为代表的后现代主义。它们对马克思主义的挑战在于，拒绝与否定一切形态的、总体性的、思想史的言说方式的合法性。后结构主义式的总体思想史终结论或宏大思想史终结论与差异性微观思想史的兴起，对马克思主义辩证法的挑战与启示，即它在当代的命运、价值与可能的视野，是需要从已有的强制性历史记忆中走出来的，修复马克思主义辩证法中潜在的、激进的能量，以面对当代资本主义的世界历史这个"自在之物"本身。

二、马克思经典辩证叙事之"重复与差异"的游戏

关于思想史的叙述方法问题，马克思本人专门着墨之处并不甚多，

但至少有两个经典案例值得我们回味，这与他的政治经济学的批判方法有关。第一个案例是马克思在评价重农学派的历史贡献时说，一个思想家的思想体系有表面与内在之分，我们必须把其表面上的叙述形式与真正想要叙述的形式区分开来。比如，重农学派就是披着封建主义外衣的资产阶级政治经济学，斯宾诺莎是位穿着神学外套的资产阶级无神论唯物主义哲学家。① 第二个案例仍然与重农学派有关。在《政治经济学批判》第一分册中，马克思这样形容重农学派与古典经济学的关系：对于重农学派来说，也像对他们的反对者来说一样，争论的焦点倒不是哪一种劳动创造价值，而是哪一种劳动创造剩余价值。因此，他们还没有把问题在初级形式上解决，就先在复杂化了的形式上进行探讨。正如一切科学的历史进程一样，总要经过许多曲折，才能达到它们的真正出发点。科学和其他建筑师不同，它不仅画出空中楼阁，而且在打下地基之前就造起大厦的各层住室。②

　　笔者认为，这两个案例用在马克思辩证法的叙述问题上也是合适的。也就是说，我们必须把马克思本人想让同时代人明白的叙述形式与其本人想表达的叙述形式区分开来，必须把德国古典哲学辩证法的叙述形式与马克思本人的辩证法叙述形式设想为科学思想发展中的上层与基础的关系。如此来说，德国古典哲学辩证法之于马克思的辩证法就有些像重农学派的价值学说之于古典经济学。就其复杂程度与精细程度而言，古典哲学辩证法比马克思的辩证法要精细复杂，但却没有打好自己

① 《马克思恩格斯文集》第 10 卷，429—430 页，北京，人民出版社，2009。
② 《马克思恩格斯全集》第 31 卷，451 页，北京，人民出版社，1998。

的现实基础，它在工业社会真正到来与真正被理解之前，便把对工业社会的神秘憧憬与理想化的批判预先说出来了，而最基础、最核心的现实逻辑研究工作却交给马克思他们了。在某种意义上，问题并不在于马克思一生是否逃离了黑格尔，而在于为什么黑格尔在很多问题（比如异化、国家与市民社会）的研究上反倒比马克思的辩证法"更彻底"："黑格尔曾经一度与马克思一样想要在实际中消灭异化，而在后来鉴于某些历史事件却不得不推翻这种想法，他看到的是一种永无止境的辩证运动，理念在其中熠熠发光，而马克思则预见了历史的终结。"①马克思为了完成其关于辩证法的最基础与核心的问题的探讨，只是在某些个案（比如价值形式问题）上"小试牛刀"，并没有阐发出像黑格尔与康德那样丰富而全面的辩证法体系。所以辩证法的历史并不是从抽象到具体的、从简单到复杂的目的论历史，而是倒过来的，从发达的、具体的、系统的辩证法到解构的、局部的、基础的，甚至是抽象的辩证法的"倒转"。

关于马克思辩证法的叙述方式，最著名的说法就是对德国古典唯心主义辩证法的唯物主义"颠倒"。这是马克思本人想让其同时代人明白的一种通俗形象的说法。但这个说法与其说把问题简单化了，倒不如说让问题复杂化了。对于"颠倒论"，阿尔都塞的指责甚多，他认为这个说法不如把马克思的哲学革命理解为一种哲学的问题结构的根本转换。② 笔者这里想说的是，马克思对自己唯物辩证法的创立过程，既非一个简单

---

① 张世英主编：《新黑格尔主义论著选辑》下卷，469—470 页，北京，商务印书馆，2003。

② ［法］路易·阿尔都塞：《保卫马克思》，顾良译，北京，商务印书馆，2006。

的颠倒过程，也并不是阿尔都塞意义上的认识论断裂，而是一个带有重复性的解构与重构的过程。马克思并没有实现他所说的"用几个印张"把黑格尔神秘的唯心主义形式的辩证法，改造成人们能够明白的"合理形式"的设想。① 后来苏联马克思主义者对这个构想论的近乎执着的探索与复原，其实是不着边际的。马克思辩证法的真正有价值的"活东西"就是在反复地对自己的哲学前提进行批判与反思的过程中所形成的几种辩证的叙述方式。

马克思的辩证法是一个不断地反思哲学这种"无自己单独的历史意识形态"之思想前提的认识过程，主要是批判、怀疑和否定近代哲学的思想前提，不断地反复追问其思想前提或来源是什么，从而达到对以往哲学思想前提的重构，并生成新的思想前提。作为对哲学思想前提的反思与重构的思想活动，马克思辩证法，一方面是对德国古典哲学中黑格尔唯心主义（观念论）前提的反思和改造，另一方面是不断地对自己哲学思想前提的反思和改造，这确实是一个"在批判旧世界中发现新世界"的双重性的反思过程。

马克思关于辩证法问题的探索、研究与叙述，主要经历了三次重要的异质性的理论努力：人本唯物主义辩证法；物质生产实践的历史辩证法；以批判资本逻辑的统治为对象的严格意义上的现代性批判辩证法，即历史认识论的辩证法。其中，每一次理论深入都是对前一次思想前提的反思和突破。

在马克思创作《1844 年经济学哲学手稿》的时期，其辩证法是以人

---

① 《马克思恩格斯文集》第 10 卷，143 页，北京，人民出版社，2009。

的主体性为前提的人本唯物主义辩证法，这是马克思辩证法探索的第一个阶段。其主要任务与内容是对以黑格尔为代表的德国观念论的哲学思想前提进行反思和批判。马克思在费尔巴哈人本唯物主义的启发下，把黑格尔神秘化、抽象化的观念主体转换成感性的、现实的、实践的人的主体。当然，马克思也含蓄地指出了费尔巴哈由于"过分崇拜自然"而简单地抛弃了黑格尔辩证法的合理内核这一理论缺陷，从而肯定了黑格尔辩证法"作为推动原则与创造原则"的"否定性辩证法"的伟大意义。① 这里须强调，虽然在《1844 年经济学哲学手稿》中，马克思看到了人类历史是人的物质劳动的创造过程，但当时他的辩证法的终极归宿或无意识的逻辑前设仍然是"人的本质的复归"，即照例是一个自我封闭的目的论体系，仍然是循环论证，具有很强的泛逻辑主义的思辨色彩。这是因为，马克思此时还没有研究真正意义上的现实的历史活动、现实社会关系中的人，而把人的本质看成是所有人共同具有的类本质，从而没有找到真正意义上的哲学现实的前提。

1845 年之后，马克思实现了实践观和人学观上的革命，走向了对广义历史唯物主义的创立，这是马克思辩证法探索的第二个阶段。该阶段的辩证法是以物质生产实践为理论地平线的社会历史生产的辩证法，这一基于社会历史生产逻辑的辩证法虽然是客体向度的，但不同于后来苏联教科书所揭示的"客观物质世界所固有的"、因而缺乏主体性的（即"无人的"客观规律世界）辩证法。此时，马克思所说的辩证法以人的实践活动为根基，历史的规律性建立在人的活动的基础之上。因此，这种历史辩证法既体现

① 《马克思恩格斯文集》第 1 卷，205 页，北京，人民出版社，2009。

主体的活动，又表现为客观的规律，是主观与客观的统一，是广义历史唯物主义与历史辩证法的统一，是基于生产实践视野之中的反思性的客观历史辩证法。黑格尔的问题是把现实的人的活动变成了神秘的精神活动。对于黑格尔这个"颠倒着的"客观精神世界，马克思不是将其重新颠倒为同样无限的客观物质世界，而是颠倒为人的现实主体的生产实践活动过程，也就是把无限的绝对精神之逻辑变成现实的、有限的、人的能动活动及其关系形式。如果黑格尔是通过绝对观念来创造万物与历史的，那么马克思则是通过对工业实践的政治经济学研究来发现万物与社会历史的，现代历史转变为世界历史是由工业和世界交往引起的，这一世界历史不是局部的，而是普遍的；不是观念的世界历史，而是现实的、活生生的物质过程。正是通过对国民经济学和人的劳动过程的研究，马克思把黑格尔以绝对精神所统摄的历史改造为一部人类劳动创造人类生活的历史。

随着政治经济学研究的不断深入，马克思进一步发现，对德国古典哲学的改造，既不是把它还原成感性的人的现实活动就能将其克服掉，也不是把它简单地还原成一部人类生产发展的广义历史就能将其摒弃掉，而必须把它限定在其所赖以产生的现代资本主义社会的存在范围内。也就是说，马克思辩证法的历史观要想与黑格尔辩证法实现真正的决裂，是不可能仅仅用一种同样的形而上学的、超越历史的、人的实践活动的辩证法，或借助于一种普遍的、客观的以生产实践为基础的历史辩证法，就可以实现的。马克思对这两种辩证法探索的尝试，固然要比那种把绝对精神主体重新颠倒为物质世界本体论的传统唯物辩证法要深刻得多，但仍然无法从根本上克服黑格尔辩证法的非历史的、泛逻辑主义的思维定式。

只有对资本主义的历史颠倒性的社会存在这个特殊的哲学前提和历史本质加以批判，古典唯心主义的秘密才得以解释：思辨的颠倒的唯心主义逻辑，其现实前提是资本主义社会主客体颠倒的物化统治。所以，马克思在《资本论》及其手稿中开始了对德国古典唯心主义辩证法的第三次改造和重建，创立了历史认识论的辩证法，这是马克思辩证法的第三个理论形态。

马克思在《资本论》中使用黑格尔《逻辑学》式的"从抽象到具体"的叙述方式，从某种意义上说，这正是他所能找到的在理论上再现资本主义生产逻辑的发生、发展过程的最好方法。在马克思看来，资本主义的生产不是为了眼前的直接的物质生活需要，而是为了追逐剩余价值，是一种抽象的价值驱动和支配下的现实的生产与再生产。

这种资本主义社会结构化的历史，作为一个现实的本质的物，仿佛是自动生成的和统治世界的，它和黑格尔所说的绝对观念生成万物的逻辑是"同构的"，或者说具有"家族相似性"。也就是说，要想洞悉这个由抽象物所构成的资本逻辑的世界的真相，任何感性的唯物主义反映论都是无济于事的，而是需要同样的抽象思维和反思思维才能把握。资本主义社会追求剩余价值的现实历史活动的过程与黑格尔绝对观念自我外化、自我扬弃的过程恰是高度一致的，正像绝对观念遮蔽了历史起源、社会起源和意识起源的形而上学怪影一样，资本主义也总是想尽一切办法遮蔽自己作为以往历史结果的前提，而将资本生产的前提当成永恒的自我运动。在马克思那里，从抽象到具体当然不是观念生成万物并在万物中认识自身、实现自身的唯心主义的神秘过程，也不是科学再现事物的研究方法，而是揭示资本主义特殊的、必然的、历史性的科学方法。所以在这里，马克思把对黑格尔绝对观念论的形而上学批判和对资本主义拜物教、主客体颠倒、资本逻辑的批判放在一起。在此意义上，马克思把辩证法、认识论、逻辑学三者统一起来了。真正意义上的马克思主义辩证法，当然是有限的社会历史生产本体论，以及同样有限的社会历史认识论和作为再现与把握这种独立现实的批判性思维逻辑三者之间的异质性矛盾与统一。

进言之，马克思经典辩证叙事体现为三重世界或视野及其相互间的移动：(1)对现实的资本主义社会这个颠倒的客观前提进行历史批判；(2)把资本主义这个主客体、现象与本质颠倒的现实加以重新颠倒与本质再现，即历史认识论；(3)对掩盖着资本主义现实的逻辑范畴前提的反思与批判，从而把意识形态批判转变为现代性社会批判。它们共同构成了马克思经典的历史辩证法或狭义历史唯物主义的异质性、矛盾性与总体性的视野。这三种视野并不是一种先验的统一的共存性关系，而是相互揭露着对方的虚假性、片面性，同时又相互依赖、不断生成、移动着、矛盾着的历史结构。马克思主义认识论就是将现实理解为并不现成在场、而充满着矛盾的历史过程，是从特定历史主体出发，有层次地、有界限地再现某个暂时性在场的过程。

三、20世纪马克思主义辩证法的回忆性焦虑与多样性发展

马克思逝世之后，他的辩证法思想变成了一份充满歧义而沉重的遗产。作为其第一批继承者，第二国际理论家们普遍对马克思主义哲学持消极厌倦的态度（普列汉诺夫是个例外，但他也并不真正懂得辩证法）。

以伯恩斯坦为首的右翼理论家们甚至认为马克思没有哲学而只有政治经济学，马克思与达尔文的密切关系远胜他与黑格尔的关系；甚至梅林都认为，社会民主党可以从尼采那里学习到自己需要的哲学，由此导致了第二国际马克思主义者在辩证法问题上的集体失语与短视。

列宁先经过一段类似于第二国际的哲学失语期，试图通过马克思与达尔文的结合来理解历史唯物主义，通过费尔巴哈与马克思的结合来理解辩证唯物主义认识论。但第一次世界大战的爆发与第二国际的破产使他彻底明白，并非费尔巴哈式"庸俗的"唯物主义，而是黑格尔式"聪明的"唯心主义才是理解马克思主义哲学精髓之正道。列宁在 20 世纪初，最早意识到"辩证法是马克思主义的活的灵魂"，是贯穿整个马克思思想体系的中心线索。列宁发现，马克思辩证法思想之最高成就或最后形态就是《资本论》这部"大逻辑"。列宁指出，自马克思逝世以来，包括普列汉诺夫在内的第二国际理论家们根本不知道，如果不理解黑格尔的辩证法就不可能理解《资本论》，特别是其第一章关于一般价值形式的辩证法；① 反之亦然，如果不借助《资本论》这部深刻揭示资本主义内在矛盾与危机的历史辩证法著作，我们就不可能唯物主义地理解与改造黑格尔的唯心主义辩证法。

由此，列宁点明了马克思主义的辩证法、历史唯物主义及其政治经济学批判之间的高度统一性。对于列宁而言，辩证法既是关于客观世界的本质与发展规律的本体论，又是历史地批判资本主义社会的科学认识论，也是科学地研究与叙述的思维逻辑。这就为我们今天理解马克思主

---

① 《列宁全集》第 55 卷，149—151 页，北京，人民出版社，1990。

义哲学的当代形态廓清了思路，指明了正确的思想方向。但遗憾的是，由于时间和精力有限，特别是出于对俄国党内的复杂政治斗争形势的顾虑，列宁并没有沿着已经形成的基本思想逻辑做进一步系统的思考，也没有来得及对十月革命丰富的斗争实践所包含的辩证法经验进行系统的理论提升。所以，列宁关于辩证法、认识论、逻辑学三者统一的思想仍然没有超越近代唯物主义本体论的隐性思维定式，以及唯物主义反映论的思想束缚，乃至于整个近代认识论枷锁之束缚。简言之，列宁的辩证法思想留下的最大分歧就是他没有明确所谓"三统一"归根到底"统一于什么"。至少就其自觉层面而论，列宁仍然固守着恩格斯所假设的自然界固有的客观本体论或辩证法这条戒律。他一方面看到了辩证法与认识论的高度统一，但另一方面没有勇气彻底地打通认识论与社会历史批判的内在关系。再加上斯大林坚持把马克思主义哲学视为近代唯物主义的高度发展，这一决定性结论直接使得后来的苏联教科书体系把认识论非历史地当作从本体论意义上的辩证法过渡到历史观的最后一个环节。从马克思哲学革命已经达到的高度来看，辩证唯物主义教科书体系把认识论置于历史观"之前""之外"来单独地阐述的逻辑思路，显然是"前马克思主义"的做法。

西方马克思主义者的思路是从恢复马克思辩证法的德国古典哲学传统的记忆与历史开始的，可以说是在哲学史内部的批判、回忆、想象中批判资本主义的，而不是在现实的政治经济学批判语境与革命实践过程中思考与探索辩证法问题，由此他们走向了与苏联马克思主义不同的道路。他们倚重人的主体性，强调对资本主义拜物教进行批判的辩证法维度，但是或多或少，或自觉或不自觉，程度不同地回避、忽略乃至最终取消了马克思主义辩证法的社会历史前提和基础，缺少对社会历史之现实前提的反思，而置辩证法于越来越缺少现实社会历史特征与内涵的抽象主体之上，使历史唯物主义向"前马克思主义"阶段的人学辩证法形态倒退。

强调人的主体性的西方马克思主义人学辩证法，其根本的理论误区之一就是，把具有客观历史决定作用的社会生产这种永恒前提混同于资本主义条件下占主导地位的主客体颠倒的物化统治现象，用一种异化批判的主体辩证法取代了生产方式的核心地位。这实际上就是把马克思的广义历史唯物主义束之高阁，忽视了社会历史客观发展的矛盾中的革命性辩证法。他们不约而同地把客观的社会现实看成应当加以否定和摧毁的"惰性的"、绝望的、消极的压迫力量，断然舍弃了经典马克思主义在资本主义社会的经济制度与政治制度的内在矛盾与危机、同工人阶级的革命觉悟的结合基础上寻找革命道路的辩证法思想，而舍本求末地在文化、意识形态、无意识、欲望等方面，在实际上仍然是次生的边缘领域，寻找克服现代性顽症的济世良方。在一种悲观主义与精英主义的虚幻信仰驱使下，西方马克思主义不是把主要精力用于进一步探索资本主义社会的内在基本矛盾及其历史必然发展趋势的深层理论逻辑，而是把无产阶级所代表的人类历史解放目标"具象化"或"伪具体化"为一种"瞬间性在场的"或"情境式"的都市生活艺术想象。

而以阿尔都塞为代表的结构主义学派则反对人本主义辩证法思潮，相应的，也就回避了辩证法的主体性维度。历史唯物主义的核心逻辑是物质生产实践与社会生产关系的历史辩证法，而阿尔都塞则将其"结构主义化"，变成一种非历史的（共时性的）社会关系或社会结构上的多元决定论，从而把客观的历史决定论转换成无主体的、非历史的结构决定论。用无主体的、无历史的结构取消了人的主体地位，相对于法兰克福学派的物化统治与批判，它成了另一种悲观主义。作为对人学辩证法的否定，结构主义辩证法是以否定马克思主义辩证法之历史原则和主体原则的方式出场的。这里的关键问题是，取消了马克思主义哲学的主体性和历史性，强调马克思主义历史性和人本主义的根本断裂，还有辩证法吗？答案是有的，阿尔都塞继承了德国古典哲学和法国反实证主义的理性主义的认识逻辑，这是辩证法的一个内在特征；其优点是批判了实证主义，超越了人本主义马克思主义的抽象的主体性幻觉，但是，这并不意味着完全取消主体，而是以一种隐蔽的方式思考了主体问题。阿尔都塞把主体看成是构成的，而不是先验自明的。他一方面瞒天过海、韬光养晦，以批判根深蒂固的经验主义与实证主义为名，而实际上对苏联教科书的物质本体论做了釜底抽薪式的瓦解；另一方面以反对人本主义马克思主义为名，把更为隐蔽且更加顽强、一脉相承的资产阶级意识形态与政治哲学基础——基督教神学论、逻各斯中心论——一网打尽，也就是对自笛卡尔以来以追求自我意识统一性为己任的"在场的"形而上学主体论进行了彻底的颠覆。阿尔都塞是想通过"斩断"马克思与黑格尔的思想联系，决意以"矫枉过正"的方式，使马克思主义辩证法与黑格尔辩证法的历史逻辑或者重叠而暧昧的关系发生一次"根本断裂"，以此来再现马克思主义辩证法真正的变革性面目。这在一定意义上算是对马克思一生都没有完成的"对从前哲学信仰的清算"，或者对哲学理论的非哲学前提反思的继续，然而这项工作仍然没有完成，并且有可能走向歧途。

阿尔都塞的那些"后马克思主义"的继承者们之所作所为便是明证。可以说，从结构主义马克思主义到后马克思主义，在马克思主义辩证法问题上的最大失误就是，解构了历史主体，进而回避了历史的"自在之物"本身，把对资本主义社会的意识形态的批判当成了对资本主义现实本身的批判，最终走进不可知论的荒野深处，甚至自拘于充满迷惘抑郁气氛的语言牢笼之中。后马克思主义断然解构了历史唯物主义生产方式的理论核心话语，把马克思主义关于资本主义必然灭亡之逻辑的批判思想及阿尔都塞的意识形态国家机器理论，用一种更加远离现实的、神秘的话语批判、权力批判、符号批判等微观批判幻觉取而代之。西方马克思主义仅剩下的那一点反抗物化统治的崇高意识形态，被更为颓废消极的犬儒主义所取代。

整个西方马克思主义流派林林总总，对当代辩证法的探索尽管形态各异，但其症结归结到一点还是佩里·安德森所说的："随着欧洲马克思主义越来越不把经济或政治结构作为其理论上关注的中心问题，它的整个重心从根本上转向了哲学。""由于丧失了同工人阶级实践的任何有力联系，这反过来又使马克思主义理论滑向当代的非马克思主义的和唯心主义的思想体系……同时因为理论家们都是从事专业性哲学研究，加上马克思早期著作的发现，导致了一场普遍的追溯探讨，要在以往的欧洲哲学思想中寻找马克思主义的思想渊源，并据此对历史唯物主义本身重新解释。"①这可以说是陷入哲学历史回忆的焦虑症的表现。马克思主

---

① ［英］佩里·安德森：《西方马克思主义探讨》，高铦等译，65、118 页，北京，人民出版社，1981。引文有改动，后同。

义辩证法的现实性意义越来越混乱。

四、在修复马克思"最困难问题"过程中回到当代历史"自在之物"

要理解马克思主义辩证法的当代视野与命运，我们必须面对两个问题：一是马克思主义辩证法所面对的挑战是什么？二是马克思经典辩证法思想中最深刻的，至今仍然值得我们重复追问与思考的问题是什么？我们只有弄清楚这两个问题，才可能讨论马克思主义辩证法如何面对当代世界历史这个"自在之物"的问题。在今天，马克思主义辩证法面临的最严峻挑战来自各个方面对其历史合法性的解构与怀疑。这并不是马克思主义辩证法本身的危机，而是后现代主义对一切宏观思想史的整体性、合法性的瓦解，由此造成了实证主义与历史虚无主义的迷局。马克思主义辩证法所面临的"对手"，不是那些从明确的政治立场批评与动摇马克思主义在西方思想史上的合法性的公开批判者，如哈耶克或者阿伦特等人，而是那些对所有宏观思想史的逻辑合法性与可能性采取一笔勾销策略的后现代主义。后现代主义思想史所针对与反对的并不是马克思主义一家，而是包括马克思主义在内的所有现代性思想的合法性。

要回答马克思辩证法的当代意义究竟是什么，显然要回应后现代主义对辩证法的解构，且必须重新追问与回答马克思"最有水平""最困难的"，因而仍然需要解决的总问题是什么，这个问题通常被压缩在《〈政治经济学批判〉导言》中，甚至其中的方法，通常也被压缩在《资本论》第一章第三节与第四节中。"从抽象上升到具体"或者对拜物教的批判，就成了马克思哲学的全部口诀，但我想说，这是禁锢他的弟子徒孙们不想、不敢再思想的一种咒语！实际上，离开《资本论》及其"重复书写"的几部手稿，我们就无法品得马克思语言实践中的精微与神韵。

还是从马克思的话语开始，商品作为资本主义世界最原始的细胞，这种"可感觉而又超感觉的神秘的特殊的物"，是隐喻性地压缩了全部欧洲宗教、神学、文明与形而上学，乃至政治等秘密的一个载体（细胞或者个案）。这个问题从表面上看，是被马克思惜墨如金地用了一章甚至是一节就打发了的。但其折磨了马克思一辈子，也因此折磨了一代又一代想成为最聪明的、智商最高的马克思主义者们的神经，这个名单上最杰出的头脑自然包括卢卡奇、阿多诺、本雅明、阿尔都塞、科西克、列斐伏尔、伊利延科夫、索恩-雷特尔等，也包括现在还活着的几个学者，如齐泽克等。

问题并不在于马克思"聪明地"提出了这个最困难的问题，而在于这正是欧洲文明的现代命运，也因此变成了全人类的命运。这个命运被尼采与海德格尔很恶毒地称作是上帝之死后人类的虚无主义的命运。就是神不在了，它被变成了必须出场的属性化的物象，它不再是"无限的绝对的自因的自识的实体"（斯宾诺莎语），而是必须抽象地、科学地、知性地、经验地加以把握的样子、属性。

传统马克思主义辩证法的解释是，马克思所说的商品，并不是根据抽象同一的原则规定的，而是根据"互为前提、互相对立的规定的两极之同一"这一辩证原则规定的。价值范畴的内容是通过商品与商品的交换这种简单价值形式的内部矛盾揭示出来的。"这就是问题的核心。不仅是价值问题，而且是相互对立而同时互为前提的两种规定的统一这一具体概念的逻辑问题，都要取决于对这一点的理解。"马克思的价值概念的最明显的特点就在于，它是通过相互对立的理论规定的同一揭示出来的。价值只有在这一对立面的相互交换中才能表现出来。"交换是每一个商品的价值本质在现象中表现出来与反映出来所采取的唯一的可能的形式。"①

但马克思最真实最深刻的想法是，商品的价值形式、货币、形而上学、神，资产阶级的法律、平等、自由等意识形态观念，都是世界上不可解决的矛盾的表面上的统一性，或者空洞无物的虚假存在。人们之所以崇拜这种抽象的神，是想把它固定在某种物的形式之中，使其成为操纵一切的神。这种价值形式，其实是对如下两种价值之间矛盾的掩盖与"表面解决"：一方面是市民社会"私人"劳动价值，另一方面则是并不现成的想象中的"社会劳动"的一般价值。换言之，货币或一般价值形式，并不是静止的实体，或者在形式逻辑意义上位于个别事物之上规定个别事物的那种"普遍"与"一般"，而是商品在无限的交换过程中永远无法解决的各种矛盾的虚假的社会性的解决。也就是说，货币化了的一般价值形式，只是诸多使用价值的形式之间被同等化、数量化的观念想象。这种想象被现实生活中的人主观地理解为，它是在他们之外的可以信赖的观念中物质化现实化的社会存在。所以马克思认为，问题并不在于商品交换这种物的形式掩盖了它背后的人与人的社会关系，而在于为何人与

---

① ［苏］埃·瓦·伊利延科夫：《马克思〈资本论〉中抽象和具体的辩证法》，郭铁民等译，245—247 页，福州，福建人民出版社，1986。

人不能够直接发生社会关系，而必须采用这种一般等价物的抽象关系。也就是说，并不是把人与人之间的物的关系形式还原成人与人之间直接的主观意志关系就万事大吉了，问题在于，人们为何要把自己的关系通过这种观念化的一般抽象物来表现。

正是受到马克思巨大的、富有历史冲击力的商品拜物教的批判范式的决定性影响，后现代主义思想才对作为形而上学、神、资本等替代性的名称如太一、总体性等表示出那样的恐怖与愤怒。他们认为，这个"太一"或者宏观叙事是"暴君"。瓦解它们，走向多样性、差异性，走向分裂，甚至走向"非人"的自我肯定与经验，我们就自由了。这仍然是一场德意志意识形态内部的战争。问题在于这仍然是在用一种知性的方式来想象与解决这个只有辩证法才能想象与解决的多样性的矛盾所构成的统一性问题。只要矛盾的现实或现实矛盾解决不了，这个幽灵般的抽象物或者形而上学的替代品便不可能被驱散，它会反复地、经常地"复活"，"变着法儿"地折磨我们。

马克思的问题的深刻性与难度就在于，它要求我们必须不断地处于对资本主义社会矛盾的无限展开与所表现的现象的研究与把握之中，而不能奢望找到一个新的概念或者实践形式就可以解决问题。这是让人似乎绝望的或者考验人的毅力的思想批判过程。正像马克思并不满意于费尔巴哈把人的自我异化通过诉诸天国与尘世之间的二重化来解决问题一样，正像他也并不满足于黑格尔通过国家形式来解决市民社会内部的矛盾问题一样，马克思也不满足于古典经济学家解决问题的方式。他们认为，只要把私人劳动与社会劳动的矛盾，或者工人的劳动价值与资本的交换价值的矛盾反映为"第三方"，即作为公平自由象征的一般价值形式，就可以高枕无忧了。马克思认为，宗教与市民社会之间的矛盾，并不能通过简单地消灭天国而把神学还原为人的问题就可以解决；他同样认为，一般价值形式这种观念物的神秘存在，并不能通过把它直接地理解为自然物的关系，或者理解为人与人之间透明的社会关系，就可以解决与消除，而应当从资本主义生产过程、交换过程、内在的永恒的矛盾产生与转化过程来理解，才能得到辩证地解决。当然，这种解决并不像李嘉图等社会主义者想简单地通过消灭货币，共同占有社会财富，形成新的共同体那样的解决。这个过程也并不可能通过聚焦于一场总体性革命就可以完成。这个拜物教难题的解决，需要非常细致的对日常意识形态与文化等的研究批判，需要无数次具体的生活实践，特别是通过不断地"去资本化"的实践习惯的形成、培养来解决。这是一个需要漫长而反复的修复才能逐渐克服的自然历史过程。所以，马克思意味深长地说，"只有当社会生活过程即物质生产过程的形态，作为自由联合的人的产物，处于人的有意识有计划的控制之下的时候，它才会把自己的神秘的纱幕揭掉。但是，这需要有一定的社会物质基础或一系列物质生存条件，而这些条件本身又是长期的、痛苦的发展史的自然产物"①。因此，马克思的问题之难在于，它并不仅仅是一个认识论问题或意识形态批判、心理学、教育学问题，还是漫长细致地、反复地"修复""纠正"人类历史生活误区的实践问题。

如果 20 世纪初马克思主义的辩证法是通过走出马克思主义政治经济学的批判，回到马克思之前的哲学形态与哲学来源而开始的，或者说

① 《马克思恩格斯文集》第 5 卷，97 页，北京，人民出版社，2009。

是用"前马克思主义的"哲学资源的想象力与历史记忆力激活起来的①，那么当代辩证法的问题与出路则是重新回到当代"历史性"现实，回到资本主义的"当下"，重新理解马克思主义。这就是回到经典历史唯物主义形态，回到当代资本主义社会发展的现实土壤中重建历史辩证法。詹明信在一篇纪念与反省20世纪60年代辉煌历史及其失败命运的文章中，曾经意味深长地说，20世纪80年代之后，资本主义在经历了长期危机之后，似乎时来运转、"返老还童"了。在此后革命的语境下，"传统的"生产方式决定论的历史唯物主义反倒"再度变得真实起来了"②。这正是"处于危机"之中的马克思主义之出路所在！

总之，21世纪马克思主义辩证法的根本立足点仍然是对当代资本主义与社会主义现实这个历史前提的反思与认识。因为资本主义是一个不断地超越自身固有的界限、矛盾、危机而盲目扩张的自然历史过程，相应地，对资本主义的批判也需要一个不断地自我更新哲学方法与历史观的认识过程；在此意义上，任何基于静止、孤立的事实、现象来分析的实证的科学认识，都无法回答与解决资本主义所导致的瞬息万变、扑朔迷离的复杂现实问题。唯有辩证法才能担此重任，这就需要在现象与本质、形式与内容、总体与局部、主体与客体、结构与功能、中心与边缘、高层与低层、宏观与微观、历时与共时等多维而动态的联系中来把握、认识与想象当下的人类世界。换言之，马克思主义的生命力仅仅在

---

① ［英］佩里•安德森：《西方马克思主义探讨》，高铦等译，65页，北京，人民出版社，1981。

② ［美］詹明信：《晚期资本主义的文化逻辑》，陈清侨等译，394—395页，北京，生活•读书•新知三联书店，2013。

于它有一种辩证的总体的历史的科学的理论视野。我们如果要全面地把握今天复杂多变的全球化资本主义与社会主义现实，就必须坚持从总体联系出发以辩证与历史的唯物主义方法来把握所面临的处于"二律背反"之中的当代世界或"自在之物"。正如列宁所指出的，辩证法的首要原则是坚持实事求是的客观性。但它不是从个别经验事实出发，不是从日常生活的常识出发或不是从专业知识出发的实证主义、经验主义的"个别事例"，而是"自在之物本身"。[①] 所以，社会主义要想超越资本主义盲目扩张的历史局限性，要想变成自觉的历史演变的过程，就必须做到一方面在客观认识上能动地与不断变革着的资本主义现实相适应，另一方面在主观认识上不断自我超越与反思社会主义历史局限性，这是一个反复的、漫长的、艰难的概念劳作与实践探索过程。真理不只是实体，更是主体的活动过程。这正是活生生的、不断发展的历史辩证法精神的体现。

---

① 《列宁全集》第 55 卷，190 页，北京，人民出版社，1990。

目　录

引 论 ｜ 走近利奥塔

德里达（Jacques Derrida）曾在一本名为《哀悼之作》（*The Work of Mourning*，2001）的书中纪念他刚刚去世的一位友人，对于这位挚友，德里达是这么概括的：他是一位哲学家、作家、美学家、伟大的思想家，是心灵上和思想上最亲密的朋友之一，是"后现代"思想最早的阐释者，是为数不多的独立而富有勇气的思想冒险家，是法国国际哲学学院（Collège international de philosophie）中的主力，是与德勒兹（Gilles Deleuze）同时代的思想家之一。[①] 他，就是我们要讨论的让-弗朗索瓦·利奥塔（Jean-

① Jacques Derrida，*The Work of Mourning*，Chicago，University of Chicago Press，2001，pp. 211-215.

François Lyotard）。

一、一位独特的思想冒险家

利奥塔 1924 年出生于法国巴黎市郊的凡尔赛，父亲是一位销售代表。利奥塔曾经回忆起他立志成为哲学家的过程，他透露他在十一二岁时希望成为一名修道士、画家或历史学家。他后来也写过一些诗歌、散文、短篇和长篇小说，但他的朋友觉得他并没有成为作家的天赋。利奥塔认为自己选择哲学这条道路的原因是："当我自己都还只是个'儿子'的时候，我很快结婚并有了孩子。我被这个突如其来的情况逼迫着养家糊口。因此，那时已没可能成为修道士。且因不幸缺乏天赋成为艺术家也毫无希望。又因记忆力明显衰弱，成为历史学家也不可能。因此我在阿尔及利亚东部法国占领区的首都君士坦丁成了一名哲学教授。"①值得注意的是，利奥塔对艺术的经久不衰的兴趣在他的哲学理论中起到了不可忽视的影响。

利奥塔的中学时代在巴黎的布封中学和路易大帝中学度过，由于两次没有通过巴黎高等师范学院的入学考试，在第二次世界大战之后，他进入了巴黎索邦大学，在那里结识了后来的哲学家德勒兹和沙特莱（François Châtelet），他们在巴黎第八大学成为同事。利奥塔在索邦大

---

① Jean-François Lyotard, *Peregrinations：Law，Form，Event*, New York, Columbia University Press, 1988, pp. 1-2. ［英］西蒙·莫尔帕斯：《导读利奥塔》，孔锐才译，4 页，重庆，重庆大学出版社，2014。

学拿到了博士学位，在 1948 年结婚并有了自己的家庭，在 1950 年到
1952 年，他在阿尔及利亚君士坦丁的一所男子中学担任教师，之后被
指派回法国萨尔特省拉弗莱什的私人军事子弟学校教书，一直到 1959
年。利奥塔在 20 世纪 50 年代积极地参与政治活动，在苏伊里（Pierre
Souyri）的建议下加入了"社会主义或野蛮"组织（Socialisme ou barba-
rie），并承担起《社会主义或野蛮》杂志中关于阿尔及利亚部分的写作。
由于"社会主义或野蛮"组织的分裂，利奥塔在 1964 年到 1966 年短暂加
入"工人权力"（Pouvoir Ouvrier）小组。

　　1959 年到 1966 年，利奥塔在索邦大学担任讲师，而后进入巴黎第
十大学——南泰尔大学哲学系工作，在 1968 年南泰尔学生运动期间利
奥塔也积极参与其中。在 1968 年到 1970 年，利奥塔在法国国家科研中
心（Le Centre national de la recherche scientifique）担任研究员，其后在
巴黎第八大学樊尚大学担任讲师，直到 1987 年，利奥塔最终也被评为
名誉教授。从 20 世纪 70 年代中期开始，他在多所美国大学，如加利福
尼亚大学、约翰斯·霍普金斯大学和威斯康星大学密尔沃基分校等学校
中担任客座教授。1998 年利奥塔因患白血病而去世。

　　可以说，利奥塔的一生是飘荡流离的一生。他出生在法国的中心巴
黎的郊外，进入巴黎的高中文科预备班，但被当时的学术中心巴黎高等
师范学院拒之门外；而后又因为生活的需要放弃最初的理想，远赴阿尔
及利亚和外省担任青年教师；在"社会主义或野蛮"组织中，由于观点的
差异而成为少数派之一；随后又因为索邦大学的分裂，被迫远离巴黎的
文化中心拉丁区，先后执教于南泰尔和樊尚这两所位于巴黎城郊的偏远
而简陋的大学。利奥塔的理论，总是表现出一种远离马克思主义和弗洛

伊德主义等主流思想，不断走向边缘化和不确定性因素的倾向，这与他颠沛流离的人生经历不无关系。

从另一个角度来讲，利奥塔的一生又是不断抗争的一生，在学生时期，在战火的硝烟之下他依然认真研读哲学著作；在阿尔及利亚，他身为一名普通的中学教师，依然密切关注阿尔及利亚的民族解放运动，以及法国无产阶级的状况，把反剥削和反异化斗争视为己任，抑或毫不迟疑地站在反越南战争运动和学生运动的前线，这些都印证了德里达所说的，利奥塔确实是一位独立而坚韧的思想探索家。在资本主义日益显示出从中心向边缘扩散的结构化的当代社会，利奥塔总是站在边缘的一方，站在受压迫者的一方，为反对资本主义的全面统治和政治上的意识形态而慷慨直言，利奥塔的思想闪光点无疑来自这种中心与边缘的巨大张力。

利奥塔作为第二世界大战后法国学界占据重要地位的知识分子之一，他的现实和思想历程也在一定程度上反映了法国、欧洲乃至世界在现代化进程中发生的巨变。"二战后法国的现代化进程给人们带来了一种巨变感，一种认为新社会即将降临的感觉。二战末期，法国在很大程度上还是一个农业国，深受陈旧的经济体制和政治体系之害。约翰·阿德认为，从 50 年代初期到 70 年代中期，'法国经历了一场波澜壮阔的复兴运动。物质的现代化以惊人的步伐向前迈进，以农业为基础的社会变成了一个主要以城市和工业为基础的社会，一种停滞的经济一下子变成了世界上最富活力的、最成功的经济之一。经济上的欣欣向荣以及与此相伴随的生活方式的改变，一下子把法国人根深蒂固的旧习惯同新生活模式之间的许多前所未有的矛盾抖落了出来……一向被指责为眼光总是盯着过去的法国佬，现在突然间却要面对生活在现代世界这样一个事实，这使他们感到既震惊又害怕'。"①在此意义上，法国当代思想中的不确定性在很大程度上是由现实的不确定性所导致的。法国知识分子素来以解释世界历史和介入现实政治为己任，他们的理论离不开第二次大战后的反殖民主义、托洛茨基主义和苏联意识形态突变等思想变化，当然也离不开当时作为法国思想主要潮流的马克思主义和弗洛伊德主义，利奥塔的丰富经历为我们反观现代历史和法国思想史提供了一面极具参照意义的镜子。

二、利奥塔的著作及其研究状况

《现象学》(*La Phénoménologie*，1954)是利奥塔出版的第一部著作，它是为法国大学通识教育系列丛书《我知道什么?》(*Que sais-je?*)所写的，这本以"现象学指南"的形象出现的小册子，反映了利奥塔深厚的哲学史背景，以及他对胡塞尔(Husserl)和梅洛-庞蒂(Merleau-Ponty)现象学的深入了解。在有限的篇幅中，青年利奥塔展现了与他的年龄不太相符的深厚的哲学功底，一方面，该书忠实地介绍了胡塞尔本人对现象学的理解，以及现象学从德国到法国的传播过程，从海德格尔(Martin Heidegger)到芬克(Eugen Fink)、从梅洛-庞蒂到利科(Paul Ricoeur)等；

---

① ［美］道格拉斯·凯尔纳、斯蒂文·贝斯特：《后现代理论——批判性的质疑》，张志斌译，19页，北京，中央编译出版社，2011。引文有改动，后同。

另一方面，无论是法国学界本身在接受胡塞尔现象学的意义上，还是利奥塔在解释他所理解的现象学意义上，萨特（Jean-Paul Sartre）和梅洛-庞蒂的存在主义都是其中至关重要的因素，现象学、存在主义与马克思主义三种思潮在青年利奥塔那里以一种微妙的方式结合在一起。在此意义上，利奥塔得出与梅洛-庞蒂相似的结论，通过建立身体与世界之间的时间性的联系，现象学能够找到一种通向自由的意义，它能够服务于马克思的历史的意义和阶级的意识。显然，马克思主义与现象学不能这样简单地被化约，但可以看出，马克思主义在这里开始成为利奥塔思想的指南，利奥塔也由此进入萨特和梅洛-庞蒂所开创的法国的西方马克思主义语境。

《阿尔及利亚的战争》（*La Guerre des Algériens*）一书收录了利奥塔 1955 年到 1962 年在《社会主义或野蛮》杂志上就阿尔及利亚问题陆续发表的评论文章。1954 年利奥塔加入了卡斯托里亚迪斯（Cornelius Castoriadis）和勒福尔（Claude Lefort）所创办的"社会主义或野蛮"组织，并在《社会主义或野蛮》杂志上发表了十多篇关于阿尔及利亚战争的论文，这一写作过程持续了十年之久。利奥塔对阿尔及利亚形势和法国社会状况的分析，从一开始使用的就是马克思主义的阶级分析方法，这对于区分阿尔及利亚和法国当时各种意识形态的影响具有重要意义。作为法国殖民地的阿尔及利亚，它的问题实际上反映了法国政治体制与全球资本主义现代化发展之间的矛盾，以及法国本土的传统生活方式与现代化经济发展之间的矛盾。这是利奥塔运用他所了解的马克思主义观点对具体社会历史问题进行解释的首次尝试，但同时也反映了他当时思想的局限，他难以解释原本以批判官僚资本主义为目标的"社会主义或野蛮"组织最后却由于自身的官僚体制而走向分裂，这导致他对马克思主义理论如何转化为现实这一问题开始产生怀疑。

进入 20 世纪 60 年代，法国资本主义现代化过程中形成的官僚主义体制开始凸显，其中高等教育文科改革中的弊端尤为突出，人口膨胀、教育资源向符合经济发展需要的理科方向倾斜，文科院校向偏远的城市郊区迁移，以及法国政治的内忧外患等因素最终导致了 1968 年的学生运动。作为南泰尔大学哲学教师的利奥塔在学生运动发生之前，已经预料到了这种以资本主义现代化为导向的教育体制必然会导致激烈的文化矛盾，他对这种文化现象的解释，一方面开始与弗洛伊德对社会文化的分析相关，另一方面又开始与 20 世纪 60 年代兴起的法国尼采主义的知识与权力批判链接在一起。与此同时，原本作为福柯（Michel Foucault）、德勒兹和利奥塔等人的思想土壤的萨特和梅洛-庞蒂的马克思主义，在1956 年赫鲁晓夫的报告等历史事件的影响下已经开始发生动摇，立志与权威知识区别开来的新一代思想家们也不吝于寻找新的理论批判方式。在法国知识分子激进的社会运动影响下，利奥塔偏离马克思主义的第一步是从政治经济学的分析转向对话语和欲望的精神分析。

在法国五月风暴之后，利奥塔思想中的马克思主义框架开始发生了动摇。弗洛伊德主义和马克思主义在 20 世纪 60 年代成为法国思想的主要潮流，利奥塔对弗洛伊德的理解来自拉康（Jacques Lacan）的研讨班，然而拉康过于语言化的精神分析方法并没有让利奥塔感到满意。在《从马克思和弗洛伊德开始的漂流》（*Dérive à partir de Marx et Freud*，1973）所收录的一系列文章中，受到拉康的"漂流"（Dérive）概念的启发，利奥塔试图从马克思主义和弗洛伊德主义这两大主流中偏离出来，去超越传统理论框架的限制，在新的区域和情境中激活理论，保持理论的批判性，避免普遍主义和教条主义。利奥塔把眼光放到了艺术美学领域，在他眼里，艺术不是制造意识形态的场所，因为艺术作品是对现实未能满足的欲望的实现，它与欲望的原始过程相关，因而艺术恰恰是对资本主义颠倒的意识形态的揭露。至此，借助艺术的批判因素，对总体化的意识形态幻象的批判成为利奥塔此时思考的中心。

在同一年出版的另一部论文集《驱力部署》(*Des dispositifs pulsionnels*，1973)中，利奥塔认为，"驱力部署"这一概念内在于弗洛伊德的元心理学之中。弗洛伊德在《性学三论》里提出了一个假设："关于本能本质的最简单和可能的假设是，本能本身并无什么实质可言，说到心理生活，只可将它视为衡量心理活动的尺度。"[1]这里的"本能"其实就是利奥塔所说的"驱力"(pulsion)，利奥塔从驱力这一假设出发，试图摆脱精神分析研究中的机械论倾向。这种驱力不是一种外部的刺激，而是内在于有机体之中，它具有持续性和分散性的特征，它是一种心理的表征。因此，要想理解驱力的实质，就需要对心理活动的运作和转变过程做出考察，弗洛伊德在《论心理机能的两条原则》(1911)中被称为"心理器官"[2]的东西，利奥塔称为"部署"(dispositif)，他把个体层面的心理分析上升到社会的层面，重新理解资本主义社会中资本和欲望的内在关系。

《话语，图形》(*Discours，Figure*，1971)一书是利奥塔的博士论文，它与《从马克思和弗洛伊德开始的漂流》中的一系列文章写作于同一时

---

① 车文博主编：《弗洛伊德文集 3：性学三论与论潜意识》，27 页，长春，长春出版社，2004。

② 《弗洛伊德著作选》，贺明明译，50 页，成都，四川人民出版社，1986。

期，它可以被视为利奥塔从马克思和弗洛伊德的思想主流中偏离出来的一次完整的尝试。尽管涉及内容繁杂而且结构松散，但其中最为重要的一条批判线索是，通过对现代语言学、精神分析学和超现实主义运动的总结，利奥塔指出黑格尔和拉康理论过于重视话语而忽视了视觉因素，因此，利奥塔相对应地、创造性地构建起一个图形性空间来颠覆传统的文本性空间的统治。而利奥塔的主要依据，正是弗洛伊德的精神分析及其对梦的研究，通过深入分析欲望的实现过程，利奥塔揭示出意识形态对欲望原发空间的妨碍和欺骗。

利奥塔的《力比多经济学》(*Économie libidinale*，1974)一书，是对拉康的话语帝国的批判的延续，在德勒兹和加塔利(Félix Guattari)的《反俄狄浦斯》一书所提出的欲望生产和精神分析的基础上，利奥塔以反讽和理论虚饰的方式对马克思的政治经济学批判提出了质疑，他不去讨论严格意义上的政治经济学，而是通过构造出欲望化和肉身化的马克思形象，以荒谬化的马克思形象去反对真理化的马克思形象，用他自己的话来说，这是他的一本"恶之书"，它实际上是利奥塔用愤世嫉俗的尼采主义的方法对自己过去的马克思主义信仰进行最后的清算。

在利奥塔赴美国讲学之后，他在 1977 年出版了五部著作：《异教的知识》(*Instructions païennes*)、《异教入门》(*Rudiments païennes*)、《论述的类型》(*Genre dissertatif*)、《杜尚的改造》(*Les transformateurs duchamp*)、《摇摇欲坠的叙事》(*Récits tremblants*)。这里可以看出利奥塔思想中有一个很重要的转向，也就是说，试图对欧洲大陆激进哲学与英美分析哲学之间的差异进行解释，在这两种不同的哲学话语之间寻找理论的出路。对于"异教主义"(paganisme)一词，利奥塔是这样解释的：

"当我提到异教主义的时候，它不是一个概念，它是一个名称，它用来指称人们不根据标准来做出判断的这种特殊情况，不仅在真理的问题上，而且在关于美(关于审美效果)的问题上，在关于公正，即政治和伦理的问题上。这就是我说的'异教主义'的意思。"①这里隐含的关于审美与判断的问题，促使利奥塔在后来的著作中走向康德在《判断力批判》中的思想。

《论公正》(Au Juste，1979)是利奥塔与法国《精神》(L'esprit)杂志的编辑泰波(Jean-Loup Thébaud)的访谈合集，其话题包括后现代性中的伦理和政治概念，以及讨论了是否可能建立一种可行的正义概念。在缺乏统一的品位和标准的状况下，如何做出应有的判断？利奥塔在康德的《判断力批判》中找到了启示。在康德看来，判断力的原则既不是从知性中借来的，也不是从理性中借来的，因此，判断力仅仅服务于批判，而不构成一种理论。它来自人的认识能力，但不是为了认识事物；它与《实践理性批判》中的欲求能力不同，后者是与客体的认识打交道的。而当知性不再能够引用诸如因果律、实体关系等去解释自然界中的某些事物时，也就是说，当知性无法呈现其中那些似乎符合规律的东西的时候，判断力就有助于理解"自然事物和那不可认识的超感性界的关系"②。也就是说，判断力并不依赖或遵循知性或理性的标准，因此在利奥塔看来，判断力是"一种有建设性的想象力。这不仅是一种判断力；这是一种创造标准的能力"③。这种判断力不仅是一种审美能力，更是

---

① Jean-François Lyotard, *Au Juste*, Paris, Christian Bourgois, 1979, pp. 48-49.

② [德]康德：《判断力批判》上卷，宗白华译，6页，北京，商务印书馆，1985。

③ 《后现代性与公正游戏——利奥塔访谈、书信录》，谈瀛洲译，28页，上海，上海人民出版社，2018。

一种思考正义理念的政治能力，它的运用受到社会契约等语用关系的制约，这种制约在当下表现为资本主义的压倒性的统治。

让英语学界熟悉的和津津乐道的是他的《后现代状况：关于知识的报告》(*La Condition postmoderne*：*rapport sur le savoir*，1979)及其后现代思想，但是，人们对他的后现代思想的解释又往往建立在许多误解之上。提起利奥塔的那本毁誉参半的《后现代状况》，人们总会想起他对"后现代"的那个著名的定义，即"对诸种元叙事(Des métarécits)的怀疑"，后现代主义的追随者们往往把利奥塔的这一概述看作是一般的"公式"或"原理"，从而推导出"怀疑一切""历史的终结"等结论，这在英语学界引起了很大的反响。

《后现代状况》是一部应时之作，它的诞生有其独特的现实背景，利奥塔受加拿大魁北克省大学委员会主席的委托，写作一部关于"最发达社会中的知识的报告"。但利奥塔同时也意识到，自己仅仅是一位哲学家而不是一位技术专家，因此他也只能以哲学家的独特视野和发问方式来表达自己对发达的社会文化的一种见解。据《后现代状况》的英文版编者高泽西(Wald Godzich)透露，当时魁北克省教育领域正经历着一场革命，一方面大学在受制于市场规律的现代社会下运作，以满足魁北克省现代化发展的理论需求；另一方面作为具有法语传统的自治区，魁北克大学分校卷入 20 世纪 60 年代末的拒付房租运动之中，矛盾围绕着现代化问题和大学中现代化运动中所扮演的角色而展开。因此，委托者希望利奥塔以理性的角度思考这些问题，然而，引起利奥塔兴趣的是委托书中的一个条款："在现代化进程中，在推动现代性到来的奋斗中，在思考现代性开始之后的种种可能情况时，知识所担当的角色和作用问题，由利奥塔来做出决策。"①这一条款决定了利奥塔的写作方式，他并没有顾及魁北克省发生的运动，而是集中笔墨讨论现代化之后的知识的命运问题。因此，委托者对这份报告并不满意，高泽西也反对《后现代状况》英文版以正面形象出版，因此，《后现代状况》一开始只是在法国出版面世。

此后，哈桑非常喜欢《后现代状况》这本著作并希望将其纳入自己的丛书之中，在得知此事后，拥有版权的高泽西不得不决定亲自出版此书。高泽西希望寻找一位一流的学者来写作一篇批判性的导言并介绍这本书背后的魁北克省的具体背景，然而最后詹姆逊（Fredric Jameson）所写的导言依然没有满足这一要求，反倒是追溯后现代的概念去了。后来利奥塔得知此事的来龙去脉，不禁感叹："这帮人出版我的书，是因为他们不喜欢它，还以为它是一本危险的书。"②

可见，人们对《后现代状况》的误解由来已久，这本书的实质性基础并不是讨论哈桑的所谓"后现代"概念，而毋宁说是"对哲学和伦理政治学的某些合法化话语做出语用学形式分析"③，哈贝马斯（Jürgen Habermas）是此书的主要理论对象之一，"合法化"（La légitimation）问题是两位思想家讨论的焦点。④ 当代政治思想史家弗兰克（Manfred Frank）在

---

① ［美］Wald Godzich：《利奥塔与〈后现代状况〉的来龙去脉》，载《开放时代》，1998 年 6 期。

② ［美］Wald Godzich：《利奥塔与〈后现代状况〉的来龙去脉》，载《开放时代》，1998 年 6 期。

③ ［法］让-弗朗索瓦·利奥塔尔：《后现代状况——关于知识的报告》，车槿山译，引言 4 页，北京，生活·读书·新知三联书店，1997。

④ ［德］弗兰克：《理解的界限——利奥塔和哈贝马斯的精神对话》，先刚译，6—8 页，北京，华夏出版社，2003。

《理解的界限》一书中，就想象了一场发生在利奥塔和哈贝马斯之间的"精神对话"。1986 年在巴黎的波旁会议中心，弗兰克主持了一场高层次的题为"法国与德国的对话"的聚会，原本计划出席这次聚会的利奥塔和哈贝马斯都未能到场，这不禁让人大失所望，但弗兰克认为，两者之间的论战实际上已经在他们的一些共同的论题上得以展开。哈贝马斯通过引入韦伯（Max Weber）的合法化概念，试图在晚期资本主义的统治危机中，找到能够奠定未来社会秩序的稳定的、规范的、公共的结构性基础，而不是仅仅像过去那样建立在心理学的统治与服从的关系基础之上。利奥塔则是要寻找内在于宏大叙事之中的"非合法化"（délégitimation）和"虚无主义"的萌芽。然而，无论在国内学界还是在英语学界中，大多数人都关注"对诸种元叙事的怀疑"这一"后现代"的通俗的相对主义定义，无论在赞成派还是在反对派看来，它都成为后现代主义的"标志"。对"后现代"的过分强调导致了利奥塔研究重心的失调和错位，国内研究也在很大程度上延续了英语学界的这种误解。

《分歧》（*Le Différend*，1983）是利奥塔从 1974 年开始准备的、花费九年时间才完成的著作。利奥塔强调，他的批判思想不是在《后现代状况》这一通俗版本（利奥塔甚至认为这是他最差的著作）中，而是在《分歧》中才达到了哲学水准。利奥塔认为，面对形形色色的话语类型，分析到最后，唯一不能怀疑的就是措辞（phrase）本身，措辞在利奥塔那里已经不仅仅具有语言学意义上的内涵，还关涉着可言说与不可言说的事物之间的可能性。措辞包含四个元素：言说者（destinateur）、言说者的对象（destinataire）、所指（référent）和意义（sens）。与其说措辞是一个独特的理论定义，不如说它指出了上述四个要素发生的条件、语境及根据措辞规则（régime de phrases，有描述性的、认知性的、规范性的等）所表达出来的某一个甚至多个措辞世界（univers de phrase）。措辞世界反映的是当下的、社会的条件，它从一开始就与其他措辞世界区分开来。虽然不同的措辞规则之间具有不可通约性，但它们能够被链接在一起而形成话语类型（Genres de discours，有思辨的、伦理的、经济的等），这种链接反映了话语类型的目的性或终结性。经济话语类型遵循的是所指对象之间的等价原则以及言说者、言说对象之间的可置换性，与马克思意义上的剥削、相对剩余价值相关，简单而言，经济话语类型的目的就是"赢取时间"[①]。不管是劳动力本身，还是被信息化了的措辞本身，都可以被转化为可用抽象时间衡量的商品。为了打开异质性话语类型之间的通道，经济话语往往会打扮成一种解放的历史哲学，把异样的声音同一化为一种走向进步的语言，使自己的话语规则凌驾于其他话语之上，目的是构建一个世界的市场。然而正像在康德哲学中所显示的那样，判断力能够感知历史中的符号，在经济话语世界中，人们也依然能够感知观念与现实之间的差异，异质性的措辞规则和话语类型是经济话语不可化约的和不可逾越的障碍。分歧的存在总是把人们拉回到措辞世界中，使人对经济话语所反映的现存的事实存在产生怀疑。

利奥塔一生保持着对艺术的浓厚兴趣，写作了许多关于艺术的著作和文章，包括 1980 年的《论阿尔贝·埃默近作中色彩的时空建构》（"Sur la constitution du temps par la couleur dans les œuvres récentes d'Albert

---

① Jean-François Lyotard, *Le Différend*, Paris, Les Édtions de Minuit, 1983, pp. 249-253.

Ayme")、1984 年的《绘画经验的谋杀：莫诺里》("L'Assassinat de l'experience par la peinture：Monory")和 1987 年出版的《孰画？阿达米·荒川·布罕》(*Que peindre? Adami Arakawa Buren*)。这类作品并非提供某种艺术理论，而毋宁说是一种哲学的沉思。在此意义上，阿达米(Valerio Adami)的绘画表现出一种形象性，荒川修作(Shusaku Arakawa)的建筑艺术作品表现出一种理性的抽象化，丹尼尔·布罕(Daniel Buren)的作品则表现出观念艺术的特征，它们共同反映出利奥塔在《话语，图形》中所揭示的不可化约的形象性的特征，利奥塔把他关于图形的哲学思考融入当代艺术作品和艺术批评之中。利奥塔还在 1985 年巴黎蓬皮杜现代艺术中心筹办了"非物质"(Les Immatériaux)艺术展，所谓"非物质"，指的是人类在科学或艺术中取得的进步，与我们对所谓"物体"的不断认识紧密相连。然而，人类所做的分析会将这些物体分解，并让我们发现，只有从人类的角度看它们才被当作物体；从它们的组成或结构层面上来说，它们仅仅形成复杂集合的小小能量包或者微粒，不能被如此归纳。总而言之，没有所谓事物，唯一存在的只是能量。利奥塔指出我们关于事物的那种框架式的界定，试图为事物的空间组织找到一种更具有能动性的思维体系。

利奥塔在 20 世纪 80 年代末和 90 年代初出版了一系列论文集。他在加州大学的埃尔文分校韦勒克图书馆举行系列讲座(Wellek Library Lectures)，后以《游历：法、形式与事件》(*Peregrinations：Law, Form, Event*, 1986)为题出版。法、形式与事件这三个主题正好对应于利奥塔早年的三种理想：牧师、画家和历史学家。这三个讲座不仅是关于伦理、美学与政治的，而且是关于三个不同的哲学类型和领域之间的划分的，他还指出这三个整体不可避免地、能动地联系在一起。在《后现代儿童指南：1982—1985 通信集》(*Le Postmoderne expliqué aux enfants*：*Correspondence* 1982—1985)中，利奥塔之所以用"儿童"一词，是为了探讨一种正处于成长、发生过程中的哲学、艺术、文学和政治学的可能性。问题的关键并不在于提出一种后现代的解释，而在于如何以儿童般的心智和开放性，借助"后现代"一词去接近当代哲学的问题。

《激情：康德式的历史批判》(*L'Enthousiasme*：*la critique kantirnne de l'histoire*，1986)继《分歧》一书之后，对康德哲学进一步展开研究，利奥塔认为康德式的批判是一种哲学措辞领域中的政治学，而政治学则是康德式的批判在社会历史的措辞领域中的表现。利奥塔区分了历史上的几种不同的措辞领域：描述的、说明的、辩证法的、义务的、目的论的、虚构的等，而康德哲学本身是对历史政治的批判与反思。因此，政治哲学所宣称的对政治的、"自由的"批判与反思实际上是对异质的措辞领域做出区分的一种政治学。

《非人：时间漫谈》(*L'Inhumain*：*Causeries sur le temps*，1988)中的文章主要面对的是非专业的听众和读者，主要探讨后现代视野下的教育与时间问题。《海德格尔与"犹太人"》(*Heidegger et «les juifs»*，1988)这部著作产生于法国著名的"海德格尔事件"的背景下：1987 年，维克多·法里亚斯(Victor Farias)的《海德格尔与纳粹主义》(*Heidegger et le nazisme*)一书在法国出版，引起了关于海德格尔与纳粹问题的讨论，利奥塔强调的是，我们不仅要注意到其中的矛盾，而且要发现其内在逻辑。利奥塔 20 世纪 90 年代的著作还有《崇高分析讲稿》(*Leçons sur l'Analytique du sublime*：*Kant*，1991)、《儿童讲稿》(*Lectures d'enfance*，1991)和《后现代道德》(*Moralités postmoderbes*，1993)等。

随着英语学界对利奥塔理解的逐渐深入，研究利奥塔的专著和文集越来越多，其涉及的理论领域也越来越广泛。按照时间的先后顺序，这些著作主要包括如下。

《利奥塔：书写事件》(*Lyotard：Writing the Event*，1988)，是英语学界最早的利奥塔研究专著之一，作者班宁顿(Geoffrey Bennington)回顾了利奥塔 30 多年的写作历程，指出利奥塔思想中的一些不连续性，并抽取利奥塔的三部著作作为主要研究对象：《话语，图形》《力比多经济学》和《分歧》，强调利奥塔对总体性思想的批判，以及对个人、事件和特殊性的重视。

雷丁斯(Bill Readings)在他的著作《引介利奥塔：艺术与政治》(*Introducing Lyotard：Art and Politics*，1991)中认为，利奥塔对艺术与政治之间的关系有独特的兴趣和理解，这使利奥塔成为文学与文化研究中炙手可热的人物之一，此书主要强调利奥塔在《话语，图形》一书中所展现出来的跨学科研究的原创性及其给美国学界带来的影响。

《判断利奥塔》(*Judging Lyotard*，1992)是《后现代状况》在英语学界产生影响后第一部探讨利奥塔思想的论文集，从论文集的标题可以看出，此书主要探讨利奥塔美学思想中的"判断力"概念及其与康德的关联，它主要面向哲学、批判理论和文学研究。

《利奥塔的政治学》(*The Politics of Jean-François Lyotard*，1998)则是一本面向哲学、社会学和文化研究领域的论文集，它同样反映了利奥塔在跨学科研究中的重要性，特别是在社会学领域，利奥塔的思想在女性主义、青年研究、犹太研究和殖民主义研究中引起了较大的反响。

英国学者威廉姆斯(James Williams)在他的《利奥塔》(*Jean-François*

Lyotard，1998)一书中认为，有一种核心的关切贯穿了利奥塔的大部分作品，那就是对政治的重新思考，它不仅关乎政党或政治制度，而且关乎我们在社会中的行动方式，因此，利奥塔对美学与现代艺术的研究也同样带有广泛的政治学意义，艺术作品能够为革命思想和行动提供推动力，把握住这一点对于理解利奥塔那些艰辛晦涩的美学论著显得尤为关键。

莫尔帕斯(Simon Malpas)撰写了另一本以利奥塔本人为名的著作，*Jean-François Lyotard*(中文版译名为《导读利奥塔》)。这本小册子清晰而扼要地介绍了利奥塔思想的各个方面，他在书后还提供了一些进阶阅读书目，使读者能够带着更多的自信和启发走进利奥塔的文本，这是一本非常有用的二手文献。

《利奥塔辞典》(*The Lyotard Dictionary*，2011)是西姆(Stuart Sim)编撰的一部关于利奥塔的关键词的索引著作，它对利奥塔的个人经历、作品和思想有非常直接的介绍，反映了编者对利奥塔个人思想和现实经历的充分了解，为初学者提供了有价值的线索和指引。

澳大利亚学者格雷厄姆·琼斯(Graham Jones)的著作 *Lyotard Reframed：Interpreting Key Thinkers for the Arts*(《利奥塔眼中的艺术》)，指出了造成利奥塔思想被误解的原因："他的作品很自然地与'后现代'紧密联系在一起，这个词在批判界里已经过时了。这样并不是很公允，因为利奥塔所提出的后现代主义，与人们通常对这个词的理解和使用并不相关。"①琼斯试图围绕利奥塔在这些作品中的关键概念来重新界定利奥塔，

---

① ［澳］格雷厄姆·琼斯：《利奥塔眼中的艺术》，王树良等译，15页，重庆，重庆大学出版社，2016。

这些概念包括图形、力比多、崇高，当然还有后现代，琼斯强调了贯穿利奥塔思想和作品中的连续性，这种连续性在过去的研究中往往被忽略了。

在法语学界中，虽然也存在着仅仅从《后现代状况》或美学问题出发去片面地讨论利奥塔思想的情况，但相比英语学界而言，这些研究者作为利奥塔长期以来的同事、朋友、学生或忠实读者，更能深刻体会利奥塔的批判精神，他们不是去简单地介绍利奥塔思想或构建某种后现代理论体系，而是积极地揭露当代资本主义社会的不公正现象，把利奥塔的思想灵活地应用到批判的实践之中。利奥塔在巴黎第八大学的弟子普拉多（Plínio Prado）把利奥塔的思想划分成三个阶段：一是 20 世纪 70 年代初的政治经济学和力比多经济学的研究；二是 20 世纪 70 年代后期到 80 年代中期的语言分析和《分歧》中的政治哲学建构；三是 80 年代中期以后对政治抵抗问题的探讨，以及对"童年""崇高"等概念的阐释，但实际上，针对性地研究利奥塔第一阶段的著作并不多见，研究利奥塔早中期与马克思主义关系的论著更是稀少。

然而，德贡布（Vincent Descombes）早在他的《当代法国哲学》（1980）一书中就已经把利奥塔加入当代具有影响力的法国哲学家之列，其中还包括科耶夫（Alexandre Kojève）、萨特、梅洛-庞蒂、阿尔都塞（Louis Althusser）、福柯、德勒兹和德里达等人，而在当时利奥塔刚出版的《后现代状况》还没开始产生影响，可见利奥塔早中期的著作足以奠定他在法语学界的地位，这些著作之所以有这样的影响，是由于它与西方马克思主义思潮紧密地联系在一起。围绕着利奥塔所开创的问题和批判方法，相关的法语研究著作如下。

《分歧的训练》（*L'exercice du différend*，2001）是一部论文集，它

汇集了包括利奥塔生前最亲密的同僚和学生在内的学者们的优秀文章，以利奥塔的《分歧》一书为中心，围绕着康德、维特根斯坦（Ludwig Wittgenstein）、语言学、精神分析和美学等问题展开了广泛而深入的阐述，其中不乏德里达、南希（Jean-Luc Nancy）、巴迪欧（Alain Badiou）等人对利奥塔思想的精彩点评，如果对利奥塔的后期思想和法国前沿问题有清楚的理解的话，这是一部值得深入研究的宝贵资料。

加兰蒂（Alberto Gualandi）的《利奥塔》（*Lyotard*，2009）一书以专业的视角回顾了利奥塔所讨论的一些问题，关于真理、时间、感觉等问题，以及在奥斯维辛之后如何进行美学思考，如何理解康德意义上的判断力等深邃的哲学问题。

尽管利奥塔在巴黎第十大学任教时间不长，但他无论在当时激进的学生运动中，还是在批判思想上都在这所学校里留下印记，《利奥塔在南泰尔》（*Lyotard à Nanterre*，2010）这部论文集记录着部分历史及其思想影响，此书从传统哲学、美学、政治、语言学等方面反思了利奥塔对当下思考所带来的影响。

作为利奥塔思想的"工作室"，巴黎第八大学一直继承和发扬利奥塔思想的精粹，《利奥塔的通道》（*Passages de Jean-François Lyotard*，2011）就是利奥塔的同僚和学生一起编纂的论文集，此书囊括了世界各地优秀学者写作的关于政治学、批判理论和后现代主义等的学术性文本，这使我们对利奥塔在全球范围内的影响有了更深入的了解。

帕热斯（Claire Pagès）在《利奥塔与异化》（*Lyotard et l'aliénation*，2011）中认为，异化概念是贯穿利奥塔思想的一条重要线索，她对异化概念的由来及它在利奥塔不同著作中的意义变化做了深入的解析，并指出利奥塔的这一概念要求我们在当下的社会运动中要发挥出应有的批判功能。此书写作风格清新，结构突出，是一部难得的以利奥塔文本为基础的具有独特的哲学史视角的佳作。

相对而言，国内的利奥塔思想研究还处于起步阶段，国内学界一方面缺乏英语学界对利奥塔后现代思想的广泛关注，另一方面也缺乏对法国本土思想和现实背景的了解，但依然有不少值得借鉴的文献。除了已经翻译为中文的利奥塔的著作《话语，图形》《后现代状况》《后现代性与公正游戏：利奥塔访谈、书信录》《非人：时间漫谈》《后现代道德》之外，还有上述提到的二手文献，如威廉姆斯的《利奥塔》、莫尔帕斯的《导读利奥塔》、琼斯的《利奥塔眼中的艺术》等，这些都能让我们对利奥塔思想的轮廓形成基本的理解，此外，我们还可以在《当代法国哲学》《后现代性的起源》《后现代理论——批判性的质疑》《战后法国哲学与马克思思想的当代意义》等普及性读物中找到与利奥塔相关的篇幅。

在理论专著方面，秦喜清的《让-弗·利奥塔》一书通过对利奥塔的个人经历和思想背景的梳理，展示出一位"独树一帜的后现代理论家"的形象。赵雄峰的《艺术的背后：利奥塔论艺术》图文并茂地展示了利奥塔对于艺术的观点，证明了利奥塔强调的先锋艺术中所具有的多样性和差异性特征。周慧在《利奥塔的差异哲学：法则、事件、形式》一书中则是选择了"差异"这一关键词，对利奥塔转向政治学之后如何思考伦理、政治和美学问题进行了梳理。《话语，图形》的译者谢晶对利奥塔的思想背景、写作方法和主旨提供了极为深刻的阐释。国内以利奥塔为主题的博士论文有刘冠君的《利奥塔的"崇高美学"思想研究》（山东大学，2010），此论文区分出利奥塔早期的"欲望美学"与后期的

"崇高美学"，并从崇高美学的理论源流及其在艺术和社会政治领域的运用展开论述。另一篇博士论文是余沉的《为纷争作证：利奥塔后现代崇高思想研究》（南京大学，2014），此论文指出了崇高思想背后的差异和分歧才是利奥塔后现代思想的旨趣，而且崇高思想在美学、政治与哲学三个领域有着不同的展开方式，值得注意的是，作者从西方哲学史的角度阐释了利奥塔对康德崇高美学的借鉴和改造，这一点在国内研究中达到了一定的哲学深度。

附录 《生于 1925 年》：利奥塔的学生时代

1948 年 5 月的《现代》杂志在名为"见证"的栏目下，刊登了三篇同名的文章《生于 1925 年》（*Nés en* 1925），三位年轻的作者分别是保罗·维亚拉内（Paul Viallaneix）、皮埃尔·格里帕里（Pierre Gripari）及利奥塔。之所以如此，其背后还有一段故事。

1948 年春天，萨特等人创办的《现代》杂志向那些初出茅庐的知识分子征求他们对新时代的看法，对象限定在 1923—1930 年出生的青年人。而在 1925 年左右出生的维亚拉内、格里帕里和利奥塔等人，正好比 1913 年在第一次世界大战前夕出生的加缪（Albert Camus）小了整整一轮。加缪是这样形容他那个时代的人的："这些人们，在第一次世界大战时期来到这个世界上，在希特勒上台和第一次革命浪潮初起时正值青春年少；在西班牙内战、第二次世界大战、欧洲遍布酷刑拷打和集中营的时代，完成了他们的教育。正是这些人，在今天，必须在一个面临核武器威胁的世界里生儿育女，从事创作。"①

然而对于三位青年这一代而言，他们已经难以像加缪那样能够清晰地辨别出自己的"同时代人"了。后来成为著名法国文学与加缪研究专家的维亚拉内，自称他们属于"战争的一代"，这里所说的战争不仅仅是1940年法国在正面战场上输掉的战役，还包括每个热血青年与维希傀儡政府的斗争。格里帕里后来写了人们津津乐道的作品《布罗卡街童话故事集》，把自己看作是"被遗忘的一代"，1945年正值20岁的那群青年，奔走于义务服务、劳动及军事募役之间，根本难以建立紧密的联系。② 可以说，利奥塔的同时代人，是极度缺乏自我认同感的一代，利奥塔在开篇所讲的，"我们处于一种持续的拒斥之中，拒绝成为除了我们自己之外的任何人，以及拒绝界定这个'我们'"③。这是从这种与时代脱节的意义上讲的。

见证了《现代》杂志30年变化的编辑部女秘书，曾经做了这么一个不失偏颇的比喻："战后，这是个对世界、价值和社会实行大清算，对过去的恐怖与未来的忧虑提出疑问的时期，《现代》是个大汤锅，那个时期的大思想都在里面煎熬烤煮。"④《现代》杂志无疑给这些天才青年提供了表达这些思想的机会。当时，维亚拉内被告知他可以找两三位朋友一

---

① 程三贤编选：《给诺贝尔一个理由：诺贝尔文学奖获奖演说精选》第1辑，136页，北京，中国广播电视出版社，2006。

② Alan B. Spitzer, "Born in 1925," *French Politics, Culture & Society*, Vol. 24, No. 2 (Summer 2006), p. 47.

③ Jean-François Lyotard, *Political Writings*, translated by Bill Readings and Kevin Paul Geiman, London, UCL Press, 1993, p. 85.

④ ［法］杰尔曼娜·索尔贝：《"喂？我给您接萨特……"——〈现代〉杂志女秘书的回忆》，马振骋译，11—12页，北京，人民文学出版社，2005。

同在《现代》上发表他们的观点，维亚拉内找到了他在路易大帝中学文科预备班的同窗格里帕里和利奥塔。巧合的是，萨特正是在这个地方上预备班的时候开始对哲学产生兴趣的。

利奥塔生于 1924 年，比另外两人要大一岁，也是这"三个火枪手"中的佼佼者。还有与他们一起的第四个"火枪手"，就是后来鼎鼎大名的社会学家阿兰·图雷纳（Alain Tourain），利奥塔后来在《后现代状况》中对"后工业社会"的引述正是来自他。利奥塔一直是图雷纳在文科预备班中最亲密的朋友，尽管他们的思想有着差异：图雷纳被认为有点"太唯灵论"了，而利奥塔则被看作一位"激进的、愤世嫉俗的尼采主义者"。维亚拉内与格里帕里也一致把利奥塔视为他们当时最好的朋友。格里帕里只敢向利奥塔吐露自己的同性恋倾向，而且在他后来的小说中写下了以利奥塔为原型的文学形象，由此可见利奥塔在这个小团体中的影响力。

图雷纳回忆他们在预备班时候的环境："我在那里生活的世界处在时间和空间之外，当然也是处在历史之外。"[1]当 1944 年巴黎遭受持续不断的空袭时，学生们躲在防空洞里，在轰鸣声中继续读着希腊语和拉丁语的经典。与其说利奥塔、图雷纳是一起读书的同学，不如说他们是一起见证那个时代的亲密的"战友"。20 世纪 20 年代的文科预备班远不像人们认为的那样是一个封闭的世界，而是锤炼学生们人生路线的熔炉。借布尔迪厄（Pierre Bourdieu）的话说，是最高形式的也是哲

---

① Alan B. Spitzer, "Born in 1925," *French Politics, Culture & Society*, Vol. 24, No. 2 (Summer 2006), p. 51.

学形式的法国式知识分子抱负的诞生地，正是这一批在 1945 年左右的文科预备班中培养出来的哲学家、思想家，包括福柯及德勒兹等人，在他们建立稳定的世界观之前，历史已经强迫他们关注它的问题，并认真学习和积累了古希腊和中世纪的哲学知识，因而他们才能在 1968 年的冲击之后真正成熟地正视被旧式哲学所排除的权力、真理、意义等问题。

利奥塔写道，20 世纪 40 年代对于一个法国青年而言，既意味着"内心的反省"，也意味着欧洲青年的"又一次觉醒"。青年利奥塔思想上的过度早熟，一方面源自时代的压力，另一方面也源自他对经典的熟悉。在《生于 1925 年》的短短五页纸里，利奥塔能够在尼采（Friedrich Nietzsche）、加缪、萨特、兰波（Arthur Rimbaud）、布勒东（André Beton）、马尔罗（André Malraux）、纪德（André Gide）、劳伦斯（D. H. Lawrence）、马拉美（Stéphane Mallarmé）、海德格尔、亚里士多德（Aristotle）、荷尔德林（Friedrich Hölderlin）等人的观点之间信手拈来，并使之充实自己的观点，这反映出青年利奥塔复杂的理论背景和敏锐的视角。总而观之，此时利奥塔主要还是在两个维度上展开他的观点，而这两个维度也预示了利奥塔的现代性批判的未来思路与走向。

最重要的一个维度是对世界历史的存在主义之思。《生于 1925 年》提到了当时具有标志性意义的事件：签订《慕尼黑协定》、纳粹发动战争、第二次世界大战后的法国改革，以及在 1948 年发生的甘地遇刺事件。正如上面所说，历史强迫着利奥塔必须思考现实的问题，必须使

"自己的意识与历史意识携手并进"①。1938 年签订的《慕尼黑协定》标志着英法政府推行的绥靖政策达到了顶峰，随后的纳粹集中营又见证了欧洲自由主义传统的濒死挣扎，第二次世界大战后法国失败的政治变革也只是反映了利奥塔那一代人确实生活在"自由主义与实证主义的缓慢崩溃之中"，与此同时，他们也看到了苏联的共产主义走向教条主义的衰落。第一次世界大战之后至少带来了让人精神为之一振的俄国十月革命、弗洛伊德和超现实主义，然而到了第二次世界大战之后，人们对它们的依恋也都烟消云散了。可以说，利奥塔及其同时代人所面临的最为关键的历史问题就是欧洲虚无主义的问题，也就是人类生存的意义与目的、真理与价值，以及它们的现实性问题。

在尼采那里，虚无主义也不是作为一个历史事件来理解的，而被看作是普遍的人类历史的原动力，它指向那种通过对生命全体的贬抑而取得胜利的意志。从这一视角看来，利奥塔所列举的那些事件无一不是反动意义上的虚无主义的历史。因此，利奥塔说，"尼采让我们感到羞耻"。20 世纪的历史让虚无的意志与反动力再一次合谋并获得胜利，利奥塔这一代人依然没有摆脱尼采所预示的被统治的现实，利奥塔感叹道，"欧洲不是在颠覆它的价值而是在承受它的命运"，"我们的港口没有船只，我们的船只没有锚头，我们的世界再也没有可穿越的沙漠和可探索的野林"②，留给他们的只有精神上处处难以为家的欲求。

萨特和加缪成为当时寻求出路的法国青年人的精神导师，他们的存

---

① Jean-François Lyotard, *Political Writings*, translated by Bill Readings and Kevin Paul Geiman, London, UCL Press, 1993, p. 85.

② Ibid., pp. 85-86.

在主义为青年知识分子的思想塑形提供了最基础的原料和模型。利奥塔的这篇文章充满了加缪式的隐喻——荒漠、孤树、绝望——和沉醉于一种"荒谬的哲学"。加缪把人面对这个封闭的、陌生的、堕落的、非人性、无意义的世界所产生的感觉称为"荒谬"，它类似于萨特的"厌恶"、克尔凯郭尔的"畏"和海德格尔的"烦"，甚至与柏格森的"滑稽"，以及利奥塔后来所解释的"崇高"也有一定的相似之处，它们都是个人存在于世界之间的必要中介。

加缪认为："荒谬在于人，也同样在于世界。它是目前为止人与世界之间的唯一联系。"①荒谬的概念指向的是西方理性主义传统，或者更确切地说，指向理性在现实中的种种局限，它否认了真理的绝对性，没有任何东西是清楚明白的，人只能凭借自己有限的洞察力与世界不断较量。因此，荒谬与自杀是相对的，因为自杀默认了他的命运，结束了他与世界的抵抗，把荒谬带入死亡之中，在这种意义上，自杀与真理在永恒的意义上是相同的。荒谬是解开真理的现实性的秘密所在。《西西弗的神话》是荒谬的典型例子：他千百次地重复一个动作，把滚下山的巨石重新推回山顶。加缪认为西西弗的行为实际上是工人阶级生活的象征，"今天的工人终生都在劳动，终日完成的是同样的工作，这样的命运并非不比西西弗的命运荒谬"②，然而，只有当工人阶级像西西弗一样，清楚地意识到这种荒谬本身的时候，他们才能看到他们与世界之间的关联，才能把命运掌握在自己的手中。

---

① ［法］阿尔贝·加缪：《西西弗的神话——论荒谬》，杜小真译，26 页，北京，生活·读书·新知三联书店，1987。

② 同上书，158 页。

　　了解了加缪的荒谬概念，我们才能更好地理解利奥塔的现代性批判中所说的"抵抗"意味着什么。就当时而言，利奥塔一代所迫切寻求的与世界相关联的领域，就是风云突变的政治领域，在理性主义和中世纪哲学已经被战争"杀死"了的欧洲，他们的人道主义不得不成为一种激进的政治态度。利奥塔借用萨特的话说，随着理性主义和思辨哲学处于衰退的状态，他们一代的新的共同特征是以自在的方式存在的"对具体之物的欲望，尤其是在政治领域"①，这不仅需要把战争纳入自己思考的范围，而且需要在第二世界大战后那个思想混乱不清的年代发出自己不一样的声音。

　　另一个重要的维度是对个人表达危机的关注，也就是思考个人"如何表达""能否表达"自己政治欲望的问题。然而在当时的法国，个人表达的自由却无不在公共舆论的危机之中，萨特和《现代》杂志在当时就不断受到暴力袭击、新闻检查，甚至被迫停刊等威胁。在利奥塔看来，要想对现实政治做出抵抗，就要为这种抵抗"正名"，而在法国思想史上从来不缺乏这方面的代表人物。利奥塔把 19 世纪法国著名诗人兰波看作是这场"伟大运动"的先驱，而布勒东和马尔罗则是利奥塔一代人的"先知"。

　　尽管布勒东引用了恩格斯在《反杜林论》中关于思维的有限性和无限性的观点，② 但前者却是在自己的文学和精神分析学意义上去解释他们时代的特殊的表达方式："思想只能在绝对的自主意识与狭隘的从属意识之间摇摆不定"，并认为哲学和诗歌都经历了一个令人痛心的世纪，

---

　　①　Jean-François Lyotard, *Political Writings*, translated by Bill Readings and Kevin Paul Geiman, London, UCL Press, 1993, p. 89.

　　②　《马克思恩格斯全集》第 20 卷，95 页，北京，人民出版社，1971。

马克思和兰波都在代表人物之列。① 布勒东把兰波看作超现实主义的先驱和典范的很大一部分原因在于，兰波在巴黎公社时期所创造的诗歌，与当时谋求解放的劳动者的欲望结合在一起，言语与欲望的结合构成了兰波的"言语炼金术"。在布勒东看来，超现实主义不仅需要从马克思那里学习到"阶级意识"的重要性，而且需要借助弗洛伊德的精神分析方法，把受压抑的因素引导到潜意识上，也就是通过对语言的回忆，把混合的情感、表象重新衔接起来。马尔罗所提倡的"马克思主义就是认识社会问题，而文化就是认识心理学"这一说法，也因此得到布勒东的认可。

言语与欲望的力量成为布勒东判断时代动向的不可化约的因素，也是他给利奥塔一代做出的最为明确的引导。利奥塔所引用的萨特的"自在存在的欲望"，也是萨特在谈论兰波的时候所讲的。兰波写道："如果说我有什么品位的话，那只是对大地和石头的品位"，萨特一方面看到了兰波对自身的痛苦、不公，以及他所唾弃的那个混乱不堪的社会的断然弃绝，另一方面注意到，"我们每个人的欲望是一种存在，它带着我们对事物的存在方式的整体意识"②，这是萨特在《存在与虚无》中已经讨论过的内容。如果按照萨特的说法，"人从根本上说就是要成为上帝的欲望"③，那么利奥塔所说的"我们开始不再把自己置于宇宙之上"④就

---

① ［法］安德烈·布勒东：《超现实主义宣言》，袁俊生译，161 页，重庆，重庆大学出版社，2010。

② Jean-Paul Sartre, *Situation, I*, Paris, Gallimard, 2010, pp. 316-317.

③ ［法］萨特：《存在与虚无》，陈宣良等译，704 页，北京，生活·读书·新知三联书店，1997。

④ Jean-François Lyotard, *Political Writings*, translated by Bill Readings and Kevin Paul Geiman, London, UCL Press, 1993, p. 88.

应当理解为，无神论的存在主义或者说"存在的精神分析法"不是要去揭示欲望及其表现之间的关系，而是要再现具体的欲望中的象征性，它区别于弗洛伊德的"经验的精神分析法"，后者把人的行为还原为性欲，而前者则认为人"对存在的选择同时是一个存在"，因而它的分析还具有个体性和不确定性的特征，"用于一个主体的方法因此不能用于另一个主体或以后时期的同一个主体"①。相比于经验的精神分析法，存在的精神分析法对利奥塔的影响更为深远。

我们可以看到，实际上利奥塔的这两个维度也是不可分割、相辅相成的。一方面，他对客观性世界和历史的思考来源于 20 世纪 40 年代法国特殊的政治环境，但此时青年利奥塔并没有能够提出比存在主义更鲜明的现代性批判方案；另一方面，对于一位年轻的中产阶级知识分子而言，他要极力表达自身与他者之间的差异性，他的立足点不在于维护已有状况，或者创造别人所希冀的状况，而是立足于独立的主体性原则来寻求自我的理论历险。即使在布勒东那里，马克思的"改造世界"与兰波的"改变生活"这两个口号也是统一的。② 从利奥塔晚年的《马尔罗传》可以看出，利奥塔一生始终坚持着这一致力于解放个人主观创造力的理想，而他对客观性世界的批判性解释，还有待于与马克思主义的有机结合。尽管他接受的是存在主义版本的和超现实主义版本的马克思主义，但毫无疑问，两者之间存在着巨大的交集，这使得利奥塔对当代现实马

---

① ［法］萨特：《存在与虚无》，陈宣良等译，712—713 页，北京，生活·读书·新知三联书店，1997。

② ［法］安德烈·布勒东：《超现实主义宣言》，袁俊生译，246 页，重庆，重庆大学出版社，2010。

克思主义的思考逐渐成为其思想中的新焦点。

借用加缪在诺贝尔奖致辞中的话来说："对于这样一些人，没人能强求他们成为乐观主义者。"诚然，利奥塔及其同时代人无法选择他们出生的历史背景，甚至难以改变其原初的立场，他们更多的是表达一种人道主义的激情，关注眼前政治领域的问题，还来不及在学理上对存在主义、尼采主义或马克思主义做出自己的深入思考和整理，但毫无疑问，20 世纪 40 年代法国政治和思想界的虚无主义环境给他们留下了深刻的烙印，这也是利奥塔当时被视为一个"愤世嫉俗的尼采主义者"的原因，也是利奥塔后来在现代性批判道路上如此看重艺术的原因，因为在尼采看来，艺术是对生命总体特征的肯定，是反对虚无主义的"惟一优越的对抗力量"[①]。加缪对此的理解也是相似的："我甚至认为，我们应该去理解那些在极端绝望中陷于堕落和倾向虚无主义的人们。然而事实上，我们中的大部分人，都拒绝了这种虚无主义，在我的国家或整个欧洲，都投身于对人类正义的追求。我们必须创造出一种生活在这个灾难的时代所必需的艺术，给我们再生的力量，并且坦然地和在我们的历史上起过重大作用的死亡的本能，作不懈的斗争。"[②]

然而，仅仅凭借加缪所说的"通过蔑视而自我超越"并不足够，马克思在《法兰西内战》中写道，"为了谋得自己的解放，同时达到现代社会由于本身经济发展而不可遏制地趋向着的更高形式，他们必须经过长期

---

① ［德］尼采：《权力意志》，孙周兴译，943 页，北京，商务印书馆，2007。

② 程三贤编选：《给诺贝尔一个理由：诺贝尔文学奖获奖演说精选》第 1 辑，136 页，北京，中国广播电视出版社，2006。

的斗争，必须经过一系列将把环境和人都完全改变的历史过程"①，这种改变不能依靠纯精神的方式来达到。对于加缪和萨特而言，马克思主义依然是他们无法超越的时代哲学，对于青年利奥塔而言情况同样如此。无论如何，利奥塔及其同时代人凭着他们的人道主义激情，在当时特殊的政治和思想环境下走出了现代性批判的第一步。

---

① 《马克思恩格斯全集》第 17 卷，362—363 页，北京，人民出版社，1963。

第一章 | 利奥塔与法国思潮

　　从利奥塔的思想来源来看，我们可以把他的思想大致分为三个阶段：第一阶段的主要思想来源是马克思和胡塞尔，梅洛-庞蒂是利奥塔理解马克思主义和现象学的一个重要的理论中介，直到他的博士论文《话语，图形》为止，他主要使用的是马克思主义的历史辩证法和现象学的话语；第二阶段的主要思想来源是弗洛伊德和尼采，德勒兹作为利奥塔在巴黎第八大学的同事，是利奥塔此时的理论伙伴，从 20 世纪60 年代末到 70 年代初，精神分析和尼采主义的话语成为利奥塔的主要表达方式，利奥塔开始从主流的马克思主义话语中偏离出来；第三阶段在《后现代状况》一书出版之后，康德和维特根斯坦成为利奥塔的主要思想来源，哈贝马斯则是利奥塔的理论对手，哈贝马斯试图从康德和维特根斯坦出发走向一种理性的、交往的、关于共识的社会理论，而利奥塔则反讽式地通过康德和维特根斯坦得出相反的结论，走向一种感性的、差异的、关于分歧的政治哲学。

这里需要说明的是，利奥塔从来都不是某个思想的严格的追随者，也不是某个思想的严肃的批判者，而是像德里达所说的，他是一位独立而富有勇气的思想冒险家，他总是能抓住这些思想的本质和内在的东西，使其成为他哲学思想和现实批判的一部分，这是利奥塔思想的一个方法论特征，这使他能够在纷繁复杂的 20 世纪法国思潮中独辟蹊径，找到一条前人从未探索过的道路，在当代法国哲学史上留下自己鲜明的思想轨迹。我们从法国现象学运动、精神分析运动、尼采主义和后现代主义四个角度分别考察利奥塔在其中的作用和意义，探讨利奥塔如何参与到这些思潮之中，以及这些思潮是如何对利奥塔做出评价的。

一、法国现象学运动

胡塞尔现象学在法国哲学界的影响滥觞于 20 世纪 20 年代，到了 60 年代，当德国现象学开始注意到"现象学运动"本身的历史事实时，"法国现象学运动"方兴未艾。[①] 赫伯特·施皮格伯格（Herbert Spiegelberg）曾在《现象学运动》一书中写道："乍看上去，德国现象学在法国的出现以及

---

① 倪梁康：《胡塞尔与法国现象学运动的直接思想关联 或：法国哲学家柯瓦雷、海林、列维纳斯的胡塞尔现象学背景》，载《中国现象学与哲学评论》，2016 年第 2 期。

它不断地取得成功，包含有不只一种背理之处。"①有谁曾想象过，一种具有典型的德国特征的哲学，能够在第二次世界大战之后的法国土壤上生根发芽？在剑拔弩张的政治氛围下，如何能形成一种哲学的对话？在进入青年利奥塔的现象学解释之前，我们有必要对法国现象学运动的这样一种"不合理"现象进行一番考察。梅洛-庞蒂认为，1930 年左右的法国学界存在着两种主要的思想，一种是布伦施威克（Léon Brunschvicg）的，另一种是柏格森（Henri Bergson）的。前者建立在笛卡尔（Rene Descartes）和康德的自我反思的基础上，在学院中有着权威的影响力，后者虽然没有在大学中占据应有的地位，但它提供了另一种不同于传统哲学的东西，也就是对绵延与时间、身体与外界的思考，梅洛-庞蒂说，如果我们读了柏格森，就很容易理解所谓法国"存在哲学"在 10 年到 15 年后的那些"大发现"了。②

这两种思想恰好都促进了现象学在法国的传播。由于胡塞尔把自己的现象学与笛卡尔联系在一起，并且在 1929 年的巴黎讲演中把现象学称为"新的笛卡尔主义"，自然而然，现象学能够被布伦施威克那种以科学为取向的笛卡尔主义所接受。同时，当胡塞尔听到来自法国的柏格森思想之后，他不禁惊叹自己是"柏格森主义者"，现象学与柏格森主义对于内在时间意识等问题的共同兴趣是两者之间形成对话的基础。然而一开始，法国人并没有对胡塞尔这位奠基人表现出太多的兴趣，而是被舍勒（Max Scheler）和海德格尔的思想所吸引，这源于他们缺乏对现象学整体的了解，

---

① ［美］赫伯特·施皮格伯格：《现象学运动》，王炳文等译，593 页，北京，商务印书馆，1995。引文有改动。

② Maurice Merleau-Ponty, *Parcours Deux*：1951—1961, Lagrasse, Éditions Verdier, 2001, pp. 249-253.

但这种不利因素反而成为有利因素，它激发了法国学者独立自主的思考方式和不拘一格的写作方法，马塞尔（Gabriel Marcel）的《形而上学日记》（*Journal métaphysique*）就是最初的典型。这些都构成了萨特和梅洛-庞蒂这两位法国的西方马克思主义开创者的理论语境，而这两位思想家又直接对青年利奥塔思想的形成产生了重要的影响。列维纳斯（Emmanuel Levinas）毫无疑问是法国现象学运动的重要先驱，正是他把胡塞尔在巴黎的四次讲座的讲稿翻译成法文出版（*Méditations cartésiennes：Introduction a la phénoménologie*，1931）。保罗·利科则在 1950 年翻译出版了胡塞尔的《观念》，并且提供了一篇重要的导论和评注。

直到萨特和梅洛-庞蒂，法国现象学的重心才开始转向对胡塞尔思想本身的研究。萨特在 1934 年留学柏林期间写下了《自我的超越性》这篇重要的论文，并把批判的矛头指向了布伦施威克的那种"内向哲学"。萨特认为，胡塞尔的现象学并不求助于那个先验的、统一的、个体化的"我"（Je），而要探讨被意向性所规定的那个意识，后者是在过去和现在的持续不断的时间中的统一，因此，意识的特性属于自身而且需要不断回归到自身。萨特之所以要消除那个先验的"我"，是为了消除其背后的那种唯我论，因为意识的特性意味着人的自我不再居于他人的自我之上，而且，我们的意识生活每时每刻都要创造新的实存，通过这种现象学，意识生活不再是布伦施威克意义上的"内心生活"，而意识的各种状态都是对象。① 萨特在《胡塞尔现象学的一个基本概念——意向性》中更

---

① ［法］让·保尔·萨特：《自我的超越性——一种现象学描述初探》，杜小真译，39—40 页，北京，商务印书馆，2001。

是一开篇就尖锐地指出，布伦施威克等人的学院派停留在 100 多年以前，停留在观念论和实在论的一种共同的幻觉之中："相信精神—蜘蛛将事物诱至其网中，用白色的黏液将事物包裹起来，并慢慢地吞下，把它还原为它自己的实体。……好一个食用哲学！"[①]可以看出，萨特对学院派的批评与他在现实中的批判和政治实践是一致的，而现象学则是其中重要的批判方法之一。

对观念论和实在论的批评，也是梅洛-庞蒂的理论出发点。他在第一部专著《行为的结构》的导言中就指出："在法国当代的许多人那里，哲学（它使整个自然在意识面前成为被构成的一种客观的统一体）和各门科学（它们把机体和意识看作是实在的两种秩序，在其相互关系中，则把它们看作是'结果'和'原因'）处于并置之中。"[②]梅洛-庞蒂通过德国格式塔心理学认识到了法国唯心论和实在论中的诸多问题，但当时还没有特别关注现象学。1939 年，他在《国际哲学杂志》悼念胡塞尔的专辑中，了解到了胡塞尔的《欧洲科学危机和超验现象学》及其关于生活世界的新方法，其后他和越南籍现象学家陈德草（Tran-Duc Thao）访问了鲁汶的胡塞尔档案馆，会见了胡塞尔的最后一位助手芬克（Eugen Fink），这些都对梅洛-庞蒂的现象学转向产生了重要影响。而陈德草在他的著作《现象学和辩证唯物论》（*Phénoménologie et matérialisme dialectique*，1951）中提出，现象学的问题需要放在辩证唯物论的前景中才能彻底解决，他

---

① ［法］让·保尔·萨特：《自我的超越性——一种现象学描述初探》，杜小真译，96 页，北京，商务印书馆，2001。

② ［法］莫里斯·梅洛-庞蒂：《行为的结构》，杨大春等译，17 页，北京，商务印书馆，2005。

为一种"现象学的马克思主义"解释提供了理论条件。

在利奥塔看来，萨特的现象学始终停留在纯粹的先验意识的层面上，而梅洛-庞蒂则是努力解释那些被动地预先给予的经验基础，毋宁说，梅洛-庞蒂所探讨的那些"被动综合"（synthèses passives）才是意义生成的更本源的地方。《知觉现象学》表明了现象学成为梅洛-庞蒂的中心主题，也表达了他关于现象学的意义的最明确最完整的论述，即他对胡塞尔现象学的重新解释。为何说"重新解释"？胡塞尔给现象学下的一道重要的命令就是"回到事物本身"，对于这种哲学而言，重要的不是找到那个先验的"我"，而是在进行反省之前就要意识到世界已经存在，并且努力找回与世界之间的联系。这意味着，为了谈论认识之前的那个世界，我们不能完全依赖于观念论的分析方法，相信主体与世界之间的统一性和确定性，也不能依赖科学的综合方法，把我们的想象归纳为实在的事物。"问题在于描述，而不在于解释和分析。"①梅洛-庞蒂赋予现象学第一层意义，现象学可以作为一种"风格"（manière）来运用和认识，他认为，我们能够在马克思、尼采、弗洛伊德等人的著作中重新找到现象学，这一点对于福柯、德勒兹、利奥塔等后来者而言，具有非同寻常的意义。

梅洛-庞蒂认为，现象学的极为重要的第二层意义在于，通过现象学还原的方法，"我思"才能真正直面自身的处境，直面自我与他人的存在，先验的"我"才可能成为"我们"之中的"我"，才可能成为主体间性。在这一

———————————

① ［法］莫里斯·梅洛-庞蒂：《知觉现象学》，姜志辉译，2页，北京，商务印书馆，2001。

点上，《知觉现象学》与《自我的超越性》是相似的。与萨特不同的是，梅洛-庞蒂更侧重于胡塞尔后期的和未出版的著作，并发现胡塞尔穷其一生一直在追问还原的最终可能性。如果能还原到极限，我们不就成为绝对的"旁观者"，成为黑格尔的绝对精神了？恰恰因为我们不能还原到极限，才需要不断地在时间的流动中进行反省，不能把哲学本身当作现成的知识，这意味着要不断地描述意识的开端及其不断变化的处境。

现象学的第三层意义源于胡塞尔的"本质"（eidos）和"意向性"（德文Intentionalitaet）概念。梅洛-庞蒂认为："本质不是目的，本质是一种手段，我们在世界中的实际介入就是需要理解和将其引向概念的东西……"①如何把我们的意义介入现实历史之中，把我们从"内心生活"中解放出来？这是萨特和梅洛-庞蒂借助现象学而思考的一个根本问题。胡塞尔所说的本质，既不是唯心主义哲学里的"对象"，也不是逻辑实证主义所探讨的语言的词义，而是要重新找回"意识"一词背后所表达的我们实际的意识活动，意识活动构成了我们与世界的联系，而意向性则表现为我们在世界中的谋划（projet），它或许表现为一种精心设计的话语，或许只是一段无法用言语表达的沉默，但它们都无不包含着历史的意义。

梅洛-庞蒂借此阐释了他理解历史事件的方式："一切事物都具有一种意义，我们应该在所有的关系中重新找到同一种存在结构。只要我们不孤立地看待它们，只要我们能进入历史的深处，只要我们能到达在每一种观点中得到阐明的存在意义的唯一内核，所有这些看法都是真实

---

① ［法］莫里斯·梅洛-庞蒂：《知觉现象学》，姜志辉译，10页，北京，商务印书馆，2001。

的。确实，正如马克思所说的，历史不运行在头脑中，同样，历史也不用脚来思考。更确切地说，我们不必关心历史的'头脑'和'脚'，但要关心历史的身体。"①梅洛-庞蒂巧妙地借用马克思"头脚颠倒"的隐喻来展开他即将要讨论的身体的主题，但在这里需要我们注意的是，他认为现象学最重要的成就在于克服了极端的主观主义和极端的客观主义，即认为世界不是绝对精神或实在论意义上的世界，而是我们不断介入其中并为此承担责任的历史意义产生的运动，梅洛-庞蒂认为这是哲学与现代思想能够结为一体的有效方式，这也是利奥塔现象学阐释的根本意义所在。

由于胡塞尔思想在当时并不为人所熟知，因此，胡塞尔现象学的引介工作就显得尤为关键。在这个方面，虽然萨特的起步相对较晚，但他凭借着自己的独创研究奠定了他在法国现象学运动中的领先地位，他和梅洛-庞蒂共同把现象学推向了新的阶段，而利奥塔的《现象学》一书则是在胡塞尔、萨特和梅洛-庞蒂的基础上做出了拓展和延伸，在一定程度上推进了现象学的法国化及对历史问题的探讨。而利奥塔的博士论文《话语，图形》，则是在胡塞尔和梅洛-庞蒂的现象学基础上，提出一种崭新的"图形"（figure）批判视角，寻求一种语言学、现象学、辩证法，以及弗洛伊德主义之间的当代对话。这是利奥塔在法国现象学运动中做出的理论贡献。

然而从现象学家的角度来看，利奥塔至多是法国现象学运动的一位并不重要的参与者，或者至多是一位后结构主义和后现代主义意义上的

---

① ［法］莫里斯·梅洛-庞蒂：《知觉现象学》，姜志辉译，15—16页，北京，商务印书馆，2001。

解释者。《现象学》本身带有的科普性质，使人不禁怀疑它是否真正达到了胡塞尔的理论深度，另外，现象学与马克思主义之间是否存在着必然的关联，这也是有待思考的问题。正如施皮格伯格所说："现象学存在主义与马克思主义之间的联系纯粹是偶然的，这种联系可以由法国知识分子的具体处境来说。"①对于萨特、梅洛-庞蒂和利奥塔等人而言，马克思主义不仅是哲学，还是一种思想的气候或处境，是无法摆脱的辩证法的真实运动。现象学为他们思考阶级意识及其呈现的问题提供了一种新的方法，但他们并不满足于此。对于法国的精神分析运动而言，情况也同样如此。利奥塔在《话语，图形》中试图用弗洛伊德的精神分析方法来取代现象学的方法，认为梅洛-庞蒂的现象学最终还是回到了主体哲学的道路上，他把这种现象学看作是先验思想的最后一次努力，这表明利奥塔开始彻底摆脱先验思想而走向无意识领域，彻底与现象学运动区别开来。

二、精神分析运动

在当代弗洛伊德主义的发展史上，法国占据着特殊的地位，在20 世纪 60 年代左右，弗洛伊德主义成为法国的主要思潮之一，法国也因此成为国际精神分析运动的中心。法国思想家们并不仅仅把弗洛伊德看作一种理论或一门学科的开创者，而是把他放在与马克思同等重要的

①　［美］赫伯特·施皮格伯格：《现象学运动》，王炳文等译，616 页，北京，商务印书馆，1995。

位置之上，把他看作"话语实践的拓荒者"之一。福柯写道："这些作者的独特贡献在于，他们不仅生产自己的作品，而且生产构成其他文本的可能性和规则……弗洛伊德不只是《梦的解释》或《才智及其与无意识的关系》的作者，马克思也不只是《共产党宣言》或《资本论》的作者，他们二人都确立了话语方式的无穷的可能。"①也就是说，两者不仅创造了人文科学的经典范式，使他们的文本能够被更多的人采纳并形成"家族相似"的特征，而且更重要的是，他们为引入新的因素清理出了空间，使与之不同的概念和假设的"差异"成为可能。

福柯曾在《反俄狄浦斯》的序言中极好地概括了 20 世纪 60 年代左右法国的思想状况："在 1945—1965 年（我指的是欧洲），横亘着某种正确的思维方式，某种政治话语的样式，某种知识分子伦理学。人们不得不去亲近马克思，人们不能够偏离弗洛伊德太远。而且，人们还不得不对符号系统——能指——表示出最大的敬意。这三方面的要求奇怪地盘踞了写作和言说的领域，成为广为接受的衡量个人及其时代的真理。"②紧接着，法国面临越南战争和国内学生工人运动的双重打击，这使人们不禁想起 30 年代超现实主义的那种乌托邦想象：马克思和弗洛伊德在熊熊烈火中燃烧起来。

法国精神分析历史的开端似乎十分平静。弗洛伊德曾在 19 世纪 80 年代的法国从事过实地的精神病研究工作，他的文章也于 1895 年刊登在法国的《神经病学杂志》上，但没有任何迹象预示着弗洛伊德的学说会引起强

---

① 王朝选编：《后现代主义的突破——外国后现代主义理论》，285 页，兰州，敦煌文艺出版社，1996。

② ［法］米歇尔·福柯：《〈反俄狄浦斯〉序言》，载《国外理论动态》，2003 年第 7 期。

烈的反响。直到 20 世纪 20 年代，正如前文所谈到的，弗洛伊德主义与马克思主义一同成为在巴黎产生的超现实主义的理论基础，超现实主义的艺术作品反映了精神分析学中的无意识、梦、象征等重要特征，因此精神分析也开始通过超现实主义艺术传播到了法国。可以看出，弗洛伊德主义一开始受到了一些非理性主义者的青睐，而在笛卡尔主义为主要影响的科学界，则受到带有理性主义倾向的知识分子的抵触。

精神分析在法国的精神病学和心理学中确立了自己的地位，其中主要的原因在于弗洛伊德主义的人道主义倾向于重视人生来拥有却被文明所剥夺的自然生存的权利。萨特也从精神分析法中总结出独特的"存在的精神分析法"，承认从弗洛伊德学说中得到了某些借鉴："两者同样把'心理生活'的所有可客观观察到的表象看作保持了和真正构成了个人基本的和总体的结构的象征化的关系。……存在的精神分析法在人的自由的原始涌现之前一无所知；经验的精神分析法提出，个体的原始情感在其历史之前是一种原蜡。"[①]可以说，弗洛伊德主义以一种与传统理性主义不同的方式，揭示出某种只能通过人类行动而表现出来的关于人的本性何以可能的新事物。此外，弗洛伊德主义对法国的结构主义也有很大影响，阿尔都塞认为："实际上，弗洛伊德不仅发现了无意识的存在；他还坚持认为，心理不是照着一个以意识为中心的统一模型建构起来的，它的模型应该像一种'机器'，其中包含着无法还原化约为唯一原则

---

① [法]萨特：《存在与虚无》，陈宣良等译，707—708 页，北京，生活·读书·新知三联书店，1997。

的'不同系统'。"①弗洛伊德研究无意识的方法，以及研究分析病人在自由联想过程中解译出来的语言符号，为研究整个深层的社会结构开辟了道路。

苏联学者尼·格·波波娃用"后弗洛伊德主义"来表明"现代精神分析研究具有多面性，富有方法论的探索，而且表明精神分析学界对自己老师的非单义的态度"②。在波波娃看来，法国的后弗洛伊德主义包括四个基本的和最流行的学派：纳什特（Sacha Nacht）的医学学派、拉加什（Daniel Lagache）的心理学学派、拉康的语言学精神分析学派、德勒兹和加塔利的弗洛伊德—马克思主义学派。利奥塔的精神分析方法主要与拉康、德勒兹和加塔利联系在一起。

在拉康看来，精神分析是一门关于无意识的主体的科学，通过这样的解释，拉康把弗洛伊德的传统与法国笛卡尔哲学的传统联系在一起，笛卡尔的主体哲学从"我思故我在"出发而达到一种意识的确定性，而弗洛伊德则是揭开了一大片意识无法触及的领域，犹如埋藏在水面下的冰山一样，促使弗洛伊德走向一种无意识的不确定性。拉康在他们的基础上，把笛卡尔的表述颠倒过来："我不确定，故我怀疑。"（Je ne suis pas sûr, je doute）③因此，无意识具有一种前本体论的意义，它不是一种怀疑的行动，而是存在怀疑之前的未知领域。所以，我们首要的事情是对

---

① ［法］路易·阿尔都塞：《论马克思与弗洛伊德（1977）》，载《当代国外马克思主义评论》，2010年第1期。引文有改动。

② ［苏］尼·格·波波娃：《法国的后弗洛伊德主义》，李亚卿译，引言6页，北京，东方出版社，1988。

③ Jacques Lacan, *Le Séminaire de Jacques Lacan*, établi par Jacques-Alain Miller, Paris, Seuil, 1973, p. 36.

无意识的内容及其痕迹进行揭示。他对"无意识"概念提出了三种不同的定义。第一，无意识作为缺口或断裂的定义。根据弗洛伊德的理论，我们之所以知道无意识的存在，是通过我们意识最薄弱的时刻，如梦境、口误、精神痛苦或心理疾病等确定的。在拉康看来，无意识之所以在失语的时刻显现，恰恰是因为无意识就是象征链中的缺口或断裂。第二，无意识作为语言结构的定义。弗洛伊德曾经探讨过梦中的语言因素和形象因素，但对于它们之间的关系并非十分明确。而拉康则明确指出，无意识是由能指的规则所支配的，能指把形象因素转化为语言的结构，因此我们只能通过言语和语言来解释无意识。由于拉康把无意识看作是主体在象征秩序中的链接，因此，主体的无意识也可以看作是超个人的象征秩序施加在主体之上的效果或影响。第三，无意识是大他者的话语。"小他者"想象中的、被赋予完整性的自我，是婴儿在镜子阶段中的他者，而"大他者"则是象征秩序，是我们诞生于其中的那门外语，如果我们想要表达自己的欲望，我们就必须学会用这门外语进行言说。

利奥塔对弗洛伊德的真正深入的理解来源于拉康，他在 20 世纪 60 年代参加了拉康的研讨班，这一研讨班无论在形式上还是在观念上，都可以看作是科耶夫的黑格尔研讨班的延续，拉康正是在科耶夫的研讨班中得到了关于主奴辩证法的启示，而拉康又影响了法国后来的许多主要思潮。在 60 年代，法国精神分析发展正好进入一个新的阶段，法国的精神分析协会发生分化，拉康创立了巴黎弗洛伊德学派，这些拉康主义者更倾向于对精神分析和语言学的研究，更愿意接受弗洛伊德对社会的分析及马克思主义的传统。尽管拉康被开除出国际精神分析联合会，但他的声望越来越高，他在高等师范学校举行的研讨班曾经风靡一时。

能指和所指本来在索绪尔(Saussure)的语言学中是不可分割的两个范畴，但拉康试图把能指从这种语言学中脱离出来，确立能指的一种纯粹的、无指向性的地位，因此拉康的精神分析理论也从根本上远离了弗洛伊德和索绪尔，而这一点正是引起利奥塔不满的地方。根据德勒兹和加塔利在《反俄狄浦斯》中的说法，福柯和利奥塔是最早提出反对意见的先驱，利奥塔的博士论文《话语，图形》可以看作是对拉康能指系统的第一次全面的批判。

福柯的博士论文《古典时代疯狂史》也是受到了拉康的影响，但福柯也提到了宗教史学家杜梅齐尔(Georges Dumezil)的贡献，他对神话所进行的分析促使福柯去发现各种结构化的形式，《古典时代疯狂史》中的结构就是社会隔离的结构、排除的结构。杜梅齐尔的贡献在于对印欧语系文化的考古学的比较研究，他运用印度文化来解释古罗马文化的研究方法，这启发了福柯从疯狂的视角对理性进行解释，去发现拉康所讲的象征秩序内的大他者。虽然福柯在写作这部著作之前，他的写作领域一直是心理学，但福柯试图打破固有的学科界限，从文学、艺术等各个方面探讨疯狂与非理性之间的关系和界限。在福柯看来，如果弗洛伊德意义上的梦是对世界进行反抗的矛盾表现的话，那么，疯狂就是世界之中真实发生的、受理性排斥的伦理问题。

德勒兹是利奥塔在巴黎第八大学的同事，他的同行和合著者加塔利是一名精神分析医生，是拉康的学生，专门研究精神分裂症。他们合写的著作《反俄狄浦斯》主要包括两个方面：对精神分析的批判，以及关于资本主义与精神分裂症关系的学说。在他们看来，弗洛伊德的学说并没有超越"本我"这个狭义的、有限的概念，妨碍他的是俄狄浦斯式的公式：父亲、母亲和我。由于精神分析把无意识等同于神话和悲剧，无意识就成为一种想象的、象征的表象。在德勒兹和加塔利看来，无意识不是俄狄浦斯的形象展现的剧场，而是"欲望生产"的工厂，是资本主义得以操纵欲望、产生剩余价值的场所。通过把马克思主义和弗洛伊德主义结合起来，德勒兹和加塔利用"欲望生产"的范畴来论证他们提出的用来取代马克思主义和精神分析的"精神分裂分析方法"。精神分裂症是资本主义时代的特有疾病，资本主义的生产过程是一个不断解码和解域的过程，将生产流动解码为货币资本的形式，将劳动解码为自由工人的形式；同时，资本主义对社会场所进行解域，破坏社会的场域使之成为一种"无器官的身体"，德勒兹和加塔利从这种分析中引申出一种"唯物主义的精神治疗法"，它致力于消除那些破坏欲望生产的自然过程，并使社会和人的生活产生不协调的内部障碍，实现欲望生产和社会生产的统一。

利奥塔的《力比多经济学》有着与《反俄狄浦斯》相似的结构形式，不过它不是像德勒兹和加塔利所说，"把欲望引入有机体中，把生产引入欲望之中"[①]，而是从弗洛伊德的欲望学中发现政治学，从马克思的政治学中发现欲望学。当然，这种做法同样受到来自精神分析学和马克思主义两方面的批评。利奥塔后来也没有在精神分析运动的方向上继续研

---

① 汪民安等主编：《后现代性的哲学话语：从福柯到赛义德》，44 页，杭州，浙江人民出版社，2000。

究。当开始在美国进行讲学，试图与欧美的政治哲学进行沟通的时候，利奥塔便开始转向人们更容易理解的康德与维特根斯坦的政治学、伦理学的内容。

三、尼采主义

哈贝马斯在《现代性的哲学话语》一书中这样写道："尼采打开了后现代的大门，海德格尔和巴塔耶则在尼采的基础上开辟了两条通往后现代的道路。"①如果说海德格尔开创的是面向人类存在的形而上学批判的道路，那么巴塔耶（Georges Bataille）则是打开了哲学人类学、心理学和历史学的广阔空间。尼采在《论道德的谱系》中，从最古老、最原始的人际关系中发掘出道德价值的起源，与之遥相呼应的是，巴塔耶借用20世纪法国社会学和人类学的成果，展开了对社会存在的同质性的批判，并针对性地提出了"异质性"（hétérogénéité）和"异质学"（hétérologie）的概念，这才是巴塔耶对法国尼采主义产生重要影响的关键。

巴塔耶早在1923年左右就开始阅读尼采的著作，当时他是巴黎国家图书馆的管理员。巴塔耶从一开始就与当时流行的"超现实主义"运动保持了距离。超现实主义的领军人物布勒东认为，巴塔耶在他的《文献》（*Documents*）杂志上掀起了一场奇特的运动，"巴塔耶先生公然申明在这

---

① ［德］于尔根·哈贝马斯：《现代性的哲学话语》，曹卫东译，121页，南京，译林出版社，2011。

个世界上，他只考虑那些最卑劣、最令人沮丧、最腐朽的东西"①，这似乎是思想中的某种"癌症"，而只有在道德纯净的环境下，超现实主义才能更进一步。巴塔耶认为，布勒东的超现实主义恰恰陷入了尼采所揭示的陷阱中，也就是再一次用资产阶级式的崇高价值来填补上帝的缺失。巴塔耶提出的"卑微的唯物主义"（Le bas matérialisme），仿佛是对"超现实主义"的一种反讽，但同时也反映了《查拉图斯特拉如是说》中的那种"大地"的精神。巴塔耶写道："卑微的物质不仅外在于人类的理想目标，而且对于人类理想目标也是十分陌生。它拒绝被还原为这些目标所创造的伟大本体论机器。……一种卑微的物质形象；由于它的极不协调和极度缺乏尊严，只有这种形象才能让精神逃避唯心主义的束缚。"②卑微的唯物主义面向的是人的肉体、欲望、原始神话等异质性因素，它通过彻底颠覆各种价值而赋予了物质在思想中应有的地位，这是巴塔耶反对黑格尔唯心主义体系的出发点，同时也是理解法国尼采主义所必需的思想前提。

尼采在他的自传中谈到，德国的东西让他感到格格不入，而法国的文化却使他念念不忘。1945 年第二次世界大战的结束不单使巴塔耶的《论尼采：机遇的意志》（*Sur Nietzsche，Volonté de chance*，1945）的出版成为可能，而且更重要的是开启了法国学界对整个善恶、理性、意义、真理哲学传统的批判的先河。正如德贡布（Vincent Descombes）在《当代

---

① ［法］安德烈·布勒东：《超现实主义宣言》，袁俊生译，188 页，重庆，重庆大学出版社，2010。

② 汪民安编：《色情、耗费与普遍经济：乔治·巴塔耶文选》，22—23 页，长春，吉林人民出版社，2003。

法国哲学》中描述的那样："在哲学于法国的新近演化中，我们可以从1945年后被称作'三H'的一代过渡到自1960年起以三个'怀疑大师'闻名的一代：'三H'是黑格尔（Hegel）、胡塞尔（Husserl）和海德格尔（Heidegger），三个怀疑大师是马克思、尼采和弗洛伊德。"①到了20世纪60年代，法国尼采主义进入了新的发展阶段，海德格尔在1961年出版了两卷本的《尼采》，但真正的法国人创造性地理解尼采的著作始于1962年德勒兹的《尼采与哲学》（*Nietzsche et la Philosophie*），以及福柯的《尼采·弗洛伊德·马克思》等一系列论著。福柯的这篇文章是在1964年的一次国际尼采学术研讨会上的发言，在他看来，尼采、弗洛伊德和马克思的著作在西方思想上留下了重大的"创伤"，这使得我们不得不重新反思我们对价值、无意识、意识和社会等事物的解释技术。在尼采那里，解释总是未完成的，哲学总是一种悬而未决的语文学，正是这种解释的无穷性，才使得后来的法国尼采主义的解释多元化和解释冲突的问题成为可能。因此如何对尼采主义进行多元化的解释，是法国思想家所要面临的问题。

德勒兹在《尼采与哲学》中开门见山地指出："尼采最重要的工作是将意义和价值的概念引入哲学。"②巴塔耶也谈到了尼采主义中意义与整体性的关系，在巴塔耶的解释中，理性的活动仅仅只被看作是某种特定的行动，正如人类进步只是某个特定时代的想象一样。然而正是这些理

① ［法］文森特·德贡布：《当代法国哲学》，王寅丽译，3页，北京，新星出版社，2007。

② ［法］吉尔·德勒兹：《尼采与哲学》，周颖等译，1页，北京，社会科学文献出版社，2001。

性活动(或者是打扮成"理性"的非理性活动)导致了人类的种种荒诞、痛苦乃至战争等。而尼采对人类整体的生存的解释,则不再是传统理性哲学中的"意义",而是"人性在这个世界上的自觉呈现,因此这是一种非意义",这里的"非意义"不是"意义"的单纯的否定,而是否定意义的统一性本身,只有通过对虚构的存在的整体性拒斥,我们才能意识到我们自身内在的、不确定的存在本身,正如尼采笔下的查拉图斯特拉。"如果我想在意识中实现将总体性荒诞的、痛苦的冲动联系在一起,那就必须与全人类巨大的冲动向全部意义迈进。"①巴塔耶的这种解释与另一位重要的法国尼采主义阐释者皮埃尔·克洛索夫斯基(Pierre Klossowski)对"永恒回归"的解释尤为相似:"在我顿悟永恒回归的那一时刻,此时此地,我已不再是我自己的自我了。我能够成为无数的他者。"②非意义本身就包含了对他者意识的关怀。

德勒兹则把对意义的解释进一步引入事物之间相互关系的社会历史层面:"事物的历史通常是占有事物的各种力的交替为了控制事物而相互斗争的各种力的并存。同一事物,同一现象,其意义根据占有它的力而变化。历史就是意义的变更。"③既然意义是可变的、交替的,那么必然不存在单一的、纯粹的意义,意义必然是多元的、复合的。没有唯一的事物,而只有"这一个""那一个";没有单独的个体,而只有"你""我"

① 汪民安、陈永国主编:《尼采的幽灵:西方后现代语境中的尼采》,12页,北京,社会科学文献出版社,2001。

② 同上书,19页。

③ [法]吉尔·德勒兹:《尼采与哲学》,周颖等译,4—5页,北京,社会科学文献出版社,2001。

和"他"。这样，形而上学的二元对立被取消了，不存在高等与低等、高贵与卑微，而只存在着"区分性因素"或者说"差异性因素"，尼采的谱系学赋予了哲学家善于捕捉差异的眼睛，观察其距离，把握其起源，梳理其谱系，整理其关系和条理，德勒兹称之为哲学的成熟，或者称之为解释的艺术(l'art de l'interprétation)，它与福柯所说的"解释的技术"相对应。只有将那些"无差别"的因素、起源摒除出去，差异的价值才能被创造性地显现出来。

法国尼采主义不仅经历了尼采文本的解释阶段，而且在此之后进入了新尼采主义的实质推进阶段。根据《尼采的法国遗产》("Nietzsche's French legacy")的作者艾伦·施里夫特(Alan Schrift)的观点①，法国新尼采主义表现在四位代表人物身上，即德里达、福柯、德勒兹和利奥塔，他们都借助了尼采主义来对当代法国思想中的重要问题做出回应。

对于德里达而言，对二元论和对立思想的批判是其哲学思想的关键所在。在他看来，历史哲学是以一种二元论的、哲学对立的方式展开的：真理与谬误、声音与书写、文字与形象、在场与不在场等。在此意义上，尼采对传统价值的批判与重估，为德里达解构传统的对立思想开辟了道路。然而尼采的作用不仅把柏拉图以来的形而上学的历史颠倒过来，而且对真理与谬误这个二元对立的问题进行超越，对生命的价值进行弘扬。因此，尼采主义为法国思想提供的不仅是一种二元论批判视角，还包括多元化、异质性的维度。

----

① "Nietzsche's French legacy," *The Cambridge Companion to Nietzsche*, edited by Bernd Magnus and Kathleen M. Higgins, Cambridge University Press, 1996, p. 334.

在福柯看来，尼采的权力意志哲学为我们理解权力提供了新的范式，也就是说从谱系学的角度去理解权力与历史的关系。过去的历史学家所描述的历史是连续性的、因果联系的历史，而福柯所讲的谱系学的历史并不惮于成为一种视角性的知识，不惮于暴露自身的局限性、非连续性，因此这种历史不是为了建立一种统一的、至高无上的历史，而是面向卑微的平民，因此福柯所讲的主体不是形而上学意义上的理性主体，而是处于权力关系网络之中，但又能够自我关注、自我塑造的历史能动的主体。

德勒兹与他的合作伙伴加塔利更加倾向于尼采权力意志哲学的"意志"，也就是他们所看重的"欲望"本身。在《反俄狄浦斯》中，权力意志被解释为"欲望机器"，它是欲望的意志与被欲望的对象之间的一种组合。这一概念一方面保证了欲望与被欲望的对象的相关性；另一方面，消解了过去的精神分析学及尼采哲学中的人格化的欲望主体，取而代之的是连接到另一台机器上的欲望机器，这些机器与生产过程紧密地联系在一起。德勒兹和加塔利把弗洛伊德的精神分析理解为一种"精神分裂分析"，精神分裂症患者是一个处于生产进程中的人，是生产和再生产的欲望机器的载体，他只有在外出散步的时候才能跳出机器与机器之外、生产与再生产的二元论法则之外。尼采正是一位典型的"精神分裂症的漫游者"，作为语文学教授的尼采，突然失去理性，进入种种陌生的角色之中，他在这种逃离中体验到一种永恒回归的愉悦，第一次以精神分裂症患者的方式创造了历史。

利奥塔也是法国尼采主义的重要代表，但与同时代的德里达、福柯和德勒兹相比，人们很少把他与尼采联系在一起。人们更多地把他与后现代主义画等号，甚至把法国的新尼采主义通通划归为后现代主义，但显然两者的问题域是截然不同的。尼采主义指向的是西方传统中更深层的伦理和价值问题，而不仅仅是对现代性事业本身进行反思。利奥塔所提出的问题是，在尼采的"重估一切价值"之后，在没有标准的情况下，我们如何做出判断。这种判断的能力从何而来？在康德哲学那里，这种判断力采取的是一种想象力的形式，它不仅是一种判断力，而且是一种创造标准的能力。在尼采的哲学那里，这种能力被称为"权力意志"，它把所有政治的、形而上学的、认识论的、伦理的和美学的判断力包括在内，因此我们的任务就在于创造标准并且相应地做出判断，这种判断不是康德哲学意义上的立法者，而是诠释和评价，是价值的创造，判断的问题由此变成了正义和等级的问题。

正如德勒兹在《尼采与哲学》里面所说的，尼采的方法是一种"区分性的、类型学的和系谱学的方法"[1]，尼采所讲的权力意志是能动的、可塑的，它能与每一种具体的情况结合在一起。因此，权力意志哲学需要与多元主义的类型学联系在一起，这样我们才能从法国尼采主义中找到共同的方法论特征。尽管这些理论并不构成一个学派、学统或体系而显示出非中心化的、离散化的特征，但在它们万花筒般的嬗变中有着其理论轴心，也就是尼采独特的解释风格，但这种风格也决定了无法将法国尼采主义所谈论的诸多问题域统一在一起。

---

① ［法］吉尔·德勒兹：《尼采与哲学》，周颖等译，115 页，北京，社会科学文献出版社，2001。

四、后现代主义

根据佩里·安德森(Perry Anderson)在《后现代性的起源》(*The Origins of Postmodernity*，1998)中的考证，"后现代主义"这一术语与"现代主义"一样，"都诞生于遥远的边缘地区，而不是当时文化体系的中心：它们并非源自欧洲或美国，而是源自拉丁美洲的西班牙语世界"①。"现代主义"(modernism)一词源于19世纪90年代开启的一场名为现代主义的文学潮流，这股潮流掀起了一场针对西班牙文学束缚的解放运动。"后现代主义"最早于20世纪30年代出现在西班牙语世界，它用来描述现代主义内部的一股保守的逆流。"后现代"在英语学界中出现，要追溯到汤因比(Arnold Toynbee)的《历史研究》(*A Study of History*)，他以普法战争为界，把这场战争所开启的时代称为"后现代时代"。美国诗人查尔斯·奥尔森(Chailes Olson)也在他的诗中提出了"后现代"的说法，这一术语在20世纪50年代的美国已经逐渐成为一个社会学概念，用来指称自由主义和社会主义的现代理性已经烟消云散的时代。到了70年代，后现代主义进入了理论的关键阶段，它以《疆界2——后现代文学与文化杂志》(*Boundary 2*)为起点，以它的早期撰稿人之一伊哈布·哈桑(Ihab Hassan)为重要的代表人物。哈桑把后现代主义看作一种文化变迁的方式，把它在文学领域的影响扩大到艺术、文化和社会的领域。哈桑在《文化、不确定性和内在性：(后现)代的边缘》一文中指出，后现代最重要的特征是"不确定的内在性"(indetermanence)，它由

①　[英]佩里·安德森：《后现代性的起源》，紫辰等译，1页，北京，中国社会科学出版社，2008。

"不确定性"（indeterminacy）和"内在性"（immanence）两方面构成，哈桑在考察了 20 世纪科学的新发展之后写道："相对论、测不准原理、并协原理及不完全性不仅是数学上的观念，也是构成我们的文化语言的观念，它们是建立在不确定性和内在性之上的知识的新秩序的部分。"①"不确定性"意味着人们采用各种各样的概念去描述某个复杂的对象，它通过各种符号表现出一种关于"解体"（unmaking）的强大意志，影响着政体、个体乃至西方整个话语领域。而"内在性"则指明一种心灵的能力，使人能够在符号中概括自身，越来越多地干预自然并使之成为我们自身的环境，甚至使之成为我们"文化无意识"中的一部分。

　　虽然哈桑对后现代主义的研究得到了诸如佩里·安德森、利奥塔等人的认可，但是在美国的左翼理论家看来并不如此。弗雷德里克·詹姆逊（Fredric Jameson）认为，哈桑等一些早期理论家只是在"用一些具有后现代主义性质的词汇（《泰凯尔》对表现的意识形态的抨击，海德格尔和德里达的'西方形而上学的终结'）来研究后现代主义美学时，似乎已经做了一些事情"②而已，认为哈桑的赞美中也包含了一种含混的姿态，因此在詹姆逊看来，有些案例只是一种高级的现代主义而已。而道格拉斯·凯尔纳（Douglas Kellner）和斯蒂文·贝斯特（Steven Best）则是在他们的《后现代理论》（*Postmodern Theory*：*Critical Interrogations*，1991）中明确地表达了对哈桑的批评态度，一方面指责哈桑"经常喜欢采用一

---

①　［美］伊哈布·哈桑：《后现代转向——后现代理论与文化论文集》，刘象愚译，136 页，上海，上海人民出版社，2015。

②　［美］弗雷德里克·詹姆逊：《文化转向：后现代论文选》，胡亚敏等译，22 页，北京，中国社会科学出版社，2000。中文名为詹明信。

种由大量引文以及为炫耀自己而引用的名言警句所构成的文体"，另一方面指责哈桑把"新的'反文学'或'沉默文学'描述为'对西方的自我概念的厌弃'和对整个西方文明的厌弃"①。他们都没有对哈桑提出的关于后现代主义的定义——"不确定的内在性"做出深入的探讨。

利奥塔的《后现代状况》一书被看作法国后现代思想的代表作，但实际上这部著作是为了迎合魁北克大学委员会的要求所做的关于"当代知识状况的报告"。"后现代"和"后工业"概念是利奥塔最重要的两个理论预设，但它们都并非利奥塔的首创。"后现代"一词主要来源于哈桑，"后工业"一词主要来源于法国社会学家阿兰·图雷纳，他也是利奥塔在文科预备班时期的同学和挚友。在后工业社会中，知识成为主要的经济生产力，它超越了民族和国家的界限，但同时也失去了许多传统的合法性。这本书的理论基础实际上并非"后现代"概念，而是"对哲学和伦理政治学的某些合法化话语作出语用学形式分析"②，哈贝马斯是此书的主要理论对象之一，"合法化"(légitimation)问题是两位思想家讨论的焦点。哈贝马斯通过引入韦伯的合法化概念，试图在晚期资本主义的统治危机中，找到能够奠定未来社会秩序的稳定的、规范的、公共的结构性基础，而利奥塔则对哈贝马斯的这种通过共识而达成的"合法化"提出了质疑。《后现代状况》反映了利奥塔对哈贝马斯的著作和思想有着极为深入的了解，这与当时法国大多数同行的情况构成了鲜明的对比。

---

① [美]道格拉斯·凯尔纳、斯蒂文·贝斯特：《后现代理论：批判性的质疑》，张志斌译，12页，北京，中央编译出版社，2011。

② [法]让-弗朗索瓦·利奥塔尔：《后现代状况——关于知识的报告》，车槿山译，引言4页，北京，生活·读书·新知三联书店，1997。正文统一用《后现代状况》这一通用名。

就在《后现代状况》出版一年之后，哈贝马斯在《现代性———一项尚未完成的事业》(1980)一文中对利奥塔的《后现代状况》所造成的轰动效应做出了回应，哈贝马斯在《现代性的哲学话语》中也写道："在利奥塔发表了《后现代状况———一份知识报告》之后，'后现代'这个时髦字眼亦已深入人心。所以，新结构主义理性批判的挑战构成了我力图逐步建构现代性哲学话语的视角。"①哈贝马斯作为当代欧洲首屈一指的哲学家，在英语学界中占据了重要的地位。因此，哈贝马斯对后现代的批判态度也在很大程度上影响了英语学界。事实上，《现代性———一项尚未完成的事业》这篇文章并非针对利奥塔的《后现代状况》，而是针对在威尼斯举行的两年一度的建筑艺术节。而哈贝马斯的《现代性的哲学话语》也只是在前言中对利奥塔的《后现代状况》一带而过，而真正被哈贝马斯视为法国后现代理论代表人物的是巴塔耶、福柯和德里达。哈贝马斯曾经对罗蒂(Richard Rorty)的文章《哈贝马斯和利奥塔论后现代性》做出回应，然而，哈贝马斯既没有对利奥塔，也没有对后现代性本身做出回应，而是认为罗蒂的解释反映了一种野心勃勃的计划：消灭笛卡尔以来的意识哲学的传统，揭示关于知识的基础和界限的讨论是毫无意义的②，社会应当作为一个整体来确证自己。

哈贝马斯认为，当代的文化现代性批判潮流，实际上没有看到整个社会的现代化进程，却把现代性的后果转嫁到文化现代性之上，这种批判否认了文化，炸毁了艺术，无论是反现代主义、前现代主义还是后现

---

① ［德］于尔根·哈贝马斯：《现代性的哲学话语》，曹卫东译，作者前言1页，南京，译林出版社，2011。

② *Habermas and Modernity*，Edited by Richard J. Bernstein，Massachusetts，MIT Press，1991，p.193.

代主义的观点，实质上都是一种保守派的立场，后现代主义是一种新保守主义。因此，哈贝马斯坚持现代性的事业在自我调整的前提下继续发展下去。① 两年后，利奥塔的《回答这一问题：什么是后现代？》(*Réponse à la question：qu'est-ce que le postmoderne?*，1982)开始正式地以自己的观点对"后现代"做出回答，同时也是对哈贝马斯的批评做出回应，从标题就可以看出，这也是对康德《回答这一问题：什么是启蒙？》一题的借用，康德对启蒙的定义被看作是现代的解放叙事的哲学典范，这似乎也包含着利奥塔政治哲学的一种意图：不是放弃现代性事业，而是对现代性进行"清算"。后现代依然是现代的一部分，康德所奏响的现代性序曲同样为后现代拉开了序幕。这也说明了利奥塔的后现代思想有其内在的演化过程。

　　安德森对利奥塔的《后现代状况》的评价相当公允："从标题和论题来看，《后现代状况》是第一部将后现代性当作人类所处境况的普遍变化的著作。这位哲学家的见解使它比以往任何一本后现代主义研究著作都能在各类读者当中获得更广泛的反响：直到今天，它或许还是被最广泛引用的作品。不过，若孤立地看——通常情况都如此——这部著作导致人们对利奥塔独到的学术立场产生误解。因为受官方委托而写的《后现代状况》主要限于探讨自然科学的认识论命运，利奥塔后来承认，他这方面的知识有欠缺。"②由于他提出了一种认知多元主义，而这种多元主义又建立在一种不同的、不可通约的语言游戏的观念基础上，因此《后现代状况》引发了一种相对主义的解释，不管

---

　　① ［德］于尔根·哈贝马斯：《现代性——一项尚未完成的事业》上、下，载《文艺研究》，1994 年第 5、6 期。

　　② ［英］佩里·安德森：《后现代性的起源》，紫辰等译，28 页，北京，中国社会科学出版社，2008。

在追随者还是在反对者看来，它都是后现代主义的标志。

在安德森看来，詹姆逊之所以转向后现代主义的研究，一方面是因为他察觉到 20 世纪 30 年代以来马克思主义文学批评所要面对的现实已经发生了根本的变化：阶级冲突的消退，广告和媒体的遮蔽性，以及私人生活和公共生活的分离。另一方面是因为欧内斯特·曼德尔（Ernest Mandel）的《晚期资本主义》（*Late Capitalism*，1975）一书为他提供了一种理解第二次世界大战后资本主义历史的系统理论，它为思考当下资本主义生产方式的未来发展轨迹和新兴形态提供了经验和概念的基础。此外，利奥塔的《后现代状况》也是詹姆逊的一个潜在的写作契机，因为正是在《后现代状况》的英译本于 1982 年出版的前一年，詹姆逊出版了他的文学理论著作《政治无意识：作为社会象征行为的叙事》（*The Political Unconscious: Narrative as a Socially Symbolic Act*，1981），这本书隐含着利奥塔在《后现代状况》中所要批判的命题：马克思主义是一种宏大叙事。詹姆逊写道："只有马克思主义提供了在哲学上符合逻辑的、在意识形态上令人信服的解决上述历史主义困境的方法。只有马克思主义才能充分说明文化过去的本质神秘性……这些问题若要向我们恢复它们的原始迫切性，只能在一部伟大的集体故事的统一体内加以重述；不管它们采取怎样的掩盖和象征形式，只能认为它们共有一个单一的基本主题——对马克思主义来说，这就是从必然王国争取自由王国的集体斗争；而且只能把它们理解成一个单一庞大而未完成的情节中的关键插曲。"①可以说，利奥

---

① ［美］弗里德里克·詹姆逊：《政治无意识：作为社会象征行为的叙事》，王逢振等译，10—11 页，北京，中国社会科学出版社，1999。

塔在詹姆逊之前已经察觉并提出了这一问题，并且向詹姆逊的理论本身提出了挑战。

安德森把詹姆逊的后现代主义研究区分为五个步骤。第一，指出后现代主义是晚期资本主义的文化逻辑，也就是说，探讨后现代主义如何以晚期资本主义整体逻辑里的主导文化形式呈现于社会生活之中。"消费社会"和"跨国资本主义"所带来的变化，已经影响了发达工业国家生活的各个方面，改变了原来的生产方式所遗留下来的空间和自然，因此，文化作为晚期资本主义时期的生活组织，开始成为我们的客观世界，成为我们的第二自然。第二，外部世界的变化导致主体经验也发生了变化。20世纪六七十年代的政治动荡使人们失去了关于过去和未来的历史感，取而代之的是消费社会下的享乐与虚无。第三，对后现代主义的文化领域进行内部扩张，从哈桑所关注的绘画和音乐领域，到詹克斯（Charles Jencks）所关注的建筑学领域，再到利奥塔和哈贝马斯的哲学领域，扩张到所有艺术领域，以及相关的主要话语领域，来加以考察。第四，探讨后现代主义的社会基础和地缘政治模式。后现代主义消解了"高雅"与"低俗"之间的界限，形成了与现存的经济制度相适应的文化，并逐渐成为一种全球性的、主导的文化形式，成为一种发达资本主义社会的力量投射，它有其自身的历史和现实根据。第五，我们必须对自我和集体的位置重新界定，以辩证法的形式重新刻画后现代主义文化的"认知图绘"，从而发展出一种真正有政治效用的后现代主义。

尽管以凯尔纳和贝斯特为代表的后现代理论研究者把20世纪80年代的"法国理论"看作是一种后现代的话语，认为后现代理论最重要的发展出现在法国，但是这种"法国理论"毫无疑问是一种"美国化"的产物，是经过美国包装后法国各派先锋理论的总和。① 正如利奥塔所说，法国思想家(或者换一种表述，讲法语的思想家)"一点一点地，通过很不相同的途径，发展起了写作、符号、文本性、延异的概念，这些概念成了被外国人称为法国思想(这是完全错误的，因为它在法国几乎不为人所知，而且没有共同性质)的特征"②。具体来看，福柯力图回避人们给他贴上任何派别的标签，从未把自己的理论认同为后现代理论，德勒兹和加塔利也没有明确地采用后现代话语。

鲍德里亚(Jean Baudrillard)最初不情愿用"后现代"一词来形容他的作品，但是也偶尔用它来描述自己的观点，他后来也否认自己是后现代主义者，在鲍德里亚看来，后现代"是一种表达，是人们所使用的一个词语，它什么东西都没有解释。它甚至不是一个概念，它什么东西都没有。因为正如利奥塔所说，在宏大理论已经终结的情况下，我们不可能去定义当下发生的事物。它是一种空虚和真空"③。在鲍德里亚看来，利奥塔并没有建立一种后现代主义的教条，毋宁说，后现代主义是人们赋予他们的一种标签。利奥塔实际上也对后现代主义概念感到不满，相比于后现代一词，利奥塔更愿意用"重写现代性"(rewriting modernity)一词来解释他的观点。

---

① 陆扬：《"法国理论"在法国》，载《复旦学报(社会科学版)》，2013 年第 2 期。

② 《后现代性与公正游戏——利奥塔访谈、书信录》，谈瀛洲译，172 页，上海，上海人民出版社，1997。

③ *Baudrillard Live：Selected Interviews*，Edited by Mike Gane, London, Routledge, pp. 21-22.

第二章 | 现代性的批判与重写

利奥塔承认，"重写现代性"这一说法要比"后现代性""后现代主义"这些说法好得多。原因在于，一方面用"前"（pre-）或"后"（post-）对文化历史进行分期的做法，是徒劳无功的，因为它并没有对"当下"所处的位置提出批判性的质疑，而从法国的现代性传统看来，比如，从波德莱尔的审美现代性思想来看，抓住"当下"几乎是不可能的事情，"当下"是一种不断消逝的意识流、生命流的过程。所以无论是现代性还是后现代性都不能清楚地界定当下的历史实在，唯一能确定的是后现代总是在现代性之后到来，换句话说，后现代总是隐含在现代性之中，因为虽然现代性表现为一种短暂性的把握，但它自身包含着超越性的潜能，一种指向永恒的冲动。这也使得后来的现代性思想不再把自身看作是一种不确定性，而是不断地设想着一种最终的稳定性，一种关于未来的、明确的计划，即使在很多时候也表现出乌托邦的特征。

同时，从现代性最终实现的角度来看，存在着现代性最终完成的时刻，预示着一个新的时代的开始，一切将重新从零开始。因此，"重"（re-）这个前缀就代表了一种让历史的时钟从零开始的态度。利奥塔关于"重写"至少包含了三重含义。第一，弗洛伊德意义上的"彻底体验法"（Durcharbeitung），这个心理分析的术语表示历史的主体可以通过彻底回忆和探讨过去的创伤性经验，来充分体会它在情感上的意义。[①] 第二，尼采对西方形而上学的重写，通过对从柏拉图到叔本华（Arthur Schopenhauer）以来的形而上学的批判，在思想上重复了形而上学的过程，并探索一种超越性的意志形而上学。第三，利奥塔最早接触的，也是在他的大半生中一直从事的工作，即对马克思主义意义上的社会历史的重写，这种重写体现在马克思《〈政治经济学批判〉序言》中所讲的"人类社会的史前时期就以这种社会形态而告终"，也就是说，马克思发现了资本主义这种社会形态所产生的现代性的原罪，在于劳动异化和对工人的剥削，这为社会主义革命、真正的人的生活创造了理论和现实条件，在此意义上，人类才能真正地重写人类社会的未来历史。

对于"现代"一词，人们往往把它与"科学""技术""艺术"等联系在一起，而很少考虑到前者的具体用意是什么，而当新的事物出现时，"现代"又"自然而然"地与之结合成新的东西。列斐伏尔（Henri Lefebvre）在

---

① 《后现代性与公正游戏——利奥塔访谈、书信录》，谈瀛洲译，132页，上海，上海人民出版社，1997。

《现代性导论》一书中描述了这种现象："'现代'是一个威名赫赫的词，是一个护符，是一把能打开所有门的钥匙，它经久不衰……然而事实上我们根本没说什么。我们仅仅指出了一种在时尚、当前、'有效性'、持续性和当代之间错综复杂的含混。在类似的含混中间，这个词已经多次改变了意义。"①"现代"所具有的这些意义毫无疑问已经成为我们意识的一部分，而至于它们是如何穿透到我们的意识之中及如何发生作用的，我们对此并非特别了解。列斐伏尔的这一观点虽然距今已有半个多世纪了，但它无疑道出了关于"现代"和"现代性"的起源和意义的问题，尤其是在独特的法国语境下的现代性批判问题，这对于当今的理论和实践研究依然非常关键。他把这一理论贡献归功于风格截然不同的两位思想家——马克思和波德莱尔，并且重要的是，他们的理论构成了某种影响深远的对应和互补。为了准确理解法国后现代思想的理论背景，我们有必要重新回到马克思和波德莱尔的现代性语境当中。

"现代"不管是通过我们的日常语言、标新立异的建筑风格，还是通过其所推销的"新事物""新产品"，它都成为我们生活中的一种具体的现实，甚至成为一种可供交换的"商品"，任何事物似乎打上"现代"的标签就能带来更多的价值。这里所讨论的现代和现代性问题，是尽可能与这些社会现实结合在一起的，从而能够为社会实践所把握。这样一方面是为了避免对这一问题的回答仅仅停留在文学表达、理论设计和思想史的抽象层面，另一方面也避免了经验主义的方法，避免从一开始就得出结

---

① Henri Lefebvre, *Introduction à la modernité*, Paris, Les Éditions de Minuit, 1962, pp. 184-185.

论，把现代性确定和简化为诸多方面来迎合它的前提预设。现代性问题是一个有待理解的问题，我们需要回到它的基础之中，也就是回到它的经济、资本主义和社会关系之中去寻找其内在本质。马克思和波德莱尔在这一问题上，也是把"现代"看作是具体社会关系的定语，来描述19世纪西欧资本主义社会或法国巴黎的社会情境，这与他们自身的现实体验和视角交织在一起，我们暂且把这种对当下特殊的历史情境的批判称为"现代性批判"，再通过细致的历史研究对它进行补充和论证，这并不是为了完成一个理论或体系，而是为了进一步揭示它所抓住的那个现实问题。

一、马克思的政治现代性批判

马克思的政治现代性批判面对的是处于普鲁士的宗教政策和半封建专制主义统治下的德国，特别是1841年年底颁布的与他的编辑工作密切相关的新书报检查令，这一法令表面上放宽了新闻出版自由，实际上只是反映了普鲁士家长式政府一厢情愿的"意志"而已。黑格尔的法哲学以法国大革命思想为原型，并总结出"国家是具体自由的现实"这一结论，然而实际上德国的政治状况显然远远滞后于这一论断。黑格尔从"现代国家"中看到的是，"在现代，国家的理念具有一种特质，即国家是自由依据意志的概念，即依据它的普遍性和神圣性而不是依据主观偏好的现实化"①，而在德国的

---

① ［德］黑格尔：《法哲学原理》，范扬等译，260—261页，北京，商务印书馆，1979。

现实是，书报检查制度可以按照政府的意愿随心所欲地控制思想解放的声音，出版自由成为特殊人物的特权。德国只在法哲学上超前地走到了法国和英国的前面，而经济和政治改革却远远滞后。

马克思的法哲学批判就是要揭示这种现代国家的矛盾性。在讨论葡萄酒酿造者的贫困状况时，马克思开始意识到国家的现象不能从主观形式上去理解，也不能从黑格尔的人类精神的发展逻辑中去理解。他写道："在研究国家生活现象时，很容易走入歧途，即忽视各种关系的客观本性，而用当事人的意志来解释一切。但是存在着这样一些关系，这些关系决定私人和个别政权代表者的行动，而且就像呼吸一样地不以他们为转移。"①现实的经济利益问题和对德国法哲学批判的理论需要，促使马克思开始正视现代国家的问题。

《莱茵报》的被查封促使马克思无论在职业选择上，还是在理论探索上开始把目光投向国外，尤其是投向处于当时社会主义运动中心的法国。青年黑格尔派借助自由刊物来实现一个理性国家制度的理想破灭了，马克思也像他们一样，开始把目光转向法国，希望在那里找到新的思想土壤。卢格把法国看作是新世界的入口，把巴黎看作是新欧洲的摇篮，费尔巴哈更认为未来哲学家必须具有思想上的"法德的混合血统"。为了给新创立的《德法年鉴》撰稿，也为了从新的视角来清算黑格尔的法哲学，1843 年夏天，马克思利用在克罗茨纳赫的三个月时间"回到书房"，写下了以法国革命史为中心的、长达 250 多页的历史政治学读书笔记，也就是我们所说的《克罗茨纳赫笔记》（以下简称《笔记》）。

---

① 《马克思恩格斯全集》第 1 卷，216 页，北京，人民出版社，1956。

《笔记》到底给马克思带来了什么样的新视角？第一，就《笔记》本身而言，虽然马克思也对英国、美国、德国等国家的历史有所涉猎，但他对法国史，特别是1789年和1830年以来的法国革命史所做的阅读和记录，明显占据了大量的比重。这些阅读使马克思克服了之前对法国思潮和社会主义思潮认识上的不足。马克思后来说："在善良的'前进'愿望大大超过实际知识的时候，在'莱茵报'上可以听到法国社会主义和共产主义的带着微弱哲学色彩的回声。我曾表示反对这种肤浅言论，但是同时在和'奥格斯堡总汇报'的一次争论中坦率承认，我以往的研究还不容许我对法兰西思潮的内容本身妄加评判。"①马克思进行理论研究，总是要力图达到研究对象的深处，哪怕会因此推翻之前的观点或写作计划。马克思对这部分历史的阅读也不是漫无边际的，而是有计划的、有系统的，他分五个笔记本同时进行，而且有主题索引，其中就包括以"法国史笔记"为标题的第二笔记本，它的基本内容与马克思在1844年年底写下的被命名为《关于现代国家的著作的计划手稿》是一致的，后者的第一部分正是"现代国家起源的历史或者法国革命"②。尽管这部著作最终没有写出，但可以看出，现代国家的问题成为马克思接触社会现实以来长期关注的焦点。

第二，《笔记》对现代国家问题的考察，是与马克思自身的黑格尔哲学批判密切相关的。马克思在阅读到列·兰克的《历史—政治杂志》时，在对法国的复辟时期、1830年七月革命及德法政治制度有了更深入的

---

① 《马克思恩格斯全集》第13卷，8页，北京，人民出版社，1962。
② 《马克思恩格斯全集》第42卷，238页，北京，人民出版社，1979。

了解的基础上，写下了整个笔记中最长的注释："在路易十八统治之下，立宪制度是国王的恩赐（国王强令颁发的宪章），在路德维希·腓力浦统治下，国主是立宪制度的恩赐（强令实行的王政）。我们完全可以指出：下一次革命总是主体变成谓语，谓语变成主体，决定者与被决定者互易其位。这不仅仅涉及革命方面。国王制定法律（旧的君主政体），法律造就国王（新的君主政体）。立宪政体也是这样，反动政体还是这样。长子继承权是国家的法律。国家要求长子继承法。因而黑格尔把国家观念的因素弄成主体，并把旧的国家的存在弄成谓语，而在历史的现实中事况则与此相反，国家观念永远是国家存在的谓语。"①我们在其中还能看到费尔巴哈在《关于哲学改造的临时纲要》中"主谓颠倒"的影子，但此时马克思的立场与费尔巴哈的大不相同。马克思在读了费氏的《关于哲学改造的临时纲要》之后认为："他过多地强调自然而过少地强调政治。然而这一联盟是现代哲学能够借以成为真理的唯一联盟。结果大概像在十六世纪那样，除了醉心于自然的人以外，还有醉心于国家的人。"②马克思意识到对当前国家问题的研究不能像过去对自然的研究那样，沉醉于其中的概念而不考虑其中的社会关系。黑格尔仅仅从法国革命精神中总结出"具体自由的现实"这一国家观念，而马克思则从革命与复辟的现实矛盾中总结出黑格尔的国家观念，实际上是把对旧世界的形而上学的表达当作是新世界的客观实在，在本质上这只是一种"时代的政治的神学"。

　　第三，《笔记》直接影响了《黑格尔法哲学批判》（以下简称《批判》）的

---

①　北京图书馆马列著作研究室编：《马恩列斯研究资料汇编（1981）》，15—16 页，北京，书目文献出版社，1985。

②　《马克思恩格斯全集》第 27 卷，443 页，北京，人民出版社，1972。

思路和走向，前者为后者提供了更广泛和更具体的材料和论据。苏联学者拉宾甚至认为，马克思在世界各国历史的比较研究中已经发现了"历史过程的一般趋势"，而且"历史发展规律的发现同马克思自觉地转向唯物主义立场是同时发生的"①。马克思当时是否已经发现了历史发展的一般规律？答案显然是否定的，马克思只是通过笔记对各国的历史、政治和制度的变迁有了进一步的了解，才刚刚意识到现代私有制是长期发展的产物，还没有对私有财产本身及其与经济的关系有充分的认识，更谈不上发现了历史发展的规律。但值得我们注意的是，拉宾指出了在《批判》第 23 印张前后马克思叙述逻辑和方式上的转变，这使我们能够从另一种角度看待这部《笔记》所带来的理论影响。

马克思的《批判》写于 1843 年夏的克罗茨纳赫，与《笔记》几乎是同时进行的，《批判》是围绕黑格尔《法哲学原理》一书第 261—313 节展开的，而在这部分，黑格尔主要探讨的正是关于国家的问题。《批判》一开头，马克思按照黑格尔的命题顺序一个个地进行评论，批判黑格尔把具体现实转化为抽象规定的同语反复的神秘主义逻辑，指出黑格尔神秘地把国家变成主体，此时他运用的"主谓颠倒"的批判方法相比以前并没有太多的新颖之处。而到了第 279 节，马克思才终于通过具体现实的例子，从各国政治制度发展的特殊性中，指出黑格尔的神秘之处到底在哪里："问题就在于，所谓集中于君主身上的主权难道不是一种幻想吗？不是君主的主权，就是人民的主权——问题就在这里！"②

---

① ［苏］尼·拉宾：《马克思的青年时代》，南京大学外文系俄罗斯语言文学教研室翻译组译，171 页，北京，生活·读书·新知三联书店，1982。

② 《马克思恩格斯全集》第 1 卷，279 页，北京，人民出版社，1956。

　　通过《笔记》对法国革命史和民主制度史的认识，马克思意识到他理解的民主制与黑格尔的君主制的根本区别："黑格尔从国家出发，把人变成主体化的国家。民主制从人出发，把国家变成客体化的人。正如同不是宗教创造人而是人创造宗教一样，不是国家制度创造人民，而是人民创造国家制度。"①马克思举例说，在君主制中，政治国家是普遍物，而财产、契约、婚姻、市民社会则是受政治制度管辖的特殊物，而在民主制中，它们实际上与政治国家一样，都只是特殊的存在方式而已，也就是说，在"真正的民主制"中，政治国家已经失去了它的整体性而回到具体社会存在方式的特殊性中。马克思把这一理论贡献归功于"现代的法国人"，他也在后文中多次指出法国政治改革的先进之处。马克思也由此越来越多地使用"现代历史""现代国家"和"现代的市民社会"来讨论当下的具体问题。值得注意的是，这里的"现代"是相对于中世纪使用的。与马克思所期望的普遍与特殊相统一的"真正的民主制"相对的，是中世纪的"不自由的民主制"，因为在中世纪，一切私人领域都受到国家领域的控制，马克思指出了中世纪和现代政治制度的区别："抽象的反思的对立性只是在现代世界才产生的。中世纪的特点是现实的二元论，现代的特点是抽象的二元论。"②这里抽象的二元论，直指黑格尔法哲学中的异化逻辑，这后来成为马克思 1844 年进行经济学哲学研究的理论焦点。

　　《批判》直到第 307 节，在讨论到市民社会的问题时，马克思才开始

---

　　① 《马克思恩格斯全集》第 1 卷，281 页，北京，人民出版社，1956。
　　② 同上书，284 页。

不再按照黑格尔命题的逻辑，而是从自身的批判逻辑出发来展开他的批判，甚至退回到前几节来重新思考政治国家和市民社会的矛盾。他承认黑格尔命题中的某种深刻性，"黑格尔把市民社会和政治社会的分离看做一种矛盾，这是他较深刻的地方。但错误的是：他满足于只从表面上解决这种矛盾，并把这种表面当做事情的本质"①。马克思做出判断的依据并不是费尔巴哈的"主谓颠倒"的方法，而是根据现实斗争的历史对"时代的政治的神学"提出质疑："历史的发展使政治等级变成社会等级，所以，正如基督徒在天国一律平等，而在人世不平等一样，人民的单个成员在他们的政治世界的天国是平等的，而在人世的存在中，在他们的社会生活中却不平等。"而且，马克思所依据的历史正是在《笔记》中所强调的法国革命的历史："只有法国革命才完成了从政治等级到社会等级的转变过程，或者说，使市民社会的等级差别完全变成了社会差别，即没有政治意义的私人生活的差别。这样就完成了政治生活同市民社会分离的过程。"②只要对市民社会进行深入的历史考察就会发现，黑格尔法哲学的"神秘之处"就在于把现象的矛盾，即政治国家和市民社会之间的矛盾理解为理念中的统一，并满足于对现象的抽象理解。这样，矛盾当然无法被认识，也无法得到解决。对此时的马克思而言，"对现代国家制度的真正哲学的批判，不仅要揭露这种制度中实际存在的矛盾，而且要解释这些矛盾；真正哲学的批判要理解这些矛盾的根源和必然性，从它们的特殊意义上来把握它们。但是，这种理解不在于像黑格尔所想象的那样到处去寻

---

① 《马克思恩格斯全集》第 1 卷，338 页，北京，人民出版社，1956。
② 同上书，344 页。

找逻辑概念的规定，而在于把握特殊对象的特殊逻辑"①。

可以看出，马克思通过《笔记》建立了对法国革命和现代国家广泛而具体的认识，他在《批判》中逐渐抛弃"主谓颠倒"的费尔巴哈式的批判方法，开始不再以哲学家而是以历史学家的口吻，力图抓住黑格尔所揭示的但却用神秘主义遮蔽起来的政治国家和市民社会之间的现实矛盾，并形成自己独特的"把握特殊对象的特殊逻辑"的批判方法。之所以把它称为一种"现代性批判"，不是与一些西方理论家一样为了把马克思打扮成一位"现代性理论家"，也不是与传统的马克思主义哲学体系相对立，而是为后者提供另一种解释和补充。可以确定的是，马克思对现代国家问题的研究发生在重大的社会政治动荡之后，发生在法国和德国已经产生了明显的政治和思想影响之后，但这些现象和矛盾在当时仍未得到充分的解释。除了在经济和制度上的反映外，人们对新事物的体验在文学、审美和科学上的反映也是各不相同的。这里的"现代性"指的就是那些具有抽象的与具体的、连续的与非连续的、确定的与不确定、神秘的与真实的、有待于通过历史而做出解释的暂时性的东西。

马克思对"现代"一词的使用也不是一直固定不变的，而是随具体的历史语境而发生变化的。它首次在《笔记》中大量地、集中地出现，反映了马克思对法国革命这一新事物有所认识，但依然难以理解：一方面，马克思尽管指出了现代国家现象的矛盾本身，但还是无法用新的术语解释和指认其中的社会经济关系；另一方面，他开始站在了法国民主制改革的立场上，却没有预料之后伴随着法国 1848 年革命而来的君主制的

---

① 《马克思恩格斯全集》第 1 卷，359 页，北京，人民出版社，1956。

复辟。这些不确定性都构成了这里所说的马克思的"政治现代性"批判本身，因此我们在一开头预设了现代性批判的这种不确定性，这使我们能够在这种"理论的历险"中随时准备好应对新的情境和问题。这里仅仅介绍马克思的现代性批判处在《笔记》和《批判》的开端，同时也是在法国语境下讨论现代国家问题的具有决定性意义的理论生发点，马克思在《批判》中的那个质朴的现代国家的观念，昭示了延续至今的、无法被精神哲学的逻辑所统一的社会政治实践问题。马克思的现代国家的观念还没来得及形成，1848 年的革命就已经开始了。

二、波德莱尔的审美现代性批判

"现代性"(Modernité)这一法语词汇最早出现在 1823 年巴尔扎克的早期作品中，并且至今依然紧密地与文学创作结合在一起。在《最后一位仙女》(*La Dernière Fée*)这部小说中，巴尔扎克用细致的笔触描述了一位沉醉于科学研究的化学家的形象，以及他与妻子之间的感情和冲突。男主人公阿贝尔从小就喜欢关于仙女的故事并笃信她们的存在："因为他对历史学家的真实性永远毫不怀疑，其次，这一令人愉悦的现代性神话与他柔弱的心灵有着如此大的关系，并使他处于那种美妙的神秘宗教之中，以至于别人对他的指正都会让他感到伤心。"①波德莱尔的

---

① Honoré de Balzac, *La dernière fée ou La nouvelle lampe merveilleuse*, Tome I, Genève, Slatkine, 1976, pp. 65-66.

现代性概念也与巴尔扎克一样，指向的是现代生活中那些隐隐约约的神秘的特征。波德莱尔认为巴尔扎克是一位能够勾画出现代法国社会所有日常生活特征的伟大的"洞观者"，并且他以后者为榜样，把现代性推向一个更深的文化批判层面。

同样是以19世纪私人生活的体验为出发点，波德莱尔所走的道路与马克思大相径庭。1821年波德莱尔出生于巴黎，他的父亲曾在巴黎大学学习哲学和神学，是数学家和哲学家孔多塞的老朋友，作为神甫的他依然保持着18世纪的古典气质。年过六旬的老父亲在波德莱尔6岁的时候去世了，母亲改嫁给作为军人的奥比克上校。对于小波德莱尔从事文学事业的愿望，家里一开始便表示反对，为了扭转他固执的想法，家人迫使他出国旅行，波德莱尔因此坐上了开往印度的轮船，但这并没有改变他原初的理想，反而让他看到了欧洲之外的另一片天地。1842年回到巴黎以后，波德莱尔继承了父亲遗产并开始了他的创作生涯。

法国革命一方面使人民大众开始登上历史舞台；另一方面，他们的私人生活也越来越不可分割地与社会生活交织在一起。仅就文学生活而言，以期刊为中心的整个文学市场的面貌在1830年革命前后发生了根本的改变，报刊订阅数从4万份上升到20万份，而价格则下降了一半，这还得益于商业化广告的植入。广告的增加使专栏作家的地位更为重要，其报酬和政治意义也进一步提高，由此形成作家与党派之间相互吹捧的利益关系，并随着政局的变动时而亲密，时而疏远。马克思在《路易·波拿巴的雾月十八日》中就已经注意到了报刊和专栏作家在资产阶级共和派中所发挥的作用。相反，波德莱尔在当时文学市场上的地位几乎是微不足道的，显然波德莱尔的作品不是写给任何政治党派的，那么，他的读者对象又是哪些人？

首先，尽管波德莱尔感叹他所处的时代是一个伟大的传统业已消失而新的传统尚未形成的时代，他依然视维克多·雨果为大革命后法国文坛的领袖，"一位不可多得的、背负着天命的英才，就像其他英才在政治上那样，他在文学上拯救着世人。维克多·雨果所开创的运动还在我们眼前继续着"①。雨果对波德莱尔最为重要的影响在于，他给后者提供了面向"大众"的视野，雨果是第一位以下层的、复数的群众为题材的伟大作家，他的《悲惨世界》（Les Misérables）可以直译为《悲惨的人们》，他在《恶之花》中献给雨果的两首诗《七个老头子》（Les Sept Vieillards）和《小老太婆》（Les Petites Vieilles）也是模仿雨果而作的。波德莱尔这样形容雨果的作品："维克多·雨果写出了他那个时代的人可能为他那个时代的读者写出的唯一一部史诗。……当他想要写出这部现代的史诗，也就是想从历史中提取来源或者毋宁说是提取缘由的时候，他注意到只借用历史就能够合法地、有益地借给诗其他东西，我指的是传说、神话、寓言，它们仿佛是民族生命的凝聚，仿佛是一个幽深的水库，其中沉睡着人民的血和泪。"②波德莱尔像雨果那样用仁慈的目光看待那些被社会抛弃的穷人，正如他在《小老太婆》开头所说："我受制于我那改变不了的脾气，窥伺那些衰老、奇妙、可爱的人物"③。不同的是，波

---

① Charles Baudelaire, *Œuvres complètes de Charles Baudelaire*, Tome Ⅲ, Paris, Michel Lévy Frères, 1868, p. 314.

② Ibid., p. 328.

③ ［法］波德莱尔：《恶之花：巴黎的忧郁》，钱春绮译，207 页，北京，人民文学出版社，1991。

德莱尔把"恐怖"也看作是"魅力"，看作是一种"现代美"。由于波德莱尔对当时文人的处境深有体会，对那些与政治题材和金钱挂钩的文学艺术作品深恶痛绝，因此他试图通过对"恶"的揭露，让我们看到现代生活中的伪善。

其次，这种从怪诞或丑陋的东西中发掘出神秘的、象征的美的写作手法，来自波德莱尔的同时代人、老师和挚友泰奥菲尔·戈蒂耶（Théophile Gautier），波德莱尔把雨果看作是一位"崇高的诗人"，而把戈蒂耶看作是"精巧的诗人"①，整本《恶之花》就是献给后者的。在波德莱尔眼中，戈蒂耶是一位完美的文人、一位既新又独特的作家，他是最早在 1830 年革命后用最贴切的语言描述出新事物的诗人，这也成为两者之间共同的兴趣。戈蒂耶给波德莱尔最重要的启示是："一个人如果被一个微妙、不可预料的思想弄得不知所向，他就不是一个作家。不可表达之物是不存在的。"②每个客体，特别是新出现的事物，在进入文学艺术领域之前都必须经过变形，从而才能适应它的媒介（语言、色彩、声音等），因此作者才能把它们从琐碎的现实中抽象出来。波德莱尔对巴黎景象的描述，就是要把那些现代生活中的新事物，那些尚未成为人类语言、成为诗的对象的东西表达出来，与其说他是为了表现"恶"而写"恶"，不如说 19 世纪工业繁华掩盖下的"美"中的"恶"才是巴黎社会的真实写照。

最后，波德莱尔借助对美国作家爱伦·坡（Allan Poe）作品的翻译来

---

① 《波德莱尔美学论文选》，郭宏安译，117 页，北京，人民文学出版社，1987。

② Charles Baudelaire, *Œuvres complètes de Charles Baudelaire*, *Tome Ⅲ*, Paris, Michel Lévy Frères, 1868, p. 174.

阐明他自己的诗歌原理。爱伦·坡也写了自己的《诗歌原理》，他认为诗除了自身之外不应再考虑别的东西，简言之，就是"为诗而诗"，这与戈蒂耶"为艺术而艺术"的观点不谋而合，这实际上与美国、法国的社会风气有着密切的关系。以"民主""进步"为口号的各国资产阶级革命，却不约而同地创造出一个贪婪的、追求物质的现代社会，现实的压力往往使这些不得志的文人站在进步观念的反面，走向一个纯粹的、思辨的艺术领域，这反而让诗人在普通人看不到不公正的地方发现了不公正之处。幻觉、荒诞和痛苦是他们借以揭露现代生活中那些光怪陆离的现象的手段，波德莱尔形容爱伦·坡的诗歌方法："他分析最短暂的东西，他掂量不可称量之物，他用细致而科学的、具有骇人效果的方式描写飘浮在神经质的人周围的、并将他引向恶的想象之物。"[①]波德莱尔的诗歌正是通过这种方法，如同显微镜一般把现代生活最细微的"恶"放大到极致，使之成为我们的可见之物。

因此，波德莱尔在这种诗歌原理的基础上，最早从现代生活中提炼出了一个"现代性"的观念。他在 1863 年发表的《现代生活的画家》中认为美本身具有两种成分：一种是永恒的、不变的，另一种是相对的、短暂的。前者是古典美，后者是现代美，两者是一种建立在人类历史基础上的双重性。古典美之所以能成为古典，不在于模仿过去的风尚，而在于艺术家抓住了当下的具有历史价值的东西，不通过现代美，人们就无法理解古典美，而曾经是一种现代美的古典美把它的历史的魅力铭刻在服装、绘画乃至人们的观念之中，因而保存了它的生命力。波德莱尔之

---

① 《波德莱尔美学论文选》，郭宏安译，188 页，北京，人民文学出版社，1987。

所以这样区分，是因为当时的文学界和艺术界往往只关注古典和权威的作品，而忽略了反映当下风俗时尚的应时之作，没有把握住现代生活中的特殊性，也根本无法理解社会公众的需求，因此产生的作品要么是陈词滥调，要么是政治的附庸。

文学与艺术在表现市民生活特殊性的意义上是相通的，波德莱尔所推崇的法国画家贡斯当丹·居伊（Constantin Guys）的速写和水彩画，正好与波德莱尔的诗歌有着相似之处。他们两人都不是那种纯粹的、依附于自己手中的笔的诗人或艺术家，而是积极与社会生活打交道的观察者和记录者。居伊善于用画笔记录各国的民族节日、战争和军旅、1848年革命及大城市中的少女和车马，这些都是市民所熟悉的场景，然而在当时却为其他艺术家所不齿，就像波德莱尔的《恶之花》并不被世人所待见一样。波德莱尔认为居伊所要寻找的当然也是他自己孜孜以求的东西，就是那个称为"现代性"的东西："对于他而言，问题在于把在时尚中可能包含着的、富有诗意的东西从历史中解放出来，从短暂中提取出永恒。……一句话，为了使整个现代性都值得变成古典性，必须把人类生活无意间置于其中的神秘美提炼出来。"①

可以说，波德莱尔致力于观察现代生活的短暂和瞬间，他的"现代性"观念，已经不再从属于任何纯粹的美学，他也没有一种使之理论化的基础和倾向，它更接近于一种抽象的历史学，它记录的并不直接是经济的、政治的宏观历史，而是现代生活细微处的具体现实，它时而虚构

---

① Charles Baudelaire, *Œuvres complètes de Charles Baudelaire*, Tome Ⅲ, Paris, Michel Lévy Frères, 1868, pp. 68-70.

时而乖张，但无不忠实地反映着宏观历史在人们日常生活、思想观念中所带来的变化，在这种意义上，它比那些与资产阶级政党勾结的官样文字要真实得多。波德莱尔在1848年革命中高喊着打倒他的继父奥比克将军的口号，在革命结束后又逐渐远离政治，他的兴趣始终是对在现代生活中不可见的统治现象的揭露，而不是对导致这些现象的社会本质的理论思考，但毫无疑问的是，波德莱尔的影响不仅限于提出"现代性"这一论题，还改变了法国整个日常生活批判和意识形态批判的面貌。

我们可以从马克思和波德莱尔对现代社会的解释中找到一些共同之处，从而能够更好地限定和阐释这里所讲的"现代性批判"。1843年夏天，当马克思发现黑格尔法哲学中的现代国家问题的时候，他已经开始断断续续地阅读政治经济学，其中包括古典经济学和他的同时代人的著作。当他读到詹姆斯·穆勒（James Mill）的《政治经济学原理》一书时，马克思开始大量加入他个人的意见和论述，正如他在《克罗茨纳赫笔记》中通过法国革命史发现黑格尔的政治神学而写下大量的评论那样，也正如他在《黑格尔法哲学批判》中找到新的批判方法那样，马克思这时候开始从现代法权国家的哲学批判逻辑，过渡到一种新的逻辑，即现代社会中的人的异化逻辑。在谈到信贷、货币和人的关系时，马克思认为在现代的信用业中，无论是个人还是国家，为了骗取信用不得不把自己变为货币，变成一种信贷关系中的物，个人道德和国家道德的秘密也随之从这种虚情假意中暴露出来，这样，人的本质就不再以自身的社会关系表现出来，而是以异化的货币关系表现出来，财富表现为贫穷，主人表现为奴隶，他认为这是"一幅描绘他的现实的社会联系，描绘他的真正的类生活的讽刺画"①。马克思的描述与波德莱尔笔下的巴黎社会之间的相似性，难道不值得我们关注吗？原本为自己而写作的文人，因为报刊专栏的利益而成为资产阶级政党的写手墨客，波德莱尔借助居伊的现代画指出了这种"丑恶中的美"："使这些形象具有特殊美的，是它们的道德的丰富性。它们富于启发，然而却是残酷的启发。"②

马克思主义该如何看待波德莱尔的这种"恶的启发性"或者说"文化现代性批判"呢？我们从马克思对巴尔扎克的评价中可以略知一二。马克思在《资本论》中提出，"巴尔扎克曾对各色各样的贪婪作了透彻的研究"③，并强调了这种批判性描述对于揭示资本逻辑统治的意义："在资本主义生产占统治地位的社会内，非资本主义的生产者也受资本主义观念的支配。以对现实关系具有深刻理解而著名的巴尔扎克，在他最后的一部小说《农民》里，切当地描写了一个小农为了保持住一个高利贷者对自己的厚待，如何情愿白白地替高利贷者干各种活，并且认为，他这样做，并没有向高利贷者献出什么东西。"④其可怕性就在于能够让人不知不觉地陷入资本的"蜘蛛网"之中。根据拉法格的回忆，马克思"非常推崇巴尔扎克，曾经计划在完成自己的政治经济学著作之后，就动手写了一篇关于巴尔扎克的最大著作《人间喜剧》的文章。马克思认为巴尔扎克不仅是当代社会生活的历史家，而且是一个创造者，他预先创造了许多

---

① 《马克思恩格斯全集》第 42 卷，25 页，北京，人民出版社，1979。

② Charles Baudelaire, *Œuvres complètes de Charles Baudelaire*, Tome III, Paris, Michel Lévy Frères, 1868, p. 110.

③ 《马克思恩格斯全集》第 23 卷，646 页注(28a)，北京，人民出版社，1972。

④ 《马克思恩格斯全集》第 25 卷，47 页，北京，人民出版社，1974。

在路易·菲力普王朝时还不过处于萌芽状态、而直到拿破仑第三时代即巴尔扎克死了以后才发展成熟的典型人物"①。用波德莱尔的话来说，巴尔扎克构思的这些人物形象是"现代生活的英雄"，他们之所以比希腊神话中的英雄更伟大，原因在于他们反映了现时代巴黎社会中最为奇特的和富有诗意的、而人们却往往视而不见的题材。

马克思和波德莱尔对巴尔扎克人物形象的两种评述，有助于我们对两者的现代性批判做出区分。无论是马克思的"把握特殊对象的特殊逻辑"的方法，还是波德莱尔从巴黎生活中寻找到的"恶的特殊美"，都包含了他们对当时那个"现代的"社会的瞬间想象，都包含了某种历史的辩证法，以及对过去与未来的不确定性的理解。但他们不同的是：

第一，马克思是以现代世界的政治性思考作为切入点的。在阅读了法国革命史之后，马克思对其革命精神在德国的结晶——黑格尔法哲学——形成了新的理解，并通过揭露市民社会在现实层面与精神层面中的双重性来展开他的政治现代性批判，并逐步深入市民社会的历史本质中；波德莱尔则从现代生活、文化和时尚方面提取出"现代性"的概念，这一概念之所以强调古典与现代、永恒与瞬间之间的统一，与当时巴黎资产阶级文艺界趋炎附势的现状直接相关。

第二，从内容上来讲，尽管马克思开始学习和研究前人的政治学、历史学和经济学著作，并以此开始逐渐整理自己的世界观基础，但就他当时的批判而言，他更多地表达了一种唯心主义的哲学话语和失落的理想主义情怀。波德莱尔的诗在诗歌领域开创了一个全新的时代，不仅在

---

① ［法］保尔·拉法格：《忆马克思》，载德文杂志《新时代》1890—1891 年合订本第 1 卷。

诗歌内容上展现了一个前所未有的现代人的精神世界，而且在体裁上也影响了后来的象征派诗人如马拉美、魏尔伦等人，而只有从事艺术批评的波德莱尔才承认，艺术中存在的道德触及某种政治或哲学，他的文化现代性批判更多的是诗人对现代社会的一种真挚的、诗意的情感流露。

第三，在经历了 1848 年革命之后，马克思看到了哲学的局限，开始以不同的方式思考经济和历史材料，从而建立他的历史唯物主义的基础框架，它不再是一种简单的"理想与现实"之间的批判，而是建立在物质生产基础之上的总体的革命性实践。在《路易·波拿巴的雾月十八日》这一纪念法国 1848 年革命的经典文本中，马克思一开头依然以批判的口吻讽刺了黑格尔的历史哲学和路易·波拿巴在革命中的粉墨登场，但不可忽略的是，马克思这时候的前提已经从市民社会的法哲学批判转向更为深层的现代资本主义社会的政治经济学批判，因此他的批判也不再是一种随心所欲的哲学话语，而是建立在从《克罗茨纳赫笔记》到《伦敦笔记》的政治经济学研究基础之上。而反观波德莱尔，他的革命热情冷却之后则开始陷入一段痛苦的精神历程之中，革命的失败使他拒绝接受资产阶级，但从文学创作和生活上又离不开这个光怪陆离的巴黎社会，其唯一的自我解救的办法就是抽离出一个独立的文化现代性的语言世界。

再回到马克思的语境，如果说对 1830 年法国七月革命及其历史的研究激活了马克思的政治现代性批判视角，使他开始从市民社会的法哲学批判走向市民社会深处的政治经济学批判的话，那么，1848 年革命则让马克思更坚信这种理论转型的必要性。路易·波拿巴的上台让马克思反思，为什么无产阶级和资产阶级的革命都未能成功，而革命的成果却让一个平庸的政治人物窃取了？"政治形式的外表"与"社会生活的深层"①之间的矛盾与反差让马克思意识到政治历史本身是不可靠的，因此现代的社会批判理论不能依赖于上层建筑的外部历史，而要转向"内史"，转向以政治经济学批判为中心的对社会历史结构深层的批判，如果无法认清历史代表人物与大多数人民的利益之间的关系，革命就容易成为历史的"笑剧"。因此，马克思在19世纪50年代全力投入政治经济学批判研究和自身理论的科学建构之中，通过对具体的经济权力关系的理解来加强对社会历史发展规律的把握。革命真正成功与否不能依靠"诗情"和"辞藻"，而要看它是否代表广大人民群众的利益这一根本"内容"。

从马克思和波德莱尔的两种朴素的现代性批判视角中，我们能够找到20世纪全球化背景下的社会批判、地理政治学和民族国家研究的诸多起源，现代性的批判实际上也并不完全是德、法的产物，而是国际的产物，没有马克思对世界史的阅读，没有波德莱尔的那趟亚洲之旅，他们的政治批判和文化批判也很难形成，19世纪的巴黎只不过提供了一个思想汇聚的舞台。没有人比本雅明更痴迷于把马克思和波德莱尔的现代性批判结合在一起了，他借用法国历史学之父米什莱（Michelet）的话写道："辩证法的思想是历史觉醒的关键。每个时代不仅梦想着下一个时代，而且还在梦想时推动了它的觉醒。它在自身内孕育了它的结果，

---

① 刘怀玉：《祛除历史能指的幽灵，解开历史代表问题之谜——马克思〈路易·波拿巴的雾月十八日〉之当代解读》，载《洛阳师范学院学报》，2004年第1期。

并且以思辨揭示了它——这是黑格尔早已认识到的。"①然而，历史辩证法不能满足于抽象的哲学批判，也不能永远是一首面向过去的、随心所欲的即兴诗，而是要回到政治经济学的层面，超越那些空想的革命，成为消灭现存状况的现实的运动，这就需要我们以当下的资本主义最新形态为研究对象，构建出我们当代的现代性批判话语和历史唯物主义体系，这样才能对全球市场上流行的各式各样的现代性理论提出自己的批评和反思，从当下的具体社会现实的特殊性中寻找未来解放之路。

三、利奥塔的"重写现代性"

利奥塔在回忆他处在"社会主义或野蛮"时期的经历时，不断强调马克思主义对他的思想的重要影响，用他的话来说，"反对剥削和异化的斗争从此成为我的一生"②。马克思主义是利奥塔的理论初心，也是其一生中不可脱离的理论参照。虽然利奥塔也曾经短暂地参与到法国现象学运动、精神分析运动、尼采主义和后现代主义思潮之中，但这些角度都无法真正地理解利奥塔思想的现实内涵，仅仅从某一种思潮出发对利奥塔思想进行解释无疑具有很大的局限性。利奥塔的"重写现代性"思想包含了现象学、精神分析学、尼采主义和后现代主义等内容，但马克思

---

① ［德］本雅明：《发达资本主义时代的抒情诗人——论波德莱尔》，张旭东、魏文生译，195 页，北京，生活·读书·新知三联书店，1989。

② Jean-François Lyotard, *Pérégrinations：Loi，forme，événement*, Paris，Galilée，1990，p. 40.

主义才是这种思想的主导。只有在 20 世纪资本主义和社会主义的现实语境下，在西方马克思主义的哲学基础上，利奥塔真正的学术意义才显现出来。借用西方马克思主义重要评论家佩里·安德森的话来讲，虽然《后现代状况》一书是利奥塔"被最广泛引用的作品"，但"这部著作导致对利奥塔独特的学术立场产生误解"①。而且，安德森进一步指出，利奥塔提出过"后来在《后现代状况》中发挥重要作用的元叙事观念，并澄清了它的真正目标。促成这一术语出现的正是一种'主导叙事'：马克思主义"②。

利奥塔可能是西方马克思主义思潮中非常特殊的思想家之一。这里所讲的西方马克思主义，指的是"以青年卢卡奇的《历史与阶级意识》为标志而兴起的对资本主义进行批判的一种理论思潮，这种思潮流行于西方主要发达资本主义国家，致力于从西方思想史中或运用它的最新成果对马克思主义进行新的解释，并对资本主义的解放问题进行了积极的理论探索"③。利奥塔通过萨特和梅洛-庞蒂的现象学进入西方马克思主义的语境，走向一条对苏联马克思主义进行批判性反思的理论道路，利奥塔也从中继承了关于历史、主体和实践等存在主义的观点。随后，"社会主义或野蛮"组织和 1968 年五月风暴对作为理论旗手之一的利奥塔产生了重要影响，利奥塔的思想离不开这些社会历史背景，正是这些运动

---

① ［英］佩里·安德森：《后现代性的起源》，紫辰等译，28 页，北京，中国社会科学出版社，2008。

② 同上书，28 页。

③ 张一兵、胡大平：《西方马克思主义哲学的历史逻辑》，8 页，南京，南京大学出版社，2003。

的失败导致他最终对马克思主义逐渐失去信心，并走向对理论宏大叙事的不断解构的道路。利奥塔的思想道路与西方马克思主义思潮从形成到终结的过程是基本一致的，而且，他也被认为是随后后现代思潮的第一开启人，因此，研究利奥塔早中期的思想对于理解西方马克思主义的后现代转向具有典型意义。

在 20 世纪 40 年代，青年利奥塔先与存在主义的马克思主义结下不解之缘。当时，萨特等人创办的《现代》杂志找到利奥塔等三位青年人，让他们写下对新时代的看法。利奥塔所写的《生于 1925 年》的文章，反映了青年利奥塔所面对的最基本的历史问题就是第二世界大战后欧洲虚无主义的问题，以及对人类存在的意义的思考，因此，萨特和加缪等人的存在主义成为青年利奥塔思想成长必不可少的土壤。另外，法国当时较为紧张的舆论环境决定了利奥塔必须寻找自身表达的方式，超现实主义在法国的发展也给利奥塔带来了一种新的表达方式，即马克思主义的改造世界的力量，与弗洛伊德意义上的欲望的精神分析的结合。

马克思主义无疑是这种存在主义和超现实主义潮流中最鲜明的特征，正如萨特在《辩证理性批判》里所说的，"马克思主义非但没有衰竭，而且还十分年轻，几乎是处于童年时代：它才刚刚开始发展。因此，它仍然是我们时代的哲学：它是不可超越的，因为产生它的情势还没有被超越。我们的思想不管怎样，都只能在这种土壤上形成；它们必然处于这种土壤为它们提供的范围之内，或是在空虚中消失或衰退"①。萨特

---

① ［法］让-保罗·萨特：《辩证理性批判》上，林骧华等译，28 页，合肥，安徽文艺出版社，1998。

所总结的法国马克思主义的情境，正是利奥塔所面对的现实。与萨特一样同为左派知识分子的利奥塔开始从现实和思想的各个方面展开他对马克思主义的理解。

20 世纪 60 年代，利奥塔对欲望关系的强调反过来使他的马克思主义观发生了转变，以致利奥塔在对马克思的文本进行解读时也留下了精神分析的痕迹。对于法国当时的两种马克思文本的解读模式，即吕贝尔（Rubel）的人道主义解释和阿尔都塞的科学主义解释，利奥塔指出了他们内在的意识形态论战的倾向，提出问题的关键不是去阅读马克思，而是在面对当代资本主义的最新形式时像马克思那样运用异化分析和剩余价值分析的方法，结合历史的当下性对现实提出批判性的质疑。然而利奥塔在这种转化中，逐渐把马克思的异化颠倒方法等同于批判的方法，并将颠倒、资本与尼采的永恒轮回关联起来，这也就意味着利奥塔逐步放弃了资本等概念在马克思政治经济学中的科学意义，放弃总体性的无产阶级革命的可能。

利奥塔的思想从 20 世纪 70 年代开始发生明显转变，通过对欲望系统的哲学解释，利奥塔试图凭借对总体性哲学的意识形态的颠覆来寻找革命的新出路，但遗憾的是这种颠覆更多的是一种诗意的文学表达，他在《力比多经济学》中对马克思政治经济学的讽刺也没有切中要害，而毋宁说反映了他过去的马克思主义信念未能实现的失落感。从 1979 年的《论公正》（*Au Juste*）和《后现代状况》，利奥塔开始对马克思的宏大历史叙事进行解构，并从康德和维特根斯坦哲学中寻找新的批判话语。虽然利奥塔所使用的"后现代"概念曾经引起过轰动，但也产生了许多误解，实际上，后现代的问题植根于资本主义的现代性难题之中。

从时间上，我们也可以把利奥塔的思想划分为早期、中期和晚期三个阶段，早期与中期以利奥塔 20 世纪 60 年代初关于《阿尔及利亚人的战争》的写作为界限，他早期的思想带有鲜明的第二次世界大战后在法国语境下产生的西方马克思主义的特征，从他对现象学的解释和对日常生活的批判中可以看出，他对萨特、梅洛-庞蒂和列斐伏尔等人的思想的继承，展现出他对苏联模式的社会主义和当代资本主义持批判的态度，并试图通过马克思主义的方法论寻找新的批判道路。

利奥塔的中期思想以他退出"社会主义或野蛮"组织开始，以 1974年的《力比多经济学》出版结束，其间 1968 年法国"五月风暴"的失败标志着利奥塔进一步离开传统的无产阶级革命的框架而走向文化和意识形态批判，走向对自己早期批判逻辑的怀疑和解构，此时他的思想重心放在了对弗洛伊德主义的理解上，虽然西方马克思主义史上也出现过威廉·赖希（Wilhelm Peich）和马尔库塞（Herbert Marcuse）等人的弗洛伊德主义的马克思主义流派，但与他们不同的是，利奥塔更侧重弗洛伊德的概念和精神分析理论的贡献，而不是围绕着马克思的核心概念和方法而展开。另外，利奥塔的分析也开始更多地放在"力比多"这一心理能量的基础上，这也意味着他的马克思主义的批判逻辑从根本上开始走向终结。

利奥塔的晚期思想从他对后现代的理解开始展开，但实际上后现代的基本问题还植根于现代性之中，尤其是植根于马克思所指出的资本主义对现代社会的全面统治之中，但利奥塔拒绝构建任何一种总体性的理论体系，他的思想也散布在知识、文化与政治等领域的语言游戏之中，此时康德和维特根斯坦哲学的意义开始凸显，利奥塔也真正放弃了马克思主义意义上的政治经济学研究，而回到哲学意义上发掘不可呈现的差异性因素，这一主题已经超出了本书所限定的研究范围。

本书的基本任务是，在对法国历史和思想情境的研究与对利奥塔的文本的细致考证基础上，说明利奥塔如何在动荡的现实和思想潮流中一步一步地走向后现代思想，与此同时，他又如何一步一步地以马克思主义的批判逻辑进行重写。尽管如前文所述，利奥塔并非"后现代主义者"，但他毫无疑问是后现代思想的主要推动者之一，利奥塔的后现代思想正是来源于马克思所思考的资本主义的现代性难题，他的早期思想中也带有鲜明的西方马克思主义的特征，而在中期，利奥塔思想在偏离马克思主义的过程中又与后结构主义、后现代马克思主义思潮紧密地联系在一起，他的关注点基本上覆盖了法国左派知识分子所关心的各个方面。通过还原利奥塔早中期思想的原像，我们一方面力图突破国内外学者关于利奥塔的"后现代主义者"的形象，恢复他在法国思想史上应有的地位；另一方面，通过对利奥塔的马克思主义思想的详细解析，我们能够对他的思想全貌有更深入的了解，更重要的是，用中国古话来说，"以人为鉴，可以明得失"，对利奥塔独特思想道路的探索，反思西方马克思主义和后现代思潮在面对具体历史现实时所获得的经验和教训，能够为我国在资本主义环境下精神文明方面的现代化建设提供一定的参考价值。

第三章

利奥塔的《现象学》

《现象学》(*La phénoménologie*，1954)一书是利奥塔出版的第一部著作，也是他唯一一部研究现象学的专著，在这本小册子中，利奥塔对胡塞尔现象学中的"本质""超验"和"生活世界"的概念进行了深入的研究和分析，并结合萨特、梅洛-庞蒂等人的理解提出了自己的现象学马克思主义的解释，他一方面从人文科学的角度论述了现象学与心理学、社会学和历史学相结合的必要性，另一方面从历史意义的角度设想了一种现象学与马克思主义相结合的可能性，这两方面共同促进了现象学的法国化及其历史性维度的建构。

一、利奥塔对胡塞尔现象学的解释

利奥塔的《现象学》这部在短短 30 年间就已再版十次的著作，可能是最受外界忽视的法国现象学著作之一，人们往往记住了他后来那个"好战"的政治活动分子的形象，而忘却了他最初的哲学学者的身份。从利奥塔对该著作的不断修订中也可以看出，他给予了现象学长期的、足够多的重视，这说明他对现象学的研究并非一时兴起，而是不断地把现象学的方法吸收到他的理论之中。

《现象学》写于 20 世纪 50 年代初利奥塔在阿尔及利亚的君士坦丁担任中学教师时期，他是为法国一部普及性百科丛书《我知道什么？》(*Que sais-je?*)而写的，然而这本小册子却反映了利奥塔并不简单的哲学史背景。利奥塔概括了当前现象学研究的多个"声部"：从海德格尔到芬克、从梅洛-庞蒂到利科，从波斯(Hendrik Josephus Pos)、塞夫纳兹(Pierre Thevenaz)到列维纳斯(Emmanuel Levinas)。他认为，现象学之于我们的重要性，来自胡塞尔在《欧洲科学危机和超验现象学》中所提出的问题：在科学被实证地简化为纯粹事实的科学的危险下，我们如何找回失去的人的意义？哲学和科学如何成为"揭示普遍的、人'生而固有的'理性的历史运动"[①]？因此，理解人与历史运动的意义是《现象学》一书的关键所在。

利奥塔在上半篇中从本质(L'éidétique)、超验(Le transcendantal)和"生活世界"(Le«monde de la vie»)三个部分对胡塞尔进行阐释。利奥

---

① ［德］埃德蒙德·胡塞尔：《欧洲科学危机和超验现象学》，张庆熊译，17 页，上海，上海译文出版社，1988。

塔对本质的解释主要来自胡塞尔的《纯粹现象学和现象学哲学的观念（第一卷）》（通常简称为《观念I》）。胡塞尔之所以使用一个外来词"艾多斯"（Eidos）来为他的"本质"概念命名，一方面是为了与康德的"观念"（Idee）概念区分开来；另一方面，更重要的是，他要把现象学确立为一门新的"艾多斯科学"或者"本质科学"。在胡塞尔看来，"世界是关于可能经验和经验性认识的对象的总和"①，诸如心理学、物理学、历史学等学科的研究对象都应该纳入这个纯粹意识的可能性世界之中，这个本质（eidos）世界与我们熟悉的柏拉图的观念（idea）世界有着截然的区别，后者是一个"知识的确定性的世界"②，而前者则是要返回到生活世界的各种偶然性和直观性之中，用梅洛-庞蒂的话来说，返回到"体验的所有活生生的关系"之中，"就像渔网从海深处带回活蹦乱跳的鱼类和藻类"③。

　　利奥塔在胡塞尔和梅洛-庞蒂的基础上进一步解释了"本质"："对象的本质或艾多斯是由一种不变性构成的，这种不变性在各种变化中依然可以被辨认出来。因此，如果我们使可感知的对象发生变化，我们就获得了事物本身：一个时空的整体，它被赋予了一些次要的性质和被确立为实质和因果统一体。本质因而在一种真实的直觉中得到体验，'本质直观'没有任何形而上学的特征，本质理论没有困于一种柏拉图的实在论之中，在那里本质的存在已经被确认了；在本质之中，'事物本身'在

---

　　①　［德］胡塞尔：《纯粹现象学通论——纯粹现象学和现象学哲学的观念》第一卷，李幼蒸译，49页，北京，商务印书馆，1996。

　　②　高秉江：《胡塞尔的Eidos与柏拉图的idea》，载《哲学研究》，2004年第2期。

　　③　［法］莫里斯·梅洛-庞蒂：《知觉现象学》，姜志辉译，11页，北京，商务印书馆，2001。

一种原初给予中向我展现。"①利奥塔认为，本质科学是胡塞尔掀起的第
一场重要的运动，它打破了当时法国思想中存在着的柏拉图主义和笛卡
尔主义实在论的幻想，把人文科学拉回到经验性的、偶然性的"世俗"世
界之中，利奥塔把现象学运动看作是重建人文科学的第一步。

第二部分侧重于现象学的哲学方面。现象学如果要为人文科学建立
基础，就必须对人这一主体有着独特的理解。对此利奥塔区分了两种运
动，一种是回到心理主义，也就是把对实际经验的分析当作所有知识的
基础；另一种是回到康德，把感觉直观的能力当作客体认识的基础。利
奥塔认为胡塞尔更倾向于康德的道路。心理主义之所以失败，是因为它
把有价值的东西和没有价值的东西都混合到意识流之中，使意识的真实
状态变得难以理解。而康德的不足在于他只解释了纯粹知识的先天条
件，而没有进一步解释具体知识的真实条件，因此，胡塞尔拒绝康德的
这种严格的区分，而尝试把两者统一起来。

在此意义上，胡塞尔求助于笛卡尔意义上的主体，他称这是一次"伟
大的转折"："在这一点上，如果我们用一种正确的方式实现转折的话，我
们就会转向先验主体性——转向作为确然确定和最终基础的自我我思。在
这个基础上，一切彻底的哲学将会得以建立。"②通过笛卡尔式的沉思，我
们得知，没有一门可以依赖的科学，也没有可以信以为真的实存世界，我
们的身体和整个具体的生活世界对于我们而言是一种存在现象，它并不意

① Jean-François Lyotard, *La Phénoménologie*, Paris, Presses Universitaires de France, 1954, p. 12.

② ［德］埃德蒙德·胡塞尔：《笛卡尔沉思与巴黎讲演》，张宪译，55 页，北京，人民出版社，2008。

味着一种虚无，而是恰恰表明了我处处需要对此做出判断，这就蕴含着某种意义和有效性，或者说意向性。胡塞尔认为只有通过这样的我思活动，通过这种现象学还原的方法，世界才能获得它自身的特殊意义。

在利奥塔看来，经过现象学还原的主体，由于意向性而与具体的生活世界联系在一起，因而主体的经验中就包含了自身存在形式的可能性。利奥塔概括出现象学还原的深层意义："它使投射到意识的目光（regard）回到自身，它改变了目光的方向，并通过把世界悬搁起来，揭开了掩盖在自身真理之上的面纱。"可以看出，利奥塔希望跟随萨特和梅洛-庞蒂的脚步，从现象学中找到一种新的"存在哲学"，利奥塔在这里还引用了另一位志同道合的越南籍现象学家陈德草的话："悬搁判断（L'épochè）并不是由一个理论问题的诸条件所要求的步骤，而是通向一种新的存在方式的手段，这种存在就是作为绝对存在的超验存在。这种意义只能通过一种自由的行动来实现。"①利奥塔在下半篇中对此做了进一步的展开。

在上半篇的第三部分"生活世界"中，利奥塔对主体间性进行一番解释。现象学还原的重要性不仅在于证实了一个先验的自我（ego），而且证实了其他经验着的主体的存在，即证实了他我（alter ego）的存在。胡塞尔说："对每个人来说，这个世界就存在那里，它的所有对象都可以为每个人所通达。"②这就意味着文化共同体（如欧洲等）本身也具有经验的意义。在此意义上，利奥塔认为意向性分析的先进性已经不在于对自我的

---

① Jean-François Lyotard，*La Phénoménologie*，Paris，Presses Universitaires de France，1954，p. 25.

② ［德］埃德蒙德·胡塞尔：《笛卡尔沉思与巴黎讲演》，张宪译，128 页，北京，人民出版社，2008。

分析，而在于对主体间性的分析，对于共同体而言在于对具有经验意义的生活世界(Lebenswelt)的分析。生活世界的概念着眼于这样一个问题：什么是"真理"？通过现象学还原，真理已经不再具有康德意义上先天的客观条件，而只能被定义为主体性的生活经验，它通过意向性的方式呈现在我们的直觉中，呈现在我们活生生的意识之中。利奥塔认为，不存在什么绝对的真理或者真理与错误之间的对立，真理不断地在当下的生活世界被检验、被修正、被重写。因此，错误也是可以被理解的，因为它包含于构成真理的经验意义之中。真理问题因而转移到对真实经验的描述和自我的内在发展之上："真理不是一种对象而是一种运动，它只有在被自我真正实现的情况下才会存在。"①

如果真理是一种关于自我经验的起源性运动，那么这就意味着我们需要对未被划分范畴的经验本身进行"回溯性"(régressive)的分析。无论是可说的还是不可说的东西，可见的还是不可见的事物，它们都是在做出判断之前就给予我们的经验内容，这构成了我们的生活世界。利奥塔再一次肯定了现象学还原对于建立一门新科学的意义，他批评"自然界"这一观念抛弃了主体而把客体的意义极大地"物化"了。而"还原(réduction)力图消除这种异化，还原在其延伸中发现的那个原初世界是真实经验的基础，理论认识的真理在此之上建立起来。科学的真理不再像笛卡尔那样建立在上帝的基础上，或者不再像康德那样建立在可能性的先天条件之上；它建立在当下实际经验的事实之上，通过它，人类与

---

① Jean-François Lyotard, *La Phénoménologie*, Paris, Presses Universitaires de France, 1954, p. 38.

世界发现了他们自身原初的一致"①。

　　在其后的一段关于胡塞尔与黑格尔的注释中，利奥塔对两者的现象学做出了比较。尽管两者都使用了"现象学"这一术语，而且黑格尔哲学在法国的主要阐释者科耶夫也把黑格尔的精神现象学解释为"对人的存在的一种现象学描述"②，这是与胡塞尔非常接近的表述，但利奥塔认为两种现象学存在着区别：黑格尔的现象学在试图返回本原之前，已经预设了本原所具有的逻辑和意义，它是为绝对精神的完成而服务的，在此意义上他的现象学是封闭的；而胡塞尔的现象学则要返回到被赋予意义之前的事物本身，它的所指并不能事先用逻辑语言表述出来，因此这种现象学才需要不断自我修正、自我改写，"真理是对连续性事实的恢复和修正，是事实的辩证法"③。同时利奥塔也认为，黑格尔与胡塞尔的现象学只有在一种开放的意义上才有可能相通，也就是把事物发展的结果（résultat）同时看作需要返回的历史时刻（moment）。

二、现象学与人文科学

　　利奥塔这里所阐释的人文科学，主要围绕着与现象学密切相关的三

---

　　①　Jean-François Lyotard，*La Phénoménologie*，Paris，Presses Universitaires de France，1954，pp. 39-40.

　　②　［法］科耶夫：《黑格尔导读》，姜志辉译，686页，南京，译林出版社，2005。

　　③　Jean-François Lyotard，*La Phénoménologie*，Paris，Presses Universitaires de France，1954，p. 43.

个研究方向来进行：心理学、社会学与历史学。首先，胡塞尔的现象学
自诞生伊始就与心理学关联在一起，心理学描述关注经验的个体而不是
实际经验本身，这暴露了心理主义容易陷入相对主义和缺乏理论合法性
的问题，因此，胡塞尔才开始进行为人文科学奠定基础的理论工作。其
次，现象学与社会学的联系也是非常紧密的，当胡塞尔把超越主体性解
释为主体间性时，他就已经把自我与他我的共在关系纳入主体问题的思
考之中，也就是说，主体问题从一开始就是社会问题。因此，对主体的
内在时间的研究，必然意味着进一步深入共同体的历史探究之中，这些
都反映了现象学与人文科学相结合的必要性。

　　其一，胡塞尔在《逻辑研究》中借用康德的话，极为清楚地对心理学
和逻辑学做出区分，康德的原话是这样说的："虽然一些逻辑学家在逻
辑中假定了心理学原理，但是在逻辑中提出这类原理如同从生活中提取
道德一样不合理。如果我们从心理学中，亦即从对我们知性的观察中提
取原理，那么，我们所见到的，仅为思维是怎样发生的，及思维如何处
于种种主观障碍和条件之下；这便引向单纯偶然法则的知识。但是逻辑
学中的问题不在于偶然的规律，而在于必然的规律；不在于我们怎样思
维，而在于我们应当怎样思维。"①在此意义上，胡塞尔很好地回答了康
德的这一论题，他认为虽然两者都探讨心理活动的规律，"但'规律'对
于两者来说意味着完全不同的东西"②。心理学通过对心理活动和身体
之间的关系的研究，得出一些因果联系，而逻辑学并不追求这种"自然"

---

①　[德]康德：《逻辑学讲义》，许景行译，3—4页，北京，商务印书馆，1991。
②　[德]埃德蒙德·胡塞尔：《逻辑研究》第1卷，倪梁康译，47页，上海，上海译
文出版社，1994。

的联系，而是询问其真理的内涵，也就是探询这些因果联系的应然面貌，以及它们何以为真这一基本问题。

利奥塔在此基础上，把心理主义的方法概括为一种内省（introspection）的方法："意识经验通过自身构造了一种关于意识的知识。"①然而，心理主义似乎并没有提供这种知识的合法性，而且由于它把经验看作是主体的内在活动，因而主客体之间的矛盾依然没有解决。另外，意识经验局限于特殊的个体之中，这必然会导致异质性的个体经验之间难以统一，心理主义的解决办法是设想一个普遍性的"人的自然状态"，同时又要强调偶然性的存在，这一矛盾决定了心理主义在描述实际经验过程中必然会遇上困难。

现象学采取的则是另一种方法，利奥塔称之为反省（réflexion）的方法，也就是说需要抓住的不是那个稍纵即逝的经验，而是它在流逝的过程中遗留下来的、可供后来辨认的特征。利奥塔称这种反省方法是"一种对实际经验本身的、描述性的修复"，它有助于消除心理学中内省方法的矛盾，无须预先设定一个"人的自然状态"或主客体的对立，而是需要在反省分析中重构实际经验本身的意义。

格式塔（Gestalt）心理学是与现象学最为接近的一种心理学，"格式塔"意指形式、整体或完形。用格式塔学派代表人物考夫卡（Kurt Koffka）的话说，"运用格式塔范畴也意味着去找出自然界的哪些部分属于机能整体的

---

① Jean-François Lyotard，*La Phénoménologie*，Paris，Presses Universitaires de France，1954，p. 49.

部分，并发现它们在这些整体中的地位"①，转化成现象学的话来说，就是每一种格式塔都包含了顺序和意义，不管它对于我们而言是明确的还是模糊的。梅洛-庞蒂认为，格式塔心理学有助于我们发现知觉（perception）的意义。长期以来，经验主义科学总是把我们未确定的知觉当作一种肯定的形象，当作一种性质，这种客观化的性质掩盖了我们的主体性特征。在此意义上，利奥塔认为，我们太过注重以度量衡为基础的科学世界，而忽视了我们知觉世界本身的意义："问题不在于认识到我们感知到的现实是否如它那样，因为我们感知到的恰恰就是现实。"②他认为格式塔心理学的意义在于揭开了胡塞尔后来所强调的那个"生活世界"，它的内核依旧是现象学的意向性概念，现象学的描述方法还有待从心理学推广到对社会有机体的社会学研究之中。

其二，社会学研究与心理学研究的相似之处在于对人类行为的描述，以及对它们的意义所做的解释。尽管涂尔干（Émile Durkheim）为法国社会学奠定了基本的方法，把社会现象当作社会的事物来理解，但利奥塔认为，这种方法停留在数据分析的客观性层面上，依然包含着某种在时空中的决定论因素，并没有真正回到社会事物本身，利奥塔因此更倾向于梅洛-庞蒂对社会存在的现象学解释。

根据梅洛-庞蒂的看法，无论是把个体放到社会之中的方法，还是把社会放到我们思维之中的方法都是不切实际的，它们都把社会当作一

---

① ［德］库尔特·考夫卡：《格式塔心理学原理》，黎炜译，26页，杭州，浙江教育出版社，1997。

② Jean-François Lyotard, *La Phénoménologie*, Paris, Presses Universitaires de France, 1954, p. 56.

个对象。而实际上，我们与社会之间的联系仅仅与我们的存在相关，"当我们在认识和评价社会的时候，社会已经存在"①，我们只能在生活中寻找历史的基本结构。社会的存在方式问题依然离不开现象学意义上的超验性问题，利奥塔在这里对萨特意义上的超验性和梅洛-庞蒂意义上的超验性做出了区分。前者更多的是一种自我的超越性，他人的存在可以通过我的情感，诸如羞愧、愤怒等来得到证明，而后者则并不是自明的，它需要放下自我的目光，就像化身为自然存在一般来观察他人。

利奥塔更倾向于梅洛-庞蒂的解释，他总结道："我们因此必须在做出任何分离之前，发现自我与他人在主体间性的'世界'中的共存（coexistence），在此基础上社会本身才能获得它的意义。"②如果对于我们而言存在着那样的一个社会领域，那么这恰恰是因为我们从一开始就处于社会的共存之中。经过梅洛-庞蒂的这种现象学解释，社会学研究就多了一种批判性的、建构性的方法，因为个人不再是一个特殊的实体，代表着他的社会关系及其过去生活的历史，社会也不再是一个强制性的实体，而是由每个个体的历史所构成，个体的历史不能随意用客观化的方法进行缩减或还原。

其三，利奥塔对历史学的解释标志着他的马克思主义理论的第一个阶段——存在主义的现象学阶段完成。现象学、存在主义与马克思主义三种思潮在利奥塔那里以一种微妙的方式结合在一起。利奥塔这里所讲的"历史学"（histoire）并不仅仅是狭义上的历史学科，还包含着"历史现实"和"历

---

① ［法］莫里斯·梅洛-庞蒂：《知觉现象学》，姜志辉译，456 页，北京，商务印书馆，2001。

② Jean-François Lyotard, *La Phénoménologie*, Paris, Presses Universitaires de France, 1954，p. 80.

史科学"之意，因此这里的问题就在于，历史学家作为历史存在的一部分，如何能够超越自身去把握历史现实并且建立起历史科学。从现象学角度来说，现象学之所以能够对历史或历史意识做出解释，来源于胡塞尔对内时间意识的分析。胡塞尔假定有那么一个内时间的开端，这个开端被赋予了"现在"的特征，"我们在流逝样式的持续前进中发现这样的奇特性：每个以后的流逝相位本身都是一个连续性，并且是一个持续延展着的连续性、一个由诸多过去组成的连续性"①。用图表来表示的话：

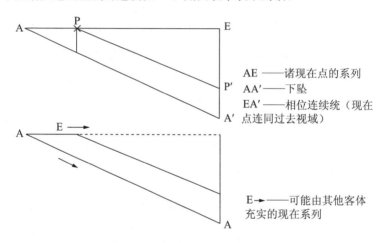

AE ——诸现在点的系列
AA′——下坠
EA′——相位连续统（现在点连同过去视域）

E ——可能由其他客体充实的现在系列

图 3-1　胡塞尔《内时间意识现象学》中的时间图式

也就是说，由于总会有新的现在出现，因此每一个现在都会成为过去，而它们构成了一条"退向"过去的线，一种消失的连续性，这使我们能够以此回到过去的深处。利奥塔认为，内在时间意识为我们走向历史的深处提供了可能性："我们说意识是历史的，不仅仅是指有一个像时间那样的为意识而存在的东西，还在说意识就是时间。但意识总是一种

———————————

① ［德］埃德蒙德·胡塞尔：《内时间意识现象学》，倪梁康译，67 页，北京，商务印书馆，2017。

对于某物的意识，一种对意识的说明——心理学和现象学意义上——归结为意向性的一个无限序列。"①他认为这就使现象学与柏格森主义区分开来："我们不能说时间在意识内流逝，而是相反，意识从它的现在出发展开了或构建了时间。我们可以说意识现在意向化了它所意识的东西，通过不再(ne plus)的方式，通过尚未(pas encore)的方式，最终通过现在(présence)的方式。"②

　　利奥塔对内在时间的解释来自梅洛-庞蒂，后者正是通过胡塞尔的内在时间意识来证明，理解时间的关键并不在于过去、将来和现在，而在于生成和消逝。在梅洛-庞蒂看来，柏格森的错误不在于对时间连续性现象的解释，而在于用时间的连续性来解释时间的统一性。梅洛-庞蒂对时间图式的理解与胡塞尔略有不同，前者更加强调主体对过去的"对称投影"，这使意向性不再是一条直线，而是构成了一个意向性的网络：

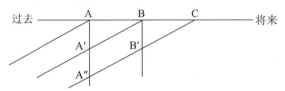

水平线：一系列"现在"。
斜线：从后来的一个"现在"来看的同一些"现在"的投影。
垂直线：同一个现在的连续投影。

图3-2　梅洛-庞蒂《知觉现象学》中的时间图式③

　　① Jean-François Lyotard, *La Phénoménologie*, Paris, Presses Universitaires de France, 1954, p. 92.

　　② Ibid., p. 94.

　　③ [法]莫里斯·梅洛-庞蒂：《知觉现象学》，姜志辉译，522页，北京，商务印书馆，2001。

梅洛-庞蒂认为，时间不是我们认识的对象，而是我们存在的一个维度，在这里，主体不是康德意义上的先验的我，而更像普鲁斯特（Marcel Proust）的《追忆似水年华》意义上的"追忆主体"，他既是自我的感受者，又是自我的目击者，主体在时间的体验中建立起海德格尔意义上的"生命联系"和与世界的联系，因此我们才能理解我们个人存在的呈现及其意义，以及我们在世界中的介入。利奥塔在此基础上加以延展：

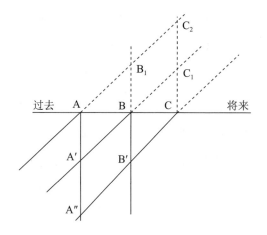

图 3-3　利奥塔《现象学》中的时间图式①

利奥塔更强调的是，我们的当下存在不是封闭的，而是敞开的，时间性维度不仅包含着对过去的反思，而且包含着对将来的展望，也就是说，我们有可能把在过去的现实 A 中所隐约看到的那个 C_2，一步一步地落实为我们未来的现实 C，这是利奥塔在梅洛-庞蒂的基础上做出的又一次推进。值得注意的是，胡塞尔在《关于时间意识的贝尔

———————

① Jean-François Lyotard, *La Phénoménologie*, Paris, Presses Universitaires de France, 1954, p. 96.

瑙手稿(1917—1918)》中对最初形态的时间图式进行了补充，在滞留性的维度上加入了一个关于将来过程的前摄性维度，使两者在连续体上交织在一起①，而利奥塔在胡塞尔的贝尔瑙手稿尚未出版的情况下，推理出与胡塞尔的结论极为相似的时间图式的完整形态，这一方面说明了利奥塔的《现象学》一书在现象学运动中确实有着独立的价值，另一方面也说明了现象学本身能够通过其独特的方法而构建起一门"严格的科学"。

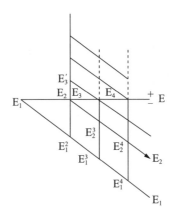

图 3-4　胡塞尔的贝尔瑙手稿中的时间图式

三、现象学的历史性维度

通过现象学的时间性维度，利奥塔想要表达的观点是：时间既

---

① ［德］埃德蒙德·胡塞尔：《关于时间意识的贝尔瑙手稿(1917—1918)》，肖德生译，58 页，北京，商务印书馆，2016。

是主观的，也是客观的，我们虽能通过身体与世界建立起时间性的联系，但不能在头脑中创造时间，时间总是先在于我们的意识，因此世界和时间一样是给予我们的。我们对世界的意义不是一劳永逸的，而是有待于在历史过程中不断地自我呈现，对于海德格尔而言，现象学的时间性维度照亮了历史性的维度，而对于梅洛-庞蒂和利奥塔而言，这种以时间性为基础的历史性维度打开了一条通向自由的新的道路。

　　法国现象学在时间维度上所构建起来的历史性维度，使现象学与马克思主义之间的结合成为可能，因为如果按照梅洛-庞蒂那样，把时间理解为主体，把主体理解为时间的话，那么意识本身也就构成了历史。乍看上去，利奥塔似乎又回到了黑格尔的精神现象学，但事实上并非如此，在当时法国人似乎并没有注意区分德语意义上的两种历史概念，雷蒙·阿隆（Raymond Aron）认为这种情况在萨特那里也是如此，正如阿隆后来指出的，"德国人在'历史（Geschichte）'和'历史（Historie）'之间做出区分：'历史（Geschichte）'一词指的是我们关于现实所具有的认识，而'历史（Historie）'一词仅仅指认识或者重建、叙述、书写过去所发生的事情的方式"①。黑格尔的哲学是基于前者之上的，马克思也是如此。《德意志意识形态》写道："他（指费尔巴哈——引者注）没有看到，他周围的感性世界决不是某种开天辟地以来就已存在的、始终如一的东西，而是工业和社会状况的产物，是历史的产物（geschichtliches Produkt），是世世

---

① ［法］雷蒙·阿隆：《历史讲演录》，张琳敏译，89页，上海，上海译文出版社，2011。

代代活动的结果。"①因此，阿隆更愿意用"历史编纂"（historiographie）来代替"历史"（histoire），可以说，对于当时的利奥塔而言，历史更多地意味着我们重新书写历史的方式，而并非黑格尔或马克思意义上的客观的历史现实。

利奥塔也在阿隆的这种历史哲学中找到启示，他借用阿隆在《历史哲学导论》中的话说："'历史科学是一个共同体自身所采取的一种意识形式'，它与它所构思的深层历史情境不可分离，也与它寻找自我认识的意志不可分离。"②因此，利奥塔认为历史研究必须要有一种现象学的假设，也就是对于当下的生成性和消逝性的假设，并且需要与实证的研究结合在一起。

在利奥塔看来，在承认存在与意义之间的联系这一点上，马克思主义与现象学是相通的，这一共同点使它们与所有唯心主义区别开来，然而在关于世界的问题上，两者存在着区别：前者的基础是"物质世界"，而后者的基础是主体被动地与之发生关联的"生活世界"。正像法国现象学的先驱者那样，利奥塔显然更倾向于对"存在""生活世界"的解释，从而与苏联马克思主义区别开来，他们并不满足于还原出一个中立的物质世界，而是极力追溯在这个不断生成和消逝的世界中的一个意义主体。

因此，现象学与马克思主义之间的区别有点类似于上述两种历史概

---

① 《马克思恩格斯全集》第3卷，48页，北京，人民出版社，1960。德文引自张一兵：《马克思：自在之物与事物自身之谜的破解——历史唯物主义的构境论阐释》，载《南京大学学报（哲学·人文科学·社会科学）》，2015年第2期。

② Jean-François Lyotard, *La Phénoménologie*, Paris, Presses Universitaires de France, 1954, p. 102.

念，现象学构造了一个立足于经验本身的解释性世界，而并非人类生活于其中的现实世界。利奥塔借用陈德草的话来解释："然而'经验仅仅是真实生活的一个抽象方面'，现象学本身并不能把握'这种感性生活的物质内容'。"①这也反映了两种理论之间的不可化约性，现象学试图找回人类理性生活的基础，而并非整个实践生活本身。

利奥塔认为现象学能够在"历史的意义"和"阶级意识"两个方面上为马克思主义提供帮助，而且实际上这两个方面是同一的，因为阶级意识必须辩证地与总体的历史过程结合在一起。由于与苏联马克思主义相对立，利奥塔像梅洛-庞蒂和陈德草一样更多地强调意识形态的意义："意识形态（在这一术语的宽泛意义上）不是幻觉、表象或谬误，而是像下层建筑一样的现实。陈德草写道，'经济的首要性并不取消上层建筑的真实性，而是反映了它在经验存在中的真实起源'。"②在此意义上，梅洛-庞蒂及后来的利奥塔才能找到一些未被传统马克思主义察觉的、不可化约的经验因素，并以此作为他们进行现实批判的基础。利奥塔承认这里所讲的历史的意义并非黑格尔意义上的同一性的历史，而是强调历史的意义是复数的，这也反映了他当时的马克思主义历史观："理解历史（对于哲学而言没有比这更真实的任务了）……这种集体意义是历史主体性把它们的意义在共存的基础上投射的结果，而主体性在一种取用的行动（un acte d'appropriation）中重新获得的东西，使这种意义和历史的异化或物化得以终结，它通过自身改变了这种意义并宣告

---

① Jean-François Lyotard, *La Phénoménologie*, Paris, Presses Universitaires de France, 1954, pp. 109-110.

② Ibid., p. 113.

了一种历史的改造。"①换言之，不是从客观主义或主观主义的角度去理解历史，而是深入历史主体在世界之中的存在上。在重建一种"彻底"的科学的意义上，马克思主义与现象学找到了各自的理论出发点，这不仅在于"所谓彻底，就是抓住事物的根本"②，而且在于"关于彻底之物的科学必须在其运行方面也是彻底的"③，也就是说，我们要从"实事与问题"出发展开历史研究。

总体而言，利奥塔的现象学解释一方面忠实于胡塞尔本身的理解，这对于当时的法国而言实属难得；另一方面又深受存在主义马克思主义的影响。他对历史的意义的阐释深刻地反映了现象学与马克思主义之间的不可化约之处，也反映了理性主义哲学在面对现实历史问题上所遭遇的困境。康德来和胡塞尔都在他们晚年的时候面临了这样的问题，利奥塔后来回到康德的哲学问题上，与这里的讨论有着相当大的关系。利奥塔虽然已经把马克思主义看作是现实行动的指南，但在此书中我们可以看出，他还停留在理论的层面，随着他后来越来越多地参与到马克思主义运动中，他的理解开始发生根本变化。

---

① Jean-François Lyotard, *La Phénoménologie*, Paris, Presses Universitaires de France, 1954, p. 117.

② 《马克思恩格斯文集》第 1 卷，11 页，北京，人民出版社，2009。

③ 胡塞尔：《哲学作为严格的科学》，倪梁康译，68 页，北京，商务印书馆，2017。

第四章 | "社会主义或野蛮"时期

1954 年利奥塔加入了"社会主义或野蛮"(Social-isme ou barbarie)组织，并在次年接管了《社会主义或野蛮》杂志中关于阿尔及利亚部分的写作。他以弗朗索瓦·拉博德(François Laborde)为笔名，在该杂志上发表了十多篇关于阿尔及利亚战争的文章，这来自利奥塔在阿尔及利亚担任教师时期的亲身经历，也是他首次大量地针对具体的历史问题提出自己的看法，用利奥塔自己的话说："反对剥削和异化的斗争从此成为我的一生。"①他关于阿尔及利亚战争的写作主要围绕法国政治、官僚主义和阶级斗争三个方面展开，

① Jean-François Lyotard, *Pérégrinations：Loi，forme，événement*, Paris, Galilée, 1990, p. 40.

这一写作经历耗费了利奥塔十年的时间。利奥塔为何加入"社会主义或野蛮"组织，后来又为何从该组织离开？对"社会主义或野蛮"概念及该组织的历史的进一步探讨，有助于我们厘清利奥塔乃至当时法国知识分子的现实批判的理论背景，理解利奥塔从一种马克思主义话语过渡到多样性话语的原初动机。

利奥塔的思想始终保持着与马克思主义哲学的关联，其最为显著的标志就是他对马克思主义"实践"观点的独特理解，他后来在一篇名为《回忆马克思主义：为皮埃尔·苏伊里而作》的文章中写道："我这里称作分歧（différend）的东西在马克思主义'传统'中有一个'尽人皆知'的名字，它导致许多误解的发生，它就是实践或'praxis'，是典型地被理论思想曲解的概念。苏伊里没有错，他没有把马克思与黑格尔混为一谈。如果存在着某种阶级实践，而这个概念却又不引发实践，那是因为普遍性不能通过文字来表达，除非它是单面的。历史主人公的角色不是在某种单一话语类型中完成的。"①我们可以看出，利奥塔并没有反对马克思意义上的"实践批判的"活动，而是反对把"阶级实践"普遍化和教条化的倾向，这是"社会主义或野蛮"组织的一个理论主旋律。在第二次世界大战后法国的现代化进程中，利奥塔从这种主旋律出发，对法国及其殖民地的政治和经济状况进行了细致的分析，对马克思以来的现代性问题提出了一系列批判与反思，并尝试建立一种崭新的哲学实践，这才是利奥塔从后现代的角度对资本主义体制进行批判的价值所在。

---

① Jean-François Lyotard, *Pérégrinations*, Paris, Galilée, 1990, p. 116.

一、"社会主义或野蛮"组织及其内涵

对于"社会主义或野蛮"概念，人们普遍认为它来自罗莎·卢森堡对恩格斯原话的引用，但事实上它只是卢森堡较为粗略的概括和转译，因为她在 1916 年左右写作《社会民主党的危机》（又名《尤尼乌斯》小册子）时正在监狱之中，她只能凭借记忆来引用恩格斯的文字，她写道："资本主义面临这样一个困境，它要么前进到社会主义，要么倒退到野蛮状态。"①她认为，我们对这一困境的理解过于草率，以致忽略了它的可怕的影响，然而只要仔细观察当时的历史环境，我们就能马上意识到它的意义所在。第一次世界大战恰恰代表了这种倒退。卢森堡认为我们依然绕不开恩格斯几十年前提出的这一难题，20 世纪初，它已经演变为："要么是帝国主义的胜利和所有文化的毁灭，就像在古罗马一样，人口减少、荒芜、退化、巨大的坟墓；要么是社会主义的胜利，也就是国际无产阶级反对帝国主义及其手段、反对战争的有意识的斗争。这就是世界历史的困境，它不可避免地抉择，它的天平在等待无产阶级的选择中不断摇摆。"②也就是说，在她看来，无产阶级及其政党的任务不是简单地"加速"或"顺从"历史进程，而是要决定世界历史的走向。

我们可以发现，在恩格斯理论中表现出来的现实的可能性，在卢森堡那里已经成为可能的现实，而且是一种可怕的历史现实。马克思、恩格斯在他们的经典文本中，不止一次预料到资本主义社会可能出现一种

---

① Rosa Luxemburg, *The Crisis in the German Social-Democracy*（*The "Junius" Pamphlet*）, New York, The Socialist Publication Society, 1919, p. 18.

② Ibid., p. 18.

毁灭式的发展。《共产党宣言》中写道:"在危机期间,发生了一种在过去一切时代看来好象是荒唐现象的社会瘟疫,即生产过剩的瘟疫。社会转瞬间回复到突如其来的野蛮状态,仿佛是一次大饥荒、一场毁灭性的大战争,完全吞噬了社会的全部生活资料。"①而卢森堡的"社会主义或野蛮"这一表述,很有可能来自恩格斯的《反杜林论》里面的这段话:"现代资本主义生产方式所造成的生产力和由它创立的财富分配制度,已经和这种生产方式本身发生激烈的矛盾,而且矛盾达到了这种程度,以致于如果要避免整个现代社会灭亡,就必须使生产方式和分配方式发生一个会消除一切阶级差别的变革。"②卢森堡的表述显然更侧重于无产阶级的自觉行动和革命意志,但毫无疑问,这些预言都不约而同地指向资本主义现代社会的毁灭,它们在卢森堡所在的第一次世界大战时期及在卡斯托里亚迪斯、勒福尔和利奥塔所在的第二次世界大战时期都在一定程度上得到了残酷的验证。

卡斯托里亚迪斯 1922 年生于君士坦丁堡,在雅典长大,自幼开始学习古典哲学并逐渐接触马克思主义思想,1942 年离开希腊共产党并成为一名激进的托洛茨基主义分子,他因而也受到来自纳粹德国和希腊共产党两方面的迫害。1945 年年底,卡斯托里亚迪斯来到了托派的中心——第四国际(Parti Communiste Internationaliste)所在的巴黎,当时第四国际正在讨论苏联和斯大林主义的问题,卡斯托里亚迪斯表达了自己的看法。他认为,官僚主义在第二次世界大战后没有被削弱,反而是

---

① 《马克思恩格斯全集》第 4 卷,472 页,北京,人民出版社,1958。引用有改动。
② 《马克思恩格斯全集》第 20 卷,172 页,北京,人民出版社,1971。

被加强了，它仿照苏联的模式并且在东欧各国共产党的庇护下扩展着它的权力，"官僚主义并不是一个'寄生阶层'而更像是一个统治和剥削阶级，而且，它在经济和社会层面上被一种新的苏联政权的分析方法所认可"①。对于卡斯托里亚迪斯的这种观点，勒福尔回忆说："他的分析让我感到震撼。在他还没讲到结论的时候我已经被他说服了。我永远无法清楚地讲出他为他的结论所提供的经济学基础。当时对于我而言，卡斯托里亚迪斯的观点称得上是最好的马克思主义的观点，但托洛茨基主义者们认为这些是异端。"②两人在第四国际会议上的相遇是"社会主义或野蛮"组织建立的一个契机。

勒福尔 1924 年生于巴黎，与利奥塔是同龄人。勒福尔 1941 年在卡诺高中上学时遇到了他的启蒙老师梅洛-庞蒂。当时对于勒福尔而言，他的目标是寻找到一种"忠实于马克思的马克思主义，一种针对资产阶级社会各种形式的、与革命的行动相结合的彻底的批判方法，一种证明理论与政治相联合的马克思主义：一种反独裁主义的马克思主义"③。他一方面对法国共产党的教条、作风和民族主义倾向感到厌恶，另一方面也对苏联的军事化和官僚化社会产生了不满。因此，当梅洛-庞蒂问勒福尔关于政治的看法时，梅洛-庞蒂对他的答案感到惊讶，并问他是否了解托洛茨基，当勒福尔回答说不了解时，梅洛-庞蒂预料如果他了解的话，他将会成为一名托洛茨基主义者。但勒福尔认为虽然托洛茨基

---

① Cornelius Castoriadis, *The Castoriadis Reader*, translated and edited by David Ames Curtis, Oxford, Blackwell Publishers Ltd., 1997, p. 2.

② Claude Lefort, "An Interview with Claude Lefort," *Telos*, No. 30, 1976, p. 174.

③ Ibid., p. 173.

主义比斯大林主义更为精致，但依然是不可接受的，譬如，在第四国际中存在的教条主义因素，勒福尔称之为"演绎主义"（deductivism），也就是简单地从资本主义的本质中演绎出无产阶级的角色，从无产阶级的角色中演绎出党的角色，从资本主义危机中演绎出当下的革命与战争的现状和未来。勒福尔认为这种唯物主义需要更多的辩证分析。

卡斯托里亚迪斯和勒福尔发现，他们之前所信仰的"彻底革命"的托洛茨基主义，实际上与他们反对的斯大林主义一样，有着某种改良主义的取向，因此，出于理论上批判第四国际中的托洛茨基主义的需要，卡斯托里亚迪斯和勒福尔成立了一个派别"肖利厄-蒙塔尔的倾向"（Chaulieu-Montal Tendency），也可以称为"倾向派"，肖利厄和蒙塔尔是他们各自的笔名。在 1947 年，法国共产党达到它在第二次世界大战后最高的地位，然而它的内部也开始了分裂，一部分成员加入萨特所在的革命民主同盟（Rassemblement démocratique révolutionnaire），另一部分接受了现状，放弃参与政治活动。同年，法国大罢工及"冷战"开始的标志——美国杜鲁门主义的出台，使"倾向派"不得不反思托洛茨基主义与现实之间的断裂。卡斯托里亚迪斯认为，目前的关键在于把无产阶级的自觉行动作为革命理论和实践的中心，而不是在概念上如何去定义社会主义如何管理生产与社会的问题，卢森堡的"社会主义或野蛮"表达的正是前者的意义。勒福尔在他 1948 年的一篇文章《托洛茨基的矛盾与革命问题》中认为，托洛茨基并没有真正意识到斯大林主义的退化，他痴迷于民族化、集体化和计划化的概念是为了逃避对生产关系的分析，不愿意去揭开官僚主义的阶级本质。可以说，卡斯托里亚迪斯和勒福尔建立"社会主义或野蛮"组织的主要目的是对托洛茨基主义的批判和祛魅，推动无产阶级革命意识的觉醒，掀起官僚主义批判的旗号。

第一期《社会主义或野蛮》杂志在 1949 年 3 月出版，卡斯托里亚迪斯在一篇名为《社会主义或野蛮》的文章中清楚地表达了上述思想："假如全世界的被剥削者和战争受害者不介入其中的话，假如无产阶级革命不涌上历史的舞台，去消灭剥削者及其代理人并重建人道的社会生活的话，战争将使社会加速地流向野蛮。"[①]1949—1953 年被看作是"社会主义或野蛮"组织的第一阶段，《社会主义或野蛮》杂志对"冷战"的发展、朝鲜战争、法国罢工等国际社会政治问题提出不少看法，它的主要受众是一些波尔迪加主义者（一群意大利的马克思主义者，1950 年加入"社会主义或野蛮"组织）、共产主义委员会、一些无政府主义者和一些 20 世纪 20 年代德国左派的后代。这些派别很快消失了，可以说，《社会主义或野蛮》杂志在当时并没有得到广泛的接受。

二、利奥塔对法国及其殖民地状况的分析

1954 年阿尔及利亚战争的爆发，以及苏伊里与利奥塔等人加入战争标志着"社会主义或野蛮"组织的一个新的阶段。利奥塔是在君士坦丁的工会会议上遇见皮埃尔·苏伊里（Pierre Souyri）的，利奥塔这么形容他的这位精神导师："他的马克思主义不是学院式的……我们这一代人

---

① Cornelius Castoriadis, *Political and Social Writings Volume* 1, translated and edited by David Ames Curtis, Minneapolis, University of Minnesota Press, 1988, p. 87.

和我们的后来者遭遇到的不过是马克思主义的死尸或幽灵、某个党派或官僚国家用来取代思想地位的临时纲领、由通俗和审慎的教条组成供应品。当伟大的马克思主义世纪衰落的时候，我有幸通过苏伊里了解到，历史的、唯物主义的辩证法不仅是某个大学教职或政治职位的头衔，还是一种解决方法的代名词。"[1]苏伊里还对中国的革命状况有过专门的研究，他让利奥塔知道如何从纷繁复杂的历史事件中找到一条阶级分析的线索，深入社会的底层去寻找剥削的现象和证据，并批判与此相关的一切内容。批判官僚主义的阶级结构，分析欠发达国家中的革命动力等问题，都是两人与"社会主义或野蛮"组织的理论交集。

阿尔及利亚战争前所未有地把众多法国知识分子动员起来，它甚至被看作是一场"文字之战"[2]。1954 年 11 月，争取阿尔及利亚独立的民族解放阵线（Front de libération nationale）开始武装反抗法国人的统治，法国知识分子继印度支那战争之后又一次介入政治事件之中，萨特呼吁道："殖民主义正在自行毁灭。但它还在空气中散发着臭味，它是我们的耻辱，它在嘲笑或者讽刺我们的法律；它在用种族主义毒害我们……我们的职责是帮助它死亡……我们唯一能做并且应该去做的——也是今天的重要之处——是站在（阿尔及利亚人民）一边进行战斗，把阿尔及利亚人和法国人同时从殖民主义专制中解救出来。"[3]曾在阿尔及利亚生活和工作过的利奥塔，自然而然地把批判殖民主义作为自己现实的理论任务。

---

① Jean-François Lyotard, *Pérégrinations*, Paris, Galilée, 1990, pp. 121-122.

② ［法］让-弗朗索瓦·西里奈利：《知识分子与法兰西激情——20 世纪的声明和请愿书》，刘云虹译，230—231 页，南京，江苏人民出版社，2001。引文有改动，后同。

③ 同上书，240 页。

《阿尔及利亚人的战争》(*La guerre des Algériens*)一书重现了利奥塔这一长达十年之久的现实批判历程，其中最早的文章是写于 1956 年的《北非的形势》("La situation en Afrique du Nord")。自 1952 年以来，马格布里(Maghreb)地区(包括摩洛哥、阿尔及利亚和突尼斯)局势开始发生动荡，民族独立的声音高涨。利奥塔认为这代表了法兰西帝国主义开始分解的新阶段。正是在 1956 年 3 月，法国先后承认摩洛哥和突尼斯独立，阿尔及利亚成为法国在该地区的最后一块殖民地，它也是法国投资最多、面积最大的地区。利奥塔分析，阿尔及利亚之所以迟迟不能独立，一方面是因为法国殖民者不愿意放弃在阿尔及利亚进出口中获取的经济利益，以及对阿尔及利亚廉价劳动力的剥削；另一方面是因为"在阿尔及利亚，所有权的剥夺如此之深，殖民者的管理如此之直接，以致事实上没有留给伊斯兰资产阶级任何发展的空间"[1]，弱小的阿尔及利亚资产阶级难以代表人民与殖民主义斗争和谈判，也不能与殖民者联合起来打击斯大林工会主义的发展。如果考虑到国际影响的话，无论是阿尔及利亚资产阶级还是无产阶级最终获得权力，阿尔及利亚都会受到来自俄罗斯或美国任何一方的阻力。因此利奥塔认为，对阿尔及利亚的各种意识形态做出区分，重新认识争取独立的革命道路的可能性尤为必要，他总结道："必须理解和使大家理解，唯一的解决方案，不是这些在斗争中的党派提出的空头支票，而是阶级的解决方案——那种直接适应于这片土地的、为农民所用的首要方案。"[2]可以看出，利奥塔对阿

---

[1] Jean-François Lyotard，*La guerre des Algériens*，*Écrits* 1956—1963，Paris，Galilée，1989，pp. 46-47.

[2] Ibid.，p. 50.

尔及利亚形势的分析，从一开始使用的就是马克思主义的阶级分析方法。

利奥塔此时的马克思主义观点是怎样的？我们在他 1956 年的一篇论述马克思主义的文章中可以看到一点线索。他认为，尽管马克思提出了消灭哲学这一说法，但同时也表现了他激进的哲学意图。笛卡尔、康德、黑格尔和胡塞尔在某种程度上也包含了这种想法，马克思的不同点在于，他的哲学不是用一种话语代替另一种话语，不是理论的自我确证或纠正，而是建立一个动态的系统，从实践中消灭哲学。利奥塔在这里非常欣赏马克思在《黑格尔法哲学批判》导言中的那句话："哲学不消灭无产阶级，就不能成为现实；无产阶级不把哲学变成现实，就不可能消灭自身。"[1]因此，利奥塔认为"哲学的任务就是政治的任务"[2]，而促进历史发展的动力就是马克思意义上的劳动力，施展在物质之上的劳动力同时改造了劳动者自身，他接着说："不存在独立于历史之外的'人的本质'，这一概念本身是纯粹虚无、泛化的，同时它也处在自身历史话语的表达之外。"在此意义上，利奥塔讲"人是他自身作品的作品"[3]（L'homme est l'œuvre de ses œuvres），是在肯定马克思主义唯物辩证法的理论上，在区别传统哲学的抽象二元论意义上所讲的。

利奥塔谈马克思主义并不是泛泛而谈，而是出于上述所说的，为了区分阿尔及利亚战争中各种意识形态理论的需要，特别是为了认清斯大林主义的意识形态。他认为，这种意识形态所倡导的"辩证唯物主义"恰

① 《马克思恩格斯全集》第 3 卷，214 页，北京，人民出版社，2002。
② Jean-François Lyotard, "Note sur le Marxism," *Tableau de la Philosophie Contemporaine*, Paris, Fischbacher, 1956, p. 56.
③ Ibid., p. 57.

恰"掐死"了辩证法，把人类世界分割为两种格格不入的话语和力量，这反而回到了二元论的窠臼之中，成为一种不能容纳错误的神秘力量。马克思主义在斯大林主义那里成为官僚主义的，因此，对这种意识形态的批判任务就是把马克思主义与斯大林主义、官僚主义区分开来，这就要求人们不是在马克思的著作中，而是在当下的历史现实中寻找斯大林主义批判的理论证据，利奥塔认为这才是当下的马克思主义的活力所在，它呼唤一种新的政治行动，如阿尔及利亚人的战争。利奥塔此时对马克思主义的判断与"社会主义或野蛮"组织的观点是基本相似的，但他更多的是借用马克思早期的意识形态批判观点及阿隆和列斐伏尔对马克思主义的介绍，而对马克思晚期的政治经济学著作似乎触及甚少。

在此基础上，阿尔及利亚战争中各种意识形态的角逐很容易浮现出来：对于苏联而言，它之所以对战争持适中的态度，是因为它认为阿尔及利亚有利于法国共产党在北非壮大力量，保持在当地的经济、政治和文化优势，从而推进自身在世界各个大都市联合无产阶级的计划；对于美国而言，苏伊士运河事件标志着美苏两个超级大国与英法两国之间实力的差距，所谓西方集团在中东地区的利益面前解体了，中东和非洲地区越来越被美国视为寻求全球统治力的关键，因此美国也给予法国一定的压力。而对于阿尔及利亚的民族解放阵线，它在争取民族独立斗争中融合了各种新的社会阶层，这使它的意识形态渗透到手工业工人、知识分子和商人之中，它的部队到达了偏远的农村，利奥塔预料，这将构成以后阿尔及利亚的国家管理的雏形。利奥塔在1957年的《阿尔及利亚问题的新阶段》一文中详细而清晰地描述了各方面矛盾交织和演进的过程。利奥塔同时意识到，由民族解放阵线带领下的民族独立战争，对于工人阶级而言并非意味着解放，而只是被剥削形式的更换而已，阿尔及利亚工人要想获得解放，必须与欧洲工人阶级的运动联合起来。

阿尔及利亚问题是与法国本身的国情紧密相连的。利奥塔认为，虽然 1958 年戴高乐重新上台，但第二次世界大战后法兰西第四共和国十多年留下的根本问题依然没有得到解决：法国资产阶级能否适应现代资本主义并继续前进？这一问题关系到整个法国的社会结构、政治经济及国际和殖民地政策等基本问题。1958 年的政治危机表明当时的法国资产阶级已经无法解决第二次世界大战后法国国内外的政治经济问题，"谁来管理法国"这一问题已经提上了议程，它不能再通过政治专家，而需要通过包括无产阶级在内的所有社会阶层来解决。戴高乐之所以能重新执政，是因为他有能力在资产阶级允许的合法性范围之内遏制危机的扩大，他改革后的《宪法》能够给予国家机器一个相对坚固的、集中化和等级化的结构，这种结构更有利于保护大资产阶级的利益。

利奥塔分析，法国无产阶级在这场政变中并没有改变他们被剥削的地位，却还要面临日常生活的重大变革。其一，随着工业生产的理性化程度不断加深，像泰勒制和福特制等将最新的心理学和社会学的生产理念融入生产过程之中，从根本上影响了劳动者的节奏和行为。"劳动者彻底地融入工作环境（我们强调的是，劳动者感觉到自身作为资本主义过程中的一个简单工序）中，与此同时，劳动者完全外在于他的劳动。"①此时节奏越来越快，要求越来越高，条件越来越苛刻，内容越来

---

① Jean-François Lyotard, *La guerre des Algériens*：*Écrits* 1956—1963, Paris, Galilée, 1989, p. 189.

越无趣，劳动者越来越难以发出自己的声音。其二，随着资本主义更加精确地考量社会劳动力及消费能力，生产不只是按照社会需要而生产，还要因创造社会需要和促使消费能力的扩大化而再生产，劳动中的异化将在生产力动态发展的过程中进一步加深。其三，经济扩大化的结果将会改变日常生活的各个方面，新的生产方式和消费方式将无法用传统的方法概括，农民、商贩和手工业者的生活方式将会趋向同质化。其四，现代资本主义将深刻地改变人类关系和日常生活本身，人们要在前往工作场所的路程上花费更多时间，日常生活的时间变得更加零散，生活失去其本身的意义和重建意义的能力。其五，日常生活的异化导致下一代（特别是以年轻人居多的法国）对社会价值漠不关心，对资本主义生产关系的革命漠不关心。但利奥塔仍然相信，目前依然给人们留下了思考革命行动的空间，可以看出，利奥塔此时借用了列斐伏尔的日常生活批判的最新成果，对无产阶级革命运动还保留着坚定的信心。

随着 1962 年《埃维昂协议》的签订，阿尔及利亚在法国的承认下获得独立，开始组建政府和制定宪法，本·贝拉成为第一任总统，他一方面提出"我们要建立一个真正属于人民的社会主义民主社会"①，另一方面又保留了法国现有的和本土的资产阶级发展空间，本·贝拉的政策在当时的阿尔及利亚国情下是难以实现的，正如前资本主义时代的传统贸易无法简单地被抹去一样，尤其是对于阿尔及利亚这个人口过剩的国家

---

① Jean-François Lyotard, *La guerre des Algériens*：*Écrits* 1956—1963，Paris，Galilée，1989，p. 274 .

而言。利奥塔的判断是，这种想象的政治反映了阿尔及利亚新政府的官僚化倾向，这一方面是由于自民族解放阵线以来权力阶层的成分是混杂的，没有哪一个阶级有能力承担整个国家的责任和解决社会危机；另一方面，阶级之间的矛盾也没有激烈到相互对立的程度。因此，两极分化的官僚化政策不能实际地解决社会问题。利奥塔认为，"资本主义并没有重新组建新的社会，而是分解了旧的社会"①，阿尔及利亚政府把失业者驱逐到法国和清除旧社会的做法，并不能有效地应对社会危机。一方面，在经济学和人口学上，本土农业不足以支撑大量的人口；另一方面，对于人民而言，他们无法真正告别 100 多年来的生产关系、生活方式和家庭关系等。阿尔及利亚还没有一个阶级能够真正对殖民的历史、当下的社会关系和危机做出总体的回应。

当利奥塔回忆起这段写作经验时，他不禁把这些文章比喻为"写给爱人的信"。毫无疑问，它细致入微地描述了阿尔及利亚战争前前后后各种意识形态斗争的具体状况和内涵，它代表了他与"社会主义或野蛮"组织志同道合地批判官僚主义政治和帝国主义意识形态的峥嵘岁月，代表了他关注无产阶级和第三世界革命事业发展的马克思主义信念，同时也表达了他对法国教育向阿尔及利亚下一代粉饰这段历史的做法的悲叹和遗憾。对于利奥塔而言，"阿尔及利亚"这一名称不只是一种革命的政治，更是他自觉的批判意识的觉醒。

---

① Jean-François Lyotard，*La guerre des Algériens：Écrits* 1956—1963，Paris，Galilée，1989，p. 282 .

三、"社会主义或野蛮"组织的分裂

勒福尔认为，当苏伊里和利奥塔加入"社会主义或野蛮"组织的时候，他们已经察觉到组织内部的党派倾向。勒福尔意识到，"社会主义或野蛮"组织逐渐把自身看作是革命机构的胚胎，然而却没有正视自身的缺点，如少数服从多数的原则，某些团体的代表具有更高的话语权等。在1958年戴高乐重新上台的事件上，勒福尔认为卡斯托里亚迪斯等人脱离现实，走向了等级制和小资产阶级机会主义的道路。卡斯托里亚迪斯则认为勒福尔并不相信一种彻底的社会转型和克服社会异化的可能性。因此，"社会主义或野蛮"组织发生了第一次重要分裂，勒福尔等人退出"社会主义或野蛮"组织而加入工人情报联络会（Informations et liaisons ouvrières）。"社会主义或野蛮"组织一分为二，一些与卡斯托里亚迪斯持不同意见者成立了"工人权力"（Pouvoir Ouvrier）小组，苏伊里和利奥塔也在其中，这意味着"社会主义或野蛮"组织的另一次重要分裂。

分裂的基本原因在于小组成员在对当代资本主义和马克思主义的理解上存在明显分歧。在卡斯托里亚迪斯看来，马克思的经济学理论和关于帝国主义的经典概念，已经被简单地看作是通向社会主义的和继承资本主义技术成果的工具。卡斯托里亚迪斯还认为，他的反对者只是在热点问题上随波逐流，而不是致力于一种彻底的改革，致力于矛盾比较突出的青年人和学生问题上。①《社会主义或野蛮》的出版一直持续到

---

① Cornelius Castoriadis, *The Castoriadis Reader*, translated and edited by David Ames Curtis, Oxford, Blackwell Publishers Ltd., 1997, pp. 14-15.

1965 年，尽管有一些读者却鲜有回应。卡斯托里亚迪斯认为，这是由于青年人总是希望用行动来表达他们的目标而忽略了理论的重要性，卡斯托里亚迪斯后来写作的一些文章是对总体的马克思主义概念的一种挑战，但这些文章被认为是抽象的和难懂的。《社会主义或野蛮》杂志已经不再反映他们集体思考的成果，"社会主义或野蛮"组织也在分化中走向结束。

利奥塔 1982 年在苏伊里的《中国的革命与反革命》(*Révolution et Contre-Révolution en Chine*)一书的序言中回忆了他们参加"社会主义或野蛮"组织的这段历史，其标题为"皮埃尔·苏伊里，未完成的马克思主义"("Pierre Souyri, le marxisme qui n'a pas fini")，且其中有这样一段话："1954 年我们获准参加出版《社会主义或野蛮》杂志的组织，参与它的实践和理论活动，在那 12 年里，我们为该组织和杂志的'批判和革命指向'这个唯一的事业献出了我们的时间及全部能力去思考和行动。"①

当利奥塔回忆"社会主义或野蛮"组织的第二次分裂时，他指出卡斯托里亚迪斯当时所提出的论题在于："革命运动不能指望从'工人'官僚控制下的、以经济性质的索求为中心的斗争中获得什么；在所有发达国家'充分就业'的条件下，劳动问题不再是中心问题；工会成为'体制的机构'；'官员政治'仅仅只能让'人们'冷漠；在生产之外，无产阶级不再是'有自身目标的阶级'；'统治阶级已成功地控制了经济活动的水平并阻止了重大危机的发生'。"②这些论题让成员们不禁思考：马克思主

①　Jean-François Lyotard, "Pierre Souyri, le marxisme qui n'a pas fini," *Révolution et Contre-Révolution en Chine*, Paris, Christian Bourgois éditeur, 1982, p. 9.

②　Ibid., p. 17.

义还能否为资本主义批判提供一种客观的基础？苏伊里经过一番困惑和思考之后，向利奥塔表露，他担心卡斯托里亚迪斯"把资本主义的稳固看作是一种事实，而它不过是一种注定要遭遇新的矛盾的倾向而已，还有，他把一个经济阶段与一种持续稳固的转型混为一谈"。苏伊里在重新研究列宁、卢森堡等人的经济学著作及大量关于当代垄断国家资本主义体制的经济文献以后认为，理解当代资本主义统治的基础依然在资本与劳动的矛盾层面上，在国家与垄断资本的具体关系层面上："在第一次大萧条(1874—1896)后，过度积累通过将资本主义重塑为帝国主义而找到'解决办法'；第二次(1930—1950)危机则多亏了所谓混合经济，刺激了资本主义向垄断国家资本主义的转变。但是新的布局并没有办法防止由'增长'本身所刺激的过度积累的危机的再次发生……资本主义在今后陷入新的萧条，特别是由于过度资本化，资本主义正在盲目地寻求权宜之计(或许是战争)，并同时寻找新的结构，这使它得以再次推迟它灭亡的时间。"①

利奥塔把苏伊里与卡斯托里亚迪斯之争看作是"社会主义或野蛮"组织第二次分裂的缩影。毫无疑问，卡斯托里亚迪斯清晰地表达了人们对当代世界的忧虑和疑惑，质疑了我们习惯的资本主义批判的方式和语言，这意味着一种新的解释和方向，他也为这种解释提供了丰富的论证，然而由于他不再相信资本主义灭亡的可能性，因此他在清除经济主义的窠臼时连同马克思的政治经济学也一同清理掉，把资本主义生产中

---

① Jean-François Lyotard, "Pierre Souyri, le marxisme qui n'a pas fini," *Révolution et Contre-Révolution en Chine*, Paris, Christian Bourgois éditeur, 1982, pp. 19-20.

的关系解释为社会和伦理的关系，在严密的理论论证中反映的是他对现实的失望和理论上的无能为力。而被认为是"老派"马克思主义者的苏伊里，则固执地坚持从马克思、列宁和卢森堡等人那里继承历史和社会问题，并完全在这种理论和实践框架内解决问题，相比之下，苏伊里的思路稍显陈旧，但依然具有很强的现实解释力，卡斯托里亚迪斯所提出的革命问题并不能超越资本主义矛盾的客观条件而存在。利奥塔承认，虽然他与苏伊里之间存在着分歧，但他在这场争论中显然更接近苏伊里一方。他讲道："与倾向派的同志一样，我当然相信世界在变化，但它仍然处于资本主义生产关系的框架之中，除非剩余价值的汲取、剥削和必然性已经消失。从一种非统治性的客观性的角度来看，依赖关系仍然存在于社会的局部之中，因而也存在于社会的整体之中。"①

利奥塔对卡斯托里亚迪斯的不满还在于另一点，后者所谈论的内容"有点存在主义的味道"，他们在"打扮马克思主义，给它换上新装"。可以看出，利奥塔此时已经与梅洛-庞蒂和勒福尔站在同一战线，对萨特的存在主义做出反思。利奥塔后来在 1983 年的一篇名为《词语：萨特》（Mots：Sartre）的文章中回忆道，他在读萨特的《答勒福尔》和《共产主义者与和平》时感受到，"当时在勒福尔及其他人旁边作为激进分子的我，体会到了十年前我作为一个哲学学生阅读《存在与虚无》时的那种险恶的困惑感"②。利奥塔认为，勒福尔通过对历史及其矛盾的内在运动的阐述，揭穿了萨特戏剧般的哲学把戏，因此，利奥塔有理由调侃地说：

---

① Jean-François Lyotard, "Pierre Souyri, le marxisme qui n'a pas fini," *Révolution et Contre-Révolution en Chine*, Paris, Christian Bourgois éditeur, 1982, p. 22.

② Jean-François Lyotard, *Lectures d'enfance*, Paris, Galilée, 1991, p. 89.

"论战（与勒福尔的论战是典型）中的关键既不是无产阶级，不是共产主义，也不是历史的意义，而是意志之主体的形而上学。萨特就是这个主体的名字。"①勒福尔的老师梅洛-庞蒂则用《辩证法的历险》的大部分篇幅，解析了萨特这种"把历史归并到他关于自由和他人的哲学中"②的笛卡尔主义方法，在梅洛-庞蒂看来，辩证法的种种历险是一些错误，它需要人们从多个中心和多个入口去理解，从马克思主义的外部客观地进行思考，可以说，这种思想对利奥塔的马克思主义和后现代转向产生了不可忽略的影响，从《现象学》一书开始，梅洛-庞蒂在利奥塔思想中就占据了重要的地位。

"社会主义或野蛮"组织的分裂集中反映了法国托洛茨基主义的不同走向，成员们都或多或少开始通过托洛茨基主义批判斯大林主义，并反思马克思主义的基本问题，而且都最终告别了托洛茨基主义的道路。其一，正如卡斯托里亚迪斯那样，利奥塔只是在短时间内接受了托洛茨基主义中关于官僚政治的批判思想，在与托洛茨基主义分道扬镳之后，他开始对许多问题展开了激烈的批判，"列宁关于党的理论、马克思主义的经济学、价值论、社会主义理论、劳动理论等"③，并继而"开始了对马克思主义的经济主义的批判"，对无产阶级的作用和经济问题的地位"进行了最彻底的批判"。马克思主义这一让卡斯托里亚迪斯从小就着迷

---

① Jean-François Lyotard, *Lectures d'enfance*, Paris, Galilée, 1991, p. 95.

② ［法］莫里斯·梅洛-庞蒂：《辩证法的历险》，杨大春等译，186 页，上海，上海译文出版社，2009。

③ ［美］P. 杜斯、P. 奥斯本：《卡斯托列迪斯访问记》，张凤莲译，载《国外社会科学》，1993 年第 6 期。

的体系被认为是"行不通的",这也导致卡斯托里亚迪斯走向一种哲学理性的内在批判,去探讨一些从柏拉图、亚里士多德到康德、黑格尔哲学中关于"想象"的社会历史因素。

其二,正如勒福尔那样,利奥塔很早就意识到托洛茨基主义组织中的内在矛盾性,回到学院,他致力于把梅洛-庞蒂的思想扩展到政治哲学的领域,对托洛茨基主义的失望连带对马克思主义也一同失去了信心,正是托洛茨基主义中表现出来的极权主义因素,使勒福尔转向极权主义的理论研究。他的政治哲学离不开梅洛-庞蒂的知觉现象学基础,它的理论核心是我们的身体与世界之间的交互关系,因此利奥塔也认为,"政治上的勒福尔主义"与"哲学上的梅洛-庞蒂主义"①有着某种共通之处。

其三,正如苏伊里那样,他自始至终没有离开马克思主义、列宁和卢森堡的理论框架,也不遗余力地投身于当代资本主义危机和第三世界革命现状的历史研究中,强调从资本主义经济危机中寻找革命的辩证逻辑和客观基础,正如利奥塔指出的,任何一种理论本身都必须面对历史运动中不断遭遇的危机和反动,社会主义阵营和第三世界革命失败的经验反映了沉醉于过去的马克思主义话语并不能有效地回应资本主义统治的最新内容。

马克·波斯特(Mark Poster)对"社会主义或野蛮"组织所做的评价是:"'社会主义或野蛮'是第一个有效批判斯大林并得出导向一种存在主义马克思主义的理论结论的法国组织。"②在批判斯大林方面,波斯特

---

① Jean-François Lyotard, *Lectures d'enfance*, Paris, Galilée, 1991, p. 93.

② Mark Poster, *Existential Marxism in Postwar France*, Princeton, Princeton University Press, 1975, p. 204.

的评价是公允的，我们可以从 20 世纪 60 年代的理论运动中看到该组织的后续影响。而对于存在主义，它与其说是"社会主义或野蛮"组织的一个结论，不如说是它的一个理论前提，他们不少人都直接或间接地通过存在主义走向官僚资本主义的批判之路，但经过五六十年代的一连串历史事件之后，他们不仅对存在主义，甚至对马克思主义都产生了根本上的怀疑。

对阿尔及利亚战争的写作构成了利奥塔的马克思主义运用的最初尝试。就当时的利奥塔的角度而言，苏伊里的马克思主义基本上构成了利奥塔的现实批判和写作的理论前提，但却是一个让他不太满意的前提。一方面，苏伊里所坚持的传统马克思主义理论框架对于分析阿尔及利亚战争中的经济状况、法国国内外各种流行的意识形态和无产阶级状况尤为重要，正是通过苏伊里，马克思成为利奥塔的一种普遍性语言，这不再是利奥塔《现象学》一书中的那种纸上谈兵的语言，而是深入社会历史裂隙中的具体的现实话语。另一方面，当利奥塔面对卡斯托里亚迪斯对马克思主义的质疑，需要对马克思主义的合法性做判断时，他意识到苏伊里的局限所在，也就是说，人们无法用马克思主义的术语对马克思主义本身提出质疑。这就是利奥塔与苏伊里之间的原初"分歧"（différend）所在，也是利奥塔后来走向对"分歧"的精神分析学、社会学、哲学等理论探讨，走向后现代思想的最初动因，利奥塔开始从更多的领域和学科中去获取他的批判武器。这些我们后面还会深入讨论。利奥塔认为，苏伊里的马克思主义道路注定是被孤立的，因为它与其他话语类型之间存在着不可通约的分歧，这种分歧不能在马克思主义的内部消解，它必须在当代资本主义社会的话语多样性中解决，通过马克思的"实践"概念背后的那种批判的行动去解决。

利奥塔在回忆这段马克思主义思想经历时认为，"社会主义或野蛮"组织的分歧对于理解当下的情形有着重要意义，该分歧不仅是私人或思想的问题，更关键的是到底用哪一种马克思主义来理解和改变第二次世界大战之后世界历史发展的新方向。"社会主义或野蛮"组织对此问题进行了讨论，该讨论与这些内容相关：现代资本主义中的阶级斗争，利润率的下降，帝国主义和第三世界，无产阶级和官僚体制等。关键是以什么方式来表达这些内容，利奥塔写道："所谓马克思主义这一表达方式作为内容之一，如何能够让它自身参与其中并为它自己进行辩论？这是一个逻辑问题。在其对象不能进入辩论之中的确定范围内，分歧不仅仅是简单的不一致，除非我们修改讨论规则。当我们中的一个进行争论或怀疑马克思主义表达当代世界变化的有效性时，从那一刻起，我们的分歧便无法挽回。我们不再用同一种语言来解释自身或表达我们的不同意见。"①对于他们而言，传统的马克思主义曾经是一种普遍性的语言，但在利奥塔看来，这种语言包含了抽象普遍性的裂隙和矛盾，以及具体普遍性的悖论和无限运动，它正面临着危险，日益被视为一种习惯用语，或者日益被当作一种黑格尔式的同一性逻辑来运用，利奥塔认为"社会主义或野蛮"组织的分道扬镳实际上反映了一种深刻的分歧，而澄清这种实践中的分歧成为法国现实中极为严峻的理论任务。

尽管利奥塔提出了"从马克思和弗洛伊德开始的漂流"的口号，以及在《力比多经济学》中用弗洛伊德主义的语言对马克思的政治经济学进行

---

① Jean-François Lyotard, *Pérégrinations*, Paris, Galilée, 1990, p. 98.

批评和反讽，而且在《后现代状况》中提出传统的马克思主义是一种值得怀疑的元叙事并试图与之告别，但是，利奥塔依然把马克思主义所揭示出来的东西看作是最为根本的政治性分歧。利奥塔以马克思在《资本论》中的公式为例，在资本家的语言中，钱—物—钱是他们的基本公式，而在工人的语言中，物—钱—物才是他们的公式。两种语言看上去没有太大的区别，而实际上存在着根本的差异，这使得在工人指称工资时，资本家完全不能辨识到工人对物质生活的需要，而只能从自身的情境出发去考虑利润率的问题。这种分歧是不对称的、不平衡的和不可通约的，它也不可能通过所谓中立的、共同的语言去解决，除非工人借用主流的话语，也就是背叛自己，否则他的语言将难以让人理解。在《分歧》一书中，利奥塔从哲学史的角度详细地对"分歧"在语言实践中的表现进行了阐释，总结出一套关于措辞和话语的"分歧哲学"，尝试从宏大叙事走向微观叙事，走向细微的、异质性的话语实践的深处，毋宁说，这才是利奥塔面对资本主义现代化社会的知识状况所做的真正有价值的哲学解释。

利奥塔写道："资本自认为是普遍性语言，而正因为如此，它揭示了不可译的方言的多样性。在这些不可译的方言和价值法则之间，分歧不能在反思或道德中得到解决，它必须由'实践'来解决，由马克思所说的批判的实践来解决，由反对法官一方的不确定的斗争来解决。"①利奥塔的这种后现代的语言实践哲学，抓住了现代化过程中语言活动的分化和碎片化的特征，肯定了过去被宏大叙事所压制的异质性和多元性，揭

---

① Jean-François Lyotard, *Pérégrinations*, Paris, Galilée, 1990, p. 116.

示了资本主义对语言活动的渗透作用，这种解释在法国第二次世界大战后这种特定的社会状况之下，确实有一定的解释力和影响力。但同时我们也应该注意到，由于利奥塔拒斥传统现代性理论的总体性框架，他把马克思的实践概念仅仅理解为语言的实践活动，这种活动脱离了社会经济系统的那些更为广泛的方面后，也就难以对社会结构、实践及话语的形成和相互作用做出有效的解释，也无法对所谓现代与后现代之间的"断裂"做出历史的连续性的分析。更可怕的后果是，后现代主义对差异的过分颂扬，对语言游戏和艺术作品的强烈欲求符合资本主义不断增殖的需要，这给重新理解马克思主义的社会批判理论带来了许多障碍。显然后现代思想对资本主义意识形态的批判不能取代对资本主义现实的批判，后现代主义也应当从知识分子在西方技术—资本主义社会中被分离化和边缘化的状况去理解，而不应该随意扩散到任意的历史环境和问题之外。利奥塔所揭示的这种总体性与异质性之间的张力，有利于我们触发新的思考和实践，掌握宏观理论与微观理论之间的度，把社会发展的总体性问题沉淀到具体问题的分析和诊断之中。

第五章

20 世纪 60 年代的文化现代性批判

在法国,"知识分子"一词不仅意味着一种积极介入政治的责任,还意味着在当代地缘政治条件下,它扮演着资本主义与第三世界斗争的解释者角色,这一角色在 20 世纪 60 年代的知识分子运动中尤为突出。在被卷入激进的学生运动之前,利奥塔已经对资本主义现代化导致的工业和文化异化状况做出了解释,尤其是对高等教育中文科改革的弊端提出了批判性的见解。他在南泰尔大学执教过程中参与和见证了"五月风暴",虽然他依然延续着官僚资本主义批判的道路,但在具体的文化现象的解释上,弗洛伊德和尼采的影响开始逐渐显现出来,马克思主义不再是他理论中的单一旋律,批判理论开始转向一种多声部的、抽象化的心理学哲学的阐释。

一、20 世纪 60 年代法国知识分子的状况

余英时在《士与中国文化》一书中指出，"知识分子"一词在西方具有特殊的含义，并不是泛指一切有"知识"的人或脑力劳动者，"根据西方学术界的一般理解，所谓'知识分子'，除了献身于专业工作以外，同时还必须深切地关怀着国家、社会以至世界上一切有关公共利害之事，而且这种关怀又必须是超越于个人（包括个人所属的小团体）的私利之上的"①，或者更简略地说，这是"社会的良心"。用康德的话说，这是"在一切事情上都有公开运用自己理性的自由"②，可以看出，从思想史上来讲，近代"知识分子"的内涵在很大程度上来源于 18 世纪的启蒙运动，并且是启蒙运动中最为关键的一个环节。一个人如果只是在其岗位或职务上运用自己的理性，虽然对社会无害，但也无益于启蒙运动的发展。因此，所谓知识分子必须要在公共领域勇于表达自己的见解，敢于充当世界与知识之间的中介，它在西方基督教传统中的诞生毫无疑问也带有某种"教士"的意味。

德雷福斯事件使"知识分子"（intellectuel）一词在法国有了更明确的含义。事件的起因是 1894 年一位名叫阿尔弗雷德·德雷福斯的法籍犹太军官被当作德国间谍而蒙冤入狱。此时法国正因为"巴拿马丑闻"而弥漫着反犹主义的气氛，在没有确凿证据的情况下，法国军事法庭认定德雷福斯的笔迹与泄密文件的笔迹一致，判德雷福斯无期徒刑。当知情者皮卡尔上校通过有效证据指认真正的罪犯时，他却以泄露机密罪被逮捕，这一连串的

---

① 余英时：《士与中国文化》，引言 2 页，上海，上海人民出版社，2003。
② ［德］康德：《历史理性批判文集》，何兆武译，24 页，北京，商务印书馆，1996。

无理判决引起人们的愤怒。当时在法国文坛声望颇高的艾米尔·左拉，在了解了德雷福斯的冤情和案件的确实证据后，在《震旦报》上发表了一封致共和国总统的公开信，名为"我控诉"(J'accuse! ……)，信中强调"真理在前进，任何力量都无法阻挡"[①]，他表达了有关人等蓄意制造冤案并阻碍德雷福斯案件重审的不良用心，敦促总统重审冤案，主持公道。这一举动引起了公众的强烈反响，使德雷福斯事件演变成全国性的政治事件，知识分子最初被用来形容因为这件事而汇集起来的人。同时，反对德雷福斯案件重审的作家巴雷斯，也在《震旦报》上发表文章，名为《知识分子的抗议》，公开嘲笑这群所谓"知识分子"不自量力。"知识分子"在巴雷斯带有贬义的使用下，反而激起了为德雷福斯伸张正义的人们的团结，他们坦然而且自豪地以知识分子自居。左拉所代表的德雷福斯派与巴雷什所代表的反德雷福斯派之争，反映了当时知识界中的世界主义与法兰西民族主义之间的激烈交锋。

1905 年出生的萨特和雷蒙·阿隆可以说是知识分子之争中最具有代表性的一对。萨特和阿隆曾经是多年的预备班同学和好友，法国著名知识分子历史研究者西里奈利是这么形容他们那一代的："他们同 20 世纪一起诞生，却异常幸运地逃脱了第一次世界大战的劫难……20 世纪 30 年代，战争的威胁与日俱增，接着，法国经历了第二次世界大战和德军的占领的考验，这一切都构成了知识分子们所要面临的第一群暗礁……就这样，在某种程度上，那一代知识分子的内部发生了一次大换

① 《一八七一——九一八年的法国》，楼均信等选译，65 页，北京，商务印书馆，1989。

班，一群 40 多岁的人在法国解放后接替了他们的前人，迅速站到了前台，萨特也很快成为这群人的象征。但是，历史这时很快又开始了它的进程，先是东西方关系破裂，接着是殖民地的独立战争，这些事件在知识分子中间划定了一条新的分界线。萨特和阿隆的友谊，就是破裂在这第二群暗礁上的。不仅如此，两人后来分别成了相互对立的知识分子阵营的领袖。"①这里以萨特和阿隆为案例和参照，可以折射出法国知识界从 1945 年到 20 世纪 60 年代的这段思想和现实情境。

如果说德雷福斯事件促使知识分子以越来越多的数量和越来越大的规模参与政治的话，那么，法国的解放则标志着知识分子开始明确地、积极地介入政治，甚至可以说，政治介入被看作是一种责任和义务。与此同时，虽然左派知识分子以各种形式出现，但在法国解放后的很长一段时间里，左派思想都占据统治地位，右派不仅在政治上失去威信，在思想上也蒙上了一片阴影，在更宽泛的意义上，其经济自由主义和政治自由主义也受到了质疑。在微观意义上，《现代》杂志的流行把萨特推上了风口浪尖，当时法国知识界还处于"出版社的年代"，萨特在出版界的声名鹊起使他逐渐成为第二次世界大战后左派知识分子的代表人物，成为新时代的"左拉"。另外，阿隆通过对法西斯主义和苏联社会主义的思考，开始转向对"专制"这一主题的研究，他在思想上开始滑向一种自由主义，强调人性价值的意义，也就是在思想上积极反映个人权利、爱国主义和对自由的要求。此时，思想上的不一致并没有使两位朋友之间的

---

① ［法］让-弗朗索瓦·西里奈利：《20 世纪的两位知识分子：萨特与阿隆》，陈伟译，4—5 页，南京，江苏人民出版社，2001。

关系马上破裂。

1947 年"冷战"的开始加速了法国知识界的明确分化，1949 年大西洋同盟的诞生反映和加剧了东西方关系的恶化。萨特和阿隆对待敌对阵营的态度开始走向白热化。阿隆早在"冷战"之前就开始反对苏联，1946年就离开了《现代杂志》并在次年加入戴高乐所在的法兰西人民联盟（Rassemblement du peuple français），而萨特早在成为共产党的"同路人"之前就开始反对戴高乐主义了。西里奈利是这样形容萨特和阿隆之间的分裂的："雷蒙·阿隆通过在两次大战之间的思考，得出了这样的结论——有些时期，意识形态特别是法西斯主义和共产主义，是通过国家体现出来的。在这个冷战逐渐形成的时代，这一过程可能是相同的。正如他在 1951 年写的那样，'对意识形态的选择，同时也是对势力范围或统治权的选择'。于是，无论在 1939 年之前还是在 1945 年之后，知识分子对历史的思索，是通过他们同时肩负起意识形态和地缘政治的责任来实现的。所有这些因素加在一起，使 50 年代的雷蒙·阿隆和让-保尔·萨特不再在同一个世界里活动。"① 由于阿隆越来越明确自己的立场，他逐渐成为共产党和亲共知识分子攻击的主要靶子，这使他长时间内处于相对孤立的地位，阿隆也在论争中形成了他的《知识分子的鸦片》一书。

1956 年对法国知识界来讲是关键性的一年。《世界报》刊登了赫鲁晓夫在第二十次苏联共产党全国代表大会上的报告。对于阿隆而言，这

---

① ［法］让-弗朗索瓦·西里奈利：《20 世纪的两位知识分子：萨特与阿隆》，陈伟译，289 页，南京，江苏人民出版社，2001。

似乎印证了他在《知识分子的鸦片》中的某种言论，左派的乐观主义所设想的法国五月风暴与俄国十月革命之间的连续性被终结了。萨特则是在几个月后承认报告的发表是一个"极大的错误"，在 11 月匈牙利事件发生之后，他马上谴责了"用大炮和坦克镇压匈牙利人民的反抗及其独立愿望"。可以看出，意识形态的旋律已经发生了变化，加上阿尔及利亚战争的论争，无产阶级与资产阶级这对矛盾逐渐被"第三世界"和"帝国主义"的对立所取代，"通过非殖民化的斗争，民族解放斗争的主题在更广泛的程度上取代了以工业国家的无产阶级为基础的革命希望"①，因此，越南战争很快成为知识分子政治介入的焦点。

这些都是 1968 年风暴来临之前不可忽略的现实背景。法国地缘政治的特殊性，以及法兰西知识分子的历史及其独特性，注定了他们要在世界范围内扮演"世界知识分子"的角色，要承受世界范围内的历史风暴，尤其是"冷战"和殖民地解放运动这两阵狂风。尽管 20 世纪 50 年代中期，阿尔及利亚战争占据了争论的中心位置，但关于专制现象的讨论已经由阿隆和"社会主义或野蛮"组织等人提出。随着左派知识分子的信心自 1956 年开始发生动摇，他们急切地把革命的希望转向第三世界。

二、1968 年之前的文化现代性批判

自第五共和国建立以来的戴高乐的 10 年统治，是引起五月风暴的

---

① ［法］让-弗朗索瓦·西里奈利：《20 世纪的两位知识分子：萨特与阿隆》，陈伟译，333 页，南京，江苏人民出版社，2001。

主要原因之一。法国中央集权的、等级森严的政治官僚制度的高压程度，超过了包括美、英、德在内的许多国家，这种高压也体现在巴黎与各省之间的关系上。不仅在政治领域，而且在大学、工商业、行会中也存在着这种官僚作风，这种统治方式并非从戴高乐开始的，而是从拿破仑时代以来自上而下都如此，这是法国社会体制长期积累下来的矛盾。更重要的改变是，十几年来西方现代化进程使法国被迫加入国际竞争的行列，这也从根本上改变了人们的生活方式，现代产业工人必须忍受流水线的作业方式和严明的生产纪律，本土有特色的工匠生产方式难以幸存。法国工业中劳资关系的改善，也落后于其他发达国家，工人们难以通过工会直接参与到决策之中。矛盾的激发是针对法国自身体制的，从更广泛的意义上来讲，这是西方先进国家现代化过程中不可避免的代价和结果。

事件的导火索是 1968 年 3 月 18 日凌晨，一队隶属于极端派组织的左派学生为了反对越南战争，向美国在巴黎的产业投掷炸弹，随后他们遭到了警方的逮捕。3 月 22 日晚，位于南泰尔的巴黎第十大学学生组织抗议并占据了校内的钟塔大楼，这一事件以"三二二运动"闻名于世，由此，一个微小的革命先锋队引爆了一场大规模自发性的学生抗议运动。

位于郊区的南泰尔分校为何成为风暴的中心？这在很大程度上是由法国教育体制的弊病造成的，法国大学有着过于宽松的招生政策：只要通过中学毕业会考就能进入大学。随着第二次世界大战后人口增长，大学生数目急速膨胀，1945 年大学生人数有 12 万，1960 年已达到 21 万，1964 年增至 41.3 万，这对大学本身造成了极大的压力。有三分之一到一半的学生读不到毕业，大学教育质量极为低下，这对教育资源（教师、校舍等）造成了很大的浪费。特别对于巴黎大学而言，它原本是享受着拉丁区优秀人文环境的优秀学子的圣地，现在却成为需要收容大量学生的教育工厂，大学管理紊乱，教学空间紧缩，师生关系趋于紧张。直到20世纪60年代，政府才下令增聘教师和建立分校，第十大学就是其中之一，它的环境与拉丁区的本校形成了鲜明的对比：巴黎第十大学被设立在偏远的南泰尔地区，该校区有只讲究实用而毫无美感的建设，15000多人分享着有限的公用设施和男女隔离的宿舍，旁边是来自西班牙和阿尔及利亚的外来底层劳动者。而巴黎第十大学的学生却大部分来自中等乃至富裕的资产阶级家庭，简陋的分校环境难以满足他们资产阶级日常生活的要求。可以说，臃肿而功利的大学教育制度、大学环境的落后造就了南泰尔分校学生桀骜不驯的和过激的反抗精神。

利奥塔从1966年到1971年就是在巴黎第十大学的哲学系任教。早在1964年他就已经开始批判大学教育，特别是文科教育中的弊端。"死掉的文科"（Lettre Morte）是他为巴黎大学学生报所写的一篇文章，他认为，虽然官方为了缩小学生和教师之间的比率，提供更多的教室资源和经济援助，但却在根本上忽略了文化意义之所在。文化（culture）在法语中本身就具有耕作、知识和教养之义。在利奥塔那里，文化还有另一重含义。"文化是倾听力争被说出来的东西，文化是给那些没有发言权但在寻求它的人以发言权"①，改善教育环境固然重要，但它并非当下教

---

① 《后现代性与公正游戏——利奥塔访谈、书信录》，谈瀛洲译，103页，上海，上海人民出版社，1997。

育问题的关键所在，即使在战争时期，学生在拥挤不堪、穷困潦倒的环境下依然坚持阅读和写作，努力表达出自己对生命和对世界的强烈欲望，这种教育依然具有特殊的意义，利奥塔在这里暗指自己在文科预备班的学习经历。利奥塔不是把文化理解为教师单方面施教的过程，而是从历史和民族的角度，把文化看作是个体对身处的根本处境的特殊表达方式，它不仅可以通过话语的方式表达出来，也可以通过艺术和建筑等方式表达出来，一个民族的文化不是归属于以制度和契约为基础的意义系统，而是需要倾听日常生活的各个方面，如生老病死、爱情、工作等，并且在给予理解的基础上做出回应。

在利奥塔那里，文化是被作为民族与世界之间的所有关系、知性及其活动之中的存在来看待的，而在当下的处境中，生活与知性是相分离的。一方面，在资本主义条件下，所有活动都根据已知机械的模式组织起来，利奥塔称之为一种"机械论的经济学"或"技术学"，它把自身寻求最佳利益的标准强加到包括文化在内的所有活动之上。对于当下对教育影响深远的人口激增的问题而言，资本主义经济社会需要使传统社会成为机械化生产的技术社会，"生殖现在成了分娩的技术，其目的是以尽可能少的花费，随意地生育在所有可取的方面都有希望成功的孩子"[①]，相似地，爱情、体育、娱乐、休息、饮食和居住方面都经历了机械化和技术化的过程。在这种情况下，作为民族独特的存在方式的文化，被这种技术社会的同一性毁灭了，个性服从于管理机械活动的机构及它们所

---

① 《后现代性与公正游戏——利奥塔访谈、书信录》，谈瀛洲译，105 页，上海，上海人民出版社，1997。

组成的等级系统。同时，利奥塔感觉到"文化已不再是对日常生活中的根本处境的呼唤和对之做出反应的实践"①，原因在于日常生活逐渐被机械所控制，文化已经移植到生活的中心之外，如同南泰尔分校被移除出巴黎的中心一样。知识分子的头脑脱离于生活，更不用说反映生活了。即使知识分子献身于知性，但他们无法再为生活作证，因而也无法完成他们的使命，当日常生活失去其意义时，知识分子就试图在虚无中寻找意义，萨特的存在主义就是他们的重要依托之一。

　　利奥塔认为，教授们在大学中努力传授的文化，是由两方面组成的，也就是人文科学和人类科学或者说人类学。人文科学是在基督教衰落的文艺复兴时期形成的一种模式，它的目标是形成一种对话的理性，建立以哲人为代表的和谐的知性世界，但这种模式越来越成为当代文科权威的统治模式，利奥塔认为，"正是在这种智慧的名义之下，真理上的折中主义和观点上的多元主义被认为是基本的价值观，是同一种智慧赋予教授权威的传统关系以权威，在这种关系里面，知识从权威的座位上被传授，这种知识经过训练而获得，和它的所有者升到那个位置的步骤相符合"②。学生要想获得这种知识，不是通过从生活中思考文化的真正问题，而是要学会忽视生活，他们的知性活动必须以知识的秩序为前提。随着这种传统人文科学教育的失落，近代法国兴起了另一种学科——人类科学，它以经济学、社会学和心理学等专业形式开始培养学生的现实主义兴趣。因此，各种未经批判的新鲜词汇开始涌入大学的大

---

　　①　《后现代性与公正游戏——利奥塔访谈、书信录》，谈瀛洲译，106页，上海，上海人民出版社，1997。

　　②　同上书，108页。

门，诸如工业劳动、社会分析、心理疗法、电影研究等，但人类科学在破坏人文科学的系统性的同时，由于缺乏对自身系统的阐述，造成了很多问题的含混不清，这种新的文化实际上并没有比传统人文学科表达出更多的新的关于现实生活的东西，这在很多层面上成为一种技术话语的标准，反而在某种程度上加强了社会结构的权力。泰勒制和福特制等人类科学的研究成果被作为一种策略再次施加在工人身上，其原因在于资本主义的支配原则要求成本和利润之间的平衡，这就导致原本为生活服务的文化成为支配我们的"非文化"。

南泰尔学生运动正是大学文科教育改革失败的结果。法国决心成为工业强国，就需要科学家，高等教育改革者为此增加理科生的数目，中等教育强迫高中生尽早选择方向，一些不适应理科学习的学生被分流出去，一部分人接受短期教育培训，另一部分优秀文科生要想在学校注册，只有进文学院。"注重培养理科尖子（加上早期选择方向）使文学院很快走下坡路；由于大量学生来自迅速发展与变化的中等教育，而又未经真正的文科学习，文学院对培养他们束手无策。"①教育改革政策上的偏颇，导致大量水平较差的学生进入了文学院，而且他们的职业前途又相当狭窄，这使得他们的思想更为激进。文科生非自发性的增长，其就业前景的黯淡，师生比例和教育经费的失衡，使文学院成为高等教育改革的一条"死胡同"。

利奥塔努力思考的是，在近代技术世界的统治中，在工业文明的花

---

① 瞿葆奎主编，张人杰选编：《法国教育改革》，196—197 页，北京，人民教育出版社，1994。

里胡哨的虚无中，存在的意义是什么。这一问题已经无法通过大学文科的话语来回答，因为这种话语要么成为这种统治结构本身，要么为新的统治结构的合法性而辩护。但是被压抑的欲望无处不在，它会以工人、学生、士兵的抵抗而存在，它还有待于构成一种普遍性的颠覆力量，这种欲望对于文化而言才是唯一现实的存在，它的意义被日常生活的同一性所流放了，南泰尔大学是这种流放的产物，利奥塔认为，必须寻找这种被流放的、沉默的欲望，它们是对技术世界的统治策略的真实见证。

三、利奥塔论南泰尔学生运动

在南泰尔学生运动发生不久后，利奥塔对这场斗争做出了一些总结，为延续这场革命的影响写了《一份宪章的序言》（*Préambule à une charte*）一文。他认为，这场斗争的起点，"是对富歇改革方案（Fouchet reform，1967年11月）的拒绝和对教员发表政治言论的权利的实际认可（自1968年3月22日以后）"①。教育部部长富歇曾对高等教育中的理科和文科进行了改革，可以说，这在很大程度上导致了上述文学院中矛盾的集中，另外他所创办的短期技术学院（IUT），实际上是为了培养更多熟练的技术员。利奥塔认为，这种高等教育葬送了大学作为知识发展和传播机构的职能。在资本主义不断整合各种社会功能的条件下，学院

---

① 《后现代性与公正游戏——利奥塔访谈、书信录》，谈瀛洲译，96页，上海，上海人民出版社，1997。

"不能够在自身内部维持一个自由知识和表达的区域"①，相反，保守化和技术化的学院为资本主义的整合提供了两种手段：其一是"平息"（désamorçage），它维护过去的、已确立地位的知识并加以崇拜，它培养了专注于"死的思想"的"学究"；其二是"补救"（récupération），它训练了劳动力和提高了产出，成为提高资本主义运作效率的"专家"。如何维护大学作为知识分子批判现实和表达思想的地位，是利奥塔此时思考的主要问题。

1968 年对于资本主义而言无疑是一个危机，而对于专制制度批判而言，却是一个新的历史时期的开始。利奥塔期望，由此展开的批判斗争，不仅限于教育和政治制度，还要深入社会的等级系统；不仅限于资本主义私有制，还要深入被其整合的生活组织方式。革命的欲望反映了现代法国社会面临的政治和经济方面的剥削和异化过程，运动的自发性和大规模性反映了异化的深度和广度。在文化层面，"在大学里，这种批判针对知识关于生活的外在性、它与权力的共谋，还有等级制度的顽固性。在社会上，这种批判攻击了一个社会阶层对知识的垄断，攻击给其他阶层散发的知识的商业化"②。利奥塔这种文化批判针对的是当下法国社会中文化与生活经验的分离、文化批判本身与社会经济剥削同政治批判的分离，提出巩固工人与学生之间的联盟，并把这一计划看作是对现代社会矛盾的最有效、最激进的回应。

利奥塔继续展开他对文化异化现象的批判，我们可以从他这一段话

---

① 《后现代性与公正游戏——利奥塔访谈、书信录》，谈瀛洲译，99—100 页，上海，上海人民出版社，1997。

② 同上书，97 页。

中看出他的批判理论的细微变化："压抑滑入了文化的内容和形式，统治阶级不仅通过大学文化，也通过电视、报纸、社交俱乐部、包价旅游、电影、杂志来传播这种文化"，利奥塔认为，在现代社会的文化关系中，"似乎运作着一种压抑系统，它比阶级社会的压抑系统更古老，并助长阶级社会的压抑系统。欲望及压抑、恐惧及寻求安全的反应的戏剧性，形成了统治阶级为了维持其主宰地位越来越公开在其中工作的沉默领域，我们的批判如果要拥有真实性就必须达到这一层面。真理是能起转变作用的东西；只有它才是革命性的；只有它才没有妥协。我们必须试图成为异化的伤口中的盐"①。

其一，这种观点毫无疑问来自弗洛伊德对社会文化的分析。弗洛伊德后期将他关于精神分析的结论运用到人类与文明的关系分析之中，来说明现代为何能继续具备原始的本能欲望，并且与文明的需要之间形成对立，他在《文明及其不满》中写道："毫无疑问，人将永远站在集体意志的对立面，维护个体自由的要求。人类斗争的大部分内容都围绕着一个中心任务，即在个体的要求和群体的文化要求之间寻找一个权宜之计。"②利奥塔曾经在20世纪60年代听过拉康的研讨班，对于意识无法认识欲望的对象、欲望的实现伴随着"痛苦、焦虑、抵抗和否认"情绪等观点留下了深刻的印象。③拉康对无意识的语言结构的分析，使弗洛伊

---

① 《后现代性与公正游戏——利奥塔访谈、书信录》，101页，谈瀛洲译，上海，上海人民出版社，1997。

② ［奥］弗洛伊德：《一种幻想的未来　文明及其不满》，严志军等译，85页，石家庄，河北教育出版社，2003。

③ Jean-François Lyotard，*Pérégrinations*，Paris，Galilée，1990，p. 29.

德的理论不再局限于生物学和医学层面，而是带着一种政治的微观触感渗透到社会文化及其结构之中，这有利于利奥塔等人对知识、文化和权威的社会结构展开进一步的分析。

其二，尼采主义的影响在 20 世纪 60 年代初的法国开始逐渐表现出来。1961 年，海德格尔的《尼采》两卷本出版，同年，福柯完成了他的《疯癫与文明：古典时代的疯狂史》（*Folie et Déraison：Histoire de la folie à l'âge classique*），紧接着德勒兹在 1962 年出版了《尼采与哲学》（*Nietzsche et la philosophie*）。福柯在第一版序言中表示，他的研究属于"在尼采式的伟大追求照耀下的、漫长的探索中的最初的、也是最简单的一步，这一探索需要把历史的辩证法与悲剧的稳定结构对立开来"①，古典时代的疯狂史可以看作是尼采的批判方法的代表性运用之一。相似地，利奥塔表示，现代社会表现出来的欲望和压抑有某种被统治阶级控制的"戏剧性"，而且，统治阶级为了维护其统治地位，越来越公开地在人们无法自我辩护的沉默领域操纵着这一悲剧，利奥塔试图把人们沉默的声音，与稳定的社会压抑系统区分开来，用福柯的话来说，这是一种"沉默的考古"，它需要对被遗忘的历史现象做本质的描述，它是对阶级之间的话语方式的差异分析，正如疯狂在 18 世纪被建构为心智疾病一样，被统治阶级的话语总是缺乏固定的语法结构，他们结结巴巴的字词、喃喃自语和沉默，都深陷于遗忘之中。因此，利奥塔认为，知识的划分（如大学中院系和专业的划分）也是要不断接受批判的，在现

---

① Michel Foucault, *Dits et écrits I*. 1954—1975，Paris，Gallimard，1994，p. 190.

代社会中，"知识在不断地与权力妥协"①，知识通过权力才能发挥它的效用，利奥塔这里的观点与福柯后来的权力批判有很大关联。

与此同时，德勒兹更加侧重于对尼采哲学本身的阐释，特别是他对尼采"真理"概念的解释对于此时利奥塔的文化现代性的批判而言颇有启发。传统哲学往往把真理看作是一种免受质疑的价值，一种统治性的理性形式，尼采则追问真理这一概念背后到底预设什么权力。正是这一追问使批判的真实性达到了新的层面，因为它要寻找的不是事物的表象，而是对事物起支配作用的力，它既是一种符号也是一种征候，它在现存的力中不断地寻找它的意义。真理与现象的关系取代了传统形而上学中的表象与本质的二元对立。这种观念赋予了20世纪60年代的法国哲学以一种批判性的色彩，德勒兹认为："寻求真理的人总想贬低这种假象的权威：他令生命变为错误，令世界变为'表象'。这样，他使知识与生命对峙，使世界与另一个世界，与超越的世界，以及与真实的世界对峙。真实的世界与把这个世界视为表象的意志是不可分割的。"②由于尼采把世界视为表象，利奥塔才会把"真理"看作是革命性的、永不妥协的东西，把世界看作是一个被大众文化所统治的社会，努力探讨经济异化和政治异化所造成的"创伤"。利奥塔后来与德勒兹成为同事，并且在理论上有着明显的共通性，这些都与尼采哲学的影响有着密切的关系。

其三，法国马克思主义主旋律的变化从20世纪50年代的中期已经

---

① 《后现代性与公正游戏——利奥塔访谈、书信录》，谈瀛洲译，101页，上海，上海人民出版社，1997。

② ［法］吉尔·德勒兹：《尼采与哲学》，140页，周颖等译，北京，社会科学文献出版社，2001。

开始，通过阿尔及利亚和越南等非殖民化战争的斗争，传统马克思主义的以无产阶级为基础的斗争主题逐渐被民族解放斗争的主题所取代，学者的理论焦点从工业国家逐渐转移到"忧郁的热带"，结构主义日益壮大，存在主义开始遭到质疑。福柯与萨特的争论是新老两代知识分子之间理论分歧的标志之一。福柯认为："我所属的那一代人，其思想境域笼统地被胡塞尔、更确切地被萨特和梅洛-庞蒂所限定。显然，在1950—1955年，出于可能难以分清但截然不同的政治、意识形态和科学的原因，这个境域对我们来说已被动摇了。"①因此，福柯认为，一方面，是时候告别以萨特哲学为代表的法国左派的神话，萨特所主张的积极加入政治活动的方式，并没有严格地把理论与政治区分开来，这导致左派知识分子在面对世界历史变化时产生了意识形态上的混乱；另一方面，结构主义在语言学、宗教学和神话学方面的贡献为重新整理各种意识形态，特别是为重估马克思主义提供了一定的支撑。在这种意义上，与福柯同时代的利奥塔，面对"社会主义或野蛮"组织的流产，也试图在左派神话幻灭的真空中，重新寻找理论与政治的结合之处，其当务之急就是对知识与权力的社会关系做出区分。

在上述思想背景中，利奥塔对南泰尔持续发生的学生运动所做的总结，毋宁说是文化现代性批判的进一步深化。利奥塔认为，"从起源上来看，这种批判并不神秘：原本处于资本的扩大再生产的需要庇护下的活动与制度，现在仅仅是这种再生产的循环中被操纵的某种时刻。这种

情况尤其表现在所谓教育和教学功能中"①。利奥塔在这里依然把文化的现代性批判植根在政治经济学批判之上。法国新的教学改革之所以失败，正是因为这种教育法不仅没有很好地迎合资本主义发展的需要，反而回到了中世纪的禁欲主义和拿破仑时代的等级制。因此，这才必然导致学生心理层面的抵抗与否认，而从根本上说，这还要归因于现代工业生产的机械化和技术化要求。

利奥塔并不鼓吹行动主义或暴力，而是对抵抗本身进行分析。他认为，真正的抵抗不是口头上的或话语上的，而是实践的，因为所有抵抗的话语都能够被资本主义体系所吸收，从而成为谈判桌上的可以让双方达成和解的工具。因此，政治抵抗的第一步就是摆脱资本主义的话语方式去进行实践活动。暴力实际上也是一种话语类型，它使言语发生中断，然而在实际上，暴力更多地成为官僚主义的附属。在这种意义上，南泰尔学生运动构成了一种新的抵抗方式，它并不要求夺取政治权力，而要引进新的话语类型，使大学重新成为知识分子的批判中心，而不是附属于资本化和官僚化的体系，在这种体系中，大学为了培养出一批符合资格的劳动者而失去了它的文化职能，教师的功能仅仅是生产出可供学生消费的文化内容，学生则是按照预定的专业和等级制度去消费文化内容。

利奥塔的判断是："知识的传递同时是对等级制度的确认，它使人们对教学之外的权力的崇拜之心得以永存，也使资本的权力得以永存。"②因此，这种批判的关键不在学生与教师之间，也不在进步主义与

---

①　Jean-François Lyotard, *Dérive à partir de Marx et Freud*, Paris, Union générale d'éditions, 1973, p. 191.

②　Ibid., p. 206.

保守主义之间，而在于对资本主义体系的"此在此刻"（ici et maintenant）的批判实践上，因为资本的逻辑会把新生的话语纳入它的"'政治'的措辞和意识形态"[1]之中，从而把它的剥削和异化关系掩饰起来并确定为真理。正如南泰尔学生运动一样，这种批判的目的不在于夺取权力，而在于解构权力。

在这篇《3月23日》的文章中，利奥塔似乎想为南泰尔的"三二二运动"写出一部特殊的历史。与《生于1925年》一样，"3月23日"并不是编年史意义上的确切时间，毋宁说是思想意义上的一种反思性时间，他依然延续着自"社会主义或野蛮"时期以来的官僚主义批判和文化现代性批判的主题。

首先，"'三二二运动'的确切问题是官僚主义批判，它不仅仅针对与社会相对立的国家机器，也不仅仅针对面对大众的（革命）政党，还不仅仅针对与自由的创造力相背离的生产劳动组织，而主要针对的是异化生活的整体"[2]。实际上，"五月风暴"的很多现象并非前所未有，它在很多方面都是对过去革命的模仿，包括俄国十月革命、同时期的第三世界的革命，当然更多地来自法国大革命和巴黎公社时期的时空记忆，人们重新被"自由"和"人权"唤醒，巴黎的大部分报纸都把"五月风暴"时期的索邦大学称为学生"公社"的总部。利奥塔认为，在官僚资本主义的现实中，垂死的黑格尔哲学正在面临这种新的"卢梭主义"的冲击，然而，

---

[1]　Jean-François Lyotard, *Dérive à partir de Marx et Freud*, Paris, Union générale d'éditions, 1973, p. 207.

[2]　Jean-François Lyotard, *Dérive à partir de Marx et Freud*, Paris, Galilée, 1994, p. 108.

这种新的卢梭主义依然是一种幻想，很容易像黑格尔哲学那样成为意识形态的一部分。此时需要思考的问题是，革命如何寻找消除异化的实践的可能性，而避免成为帮助资本主义的国家机器进行改良的工具。

其次，利奥塔认为，与卢梭主义和黑格尔主义的意识形态相决裂的同时，必须与弗洛伊德的理论结合在一起，把批判与马克思主义理论未能触及无意识领域联系在一起。学生运动展现了一些特殊的新图形（fig-ures）：社会压抑、对社会的否认、无意识的欲望等。学生是这些能量的凝结和"客体"（objets），正如列维-斯特劳斯笔下的"嫉妒的制陶女"一样，社会制度能够通过有效的手段对这些能量进行调节、分配，把能量转化到有限制的特殊领域如语言领域、家庭领域和经济领域等的流通过程中。这是资本主义欲望体系的运行方式。在利奥塔看来，像南泰尔学生运动这种"事件"（événement），可能由两方面的原因造成："交换价值体系，在前资本主义地区进行扩展的过程中，遭遇了与它的运行原则不相容的制度；或者，能量不再让自己在体系的诸客体中受欺骗、受限制和流通。"①可以看出，利奥塔开始越来越多地把弗洛伊德的精神分析运用到社会和文化的分析之中，马克思主义不再是他的批判理论中的唯一旋律。

最后，正如利奥塔开篇引用的尼采的那一段话所说的，"一个历史现象，如果得到纯粹的和完备的认识，并被化解为一种认识现象，则对于认识它的人来说就是死的"。利奥塔寻求的是对历史的不断生产着、

---

① Jean-François Lyotard, *Dérive à partir de Marx et Freud*, Paris, Galilée, 1994, p. 112.

富含着更强烈的力量的解释，而不是停留在纯粹科学的认知之上。在尼采看来，"生活需要历史学服务到什么程度，这个问题是关于一个人、一个民族、一种文化的健康的最高问题和关怀之一"①，他在反思德国的文化教育时认为，国家正在按照柏拉图的理论，借助一些强有力的谎言来建立维护社会秩序的牢不可破的"自然法则"，实际上，这正是资本主义文化的运作方式，资本主义国家用历史学的教育来培养一种适应统治的"第二自然"，这种教育必然是一种异化的教育，新的一代在教育中学会了克制自己和反对自己，脱离了原来的自然的习惯和本性。对于如何治疗这种历史病，尼采区分了两种对症药，即"非历史"与"超历史"："我用'非历史的'这个词来表示能够遗忘并把自己封闭在一个有限的视域里面的艺术和力量；我称之为'超历史的'，乃是把目光从生成移开，转向把永恒和意义相同的品格赋予存在的东西，转向艺术和宗教的强势。"②

利奥塔觉得他在这里所写的只是尼采意义上的一部"非历史"的著作，也就是说，虽然利奥塔与尼采一样给予了青年一代很大的期望，但学生运动的事实表明它并没有实现某种超越历史本身的意义。利奥塔认为，这场运动的主要动力来自多种事件的综合，它的客体主要是受第三世界革命所鼓舞的激进知识分子、处在人口增长和教育改革条件下的大学文科生，以及资本主义现代工业条件下的工人阶级，然而，他们都没有形成与帝国和官僚资本主义相对抗的有效话语。因此，利奥塔这部未

---

① ［德］尼采：《不合时宜的沉思》，李秋零译，149 页，上海，华东师范大学出版社，2007。

② 同上书，235—236 页。

完成的著作只是一部"非历史",因为写作一部历史也就意味着像历史学家那样把知识作为他的内容,包含着明确的目的和原则,这种历史无疑为限制人的能量的机制所服务。南泰尔学生运动这部非常规的"历史"意义在于,在资本主义体系压抑下的沉默的欲望被表达了出来。同时,利奥塔也让读者不要期待任何叙事(récit),因为正是这种叙事构建了资本主义的道德法令和第二自然。利奥塔写道:"必须消灭这种幻想,即普遍历史就是普遍的法庭,它在其中预设和完成了最终的判断:宗教—政治的意识形态,'三二二运动'有力地解构了这种意识形态,我希望还将如此,也就是在整体的分析解释中,这种运动的诸形象不是根据它们在一种目的论中的关联,而是根据它们与体系之间的关系而作为事件的价值。"①利奥塔这里的结论包含了他正在形成的《话语,图形》一书的主要观点,这标志着他试图从马克思主义话语之外寻求对剥削和异化问题的有效解释,其对政治经济学的分析也逐渐让位于对话语和欲望的心理学和哲学的阐释,这是利奥塔在知识分子激进的社会运动影响下开始偏离马克思主义的第一步。

总体而言,利奥塔在萨特、梅洛-庞蒂和列斐伏尔等西方马克思主义先驱的基础上,围绕着法国官僚主义和教育体制等问题提出了他的马克思主义立场和分析,这些矛盾发生的原因不是别的,正是西方资本主义现代化进程所导致的生活方式的异化和改变,这使得文化知识越来越服从于资本主义经济学和技术学的管理,脱离于日常生活的实践而逐渐

---

① Jean-François Lyotard, *Dérive à partir de Marx et Freud*, Paris, Galilée, 1994, p. 115.

与权力关联在一起。但利奥塔得出的解决方案不是去推翻资产阶级经济形式上的统治，而是寄希望于青年人身上的欲望之流，通过心理层面的解放和抵抗，与资本主义的权力机制保持一定的距离，这种精神分析的话语实际上依然与资产阶级的哲学话语保持着暧昧关系，它停留在知识分子的文化批判层面而难以与广泛的人民群众的生产实践活动联系在一起。

第六章　｜　**利奥塔的精神分析法**

　　弗洛伊德主义和马克思主义在 20 世纪 60 年代是法国思想界中的两股潮流，在五月风暴之后开始崛起的新一代思想家们努力从中汲取批判的力量，同时，他们并不囿于传统的理论框架，在新的视野和领域中展开了创造性的解释，利奥塔毫无疑问也是其中具有代表性的一员。利奥塔的精神分析方法来源于拉康，但他又不满足于拉康理论中的能指网络及其对弗洛伊德概念的解释。如何对弗洛伊德主义和马克思主义这两股潮流做出回应，打破资产阶级话语秩序的束缚并做出有力的政治意识形态的批判，这些是利奥塔等人在动荡的现实环境下所要面对的艰辛的理论任务。我们首先追溯利奥塔如何转向精神分析并建立自己独特的批判方法，再回过头来探讨这一转向给利奥塔的马克思主义所带来的影响。

一、拉康的精神分析法的影响

利奥塔对弗洛伊德真正深入的理解来源于拉康，拉康对利奥塔的影响也体现在多个方面。其一，拉康充分认同弗洛伊德学说所带来的意义，尤其是在第二次世界大战后的法国，精神分析迎来了发展的高潮，用拉康的话说："随着第二次世界大战造成的巨大的人类创痛，他的声音的传播重又开始。这创痛是传播的最有力的工具。"①而且，这种意义不仅在个人的心理层面，而且更重要的是在人类社会历史的层面对人类所遭受的迫害做出决定性的解释。拉康认为，这种解释似乎被美国特有的"非历史主义文化"所掩盖了，第二次世界大战后流落到美国的移民们为了在这种社会文化中获得承认，"他们不得不向诱惑让步：放弃原则而将功能建立在差异之上"，而弗洛伊德的学说则为差异的解释打开了空间，拉康提到弗洛伊德在访美之前说的一句话："他们不知道我们给他们带去的是瘟疫。"②拉康的本意在于，他不希望精神分析所特有的欧洲风格由于在世界的普及而被遗忘，并强调在法国精神分析协会的教学中所提出的"回到弗洛伊德"的研究任务。

对于如何克服精神分析发展中的这些非历史主义倾向，拉康认为最为重要的一步在于通过言语（parole）构建起主体自身的历史："在精神分

---

① 《拉康选集》，褚孝泉译，384 页，上海，上海三联书店，2001。

② 同上书，385 页。此外，阿尔都塞通过弗洛伊德的这句话，联想到了马克思对这种意识形态批判的意义："我想到了马克思的那句话，他把《资本论》说成是'抛到资本主义资产阶级头顶上的巨大的投石'。这两个人说这样的话，不仅是因为他们明白斗争意味着什么，而且也明白他们把只有在斗争中，并通过斗争才能存在的科学带到了世上，对手不能容忍这种科学的存在，而这种科学也绝不妥协，坚决斗争。"[法]路易·阿尔都塞：《论马克思与弗洛伊德（1977）》，载《当代国外马克思主义评论》，2010 年第 1 期。

析的回想中涉及的不是现实而是真理，因为实语的作用就是将过去的偶然事件重新组织起来，给予它们以未来的必然性的意义。这些必然性是由点滴的自由所造成，主体靠着这点滴的自由来提出这些必然性。"[1]拉康认为，弗洛伊德方法的意义在于发现了言语在主体时间上的辩证过程，更明确地说，就是"主体是通过对别人的言语来承担起他的历史，这就是新的方法的基本思想。弗洛伊德将这个新方法命名为精神分析法"[2]。在拉康看来，精神分析的方法来源于言语的方法，而现代的精神分析又抛弃了这种方法，抛弃了人这个对象的立场而服从于社会环境、人类关系等的客观化过程，这也使得精神分析学中一些极具有活力的概念黯然失色，如无意识、本能。

正是通过具体的言语，精神分析有助于找到主体现实的领域，有助于把握主体的历史的行动。与此同时，言语意味着它呼唤一个聆听者，即使聆听者表示沉默，这也是一种回应。拉康认为这是精神分析中言语功能的关键点（利奥塔后来在其后现代思想中有具体的发微）。在此意义上，拉康在德国现象学的基础上认为，言语者构成了主体间性，主体在与他人对话的连续性中构成了它的历史，拉康通过这种解释重新找回了无意识概念的意义，因为"无意识就是具体言谈中跨越个人的那个部分"[3]，主体的无意识正是他人的话语，它构成了我们记忆的来源和身体的历史记录，揭示了我们的词汇和意义，反映了我们的性格和生活方式，拉康认为语言学的方法才是回到弗洛伊德学说原初意义的真正现实

---

① 《拉康选集》，褚孝泉译，265—266 页，上海，上海三联书店，2001。
② 同上书，266 页。
③ 同上书，268 页。

的方法。

拉康又举了弗洛伊德的另外一个例子来说明言语中精神分析学的作用："让我们重新看一下弗洛伊德对释梦的工作。我们会重新记得，梦有一个句子的结构，或者用他的话来说，有一个字谜的结构，也就是说有一个书写的结构。"①弗洛伊德在《释梦》中就已经表示，研究梦的工作不能执着于呈现梦的显意，而是要追溯梦的显意与梦的隐意之间的关系，以及追溯后者如何转化为前者的过程，这就需要对隐意进行转译。弗洛伊德认为："显梦好似隐意的另一种表达文本，我们的任务就在于将原本和译本加以比较以求发现其符号和句法规则，只要我们掌握了这些符号和规则，梦的隐意就不难理解了。"②其中，梦的工作包含了两个占支配地位的因素，也就是梦的凝缩（condensation）作用和移置（deplacement）作用，而言语的作用在梦的凝缩作用中表现得最为明显。由于梦并不是对梦念的原封不动的投射，而只是对梦念的一部分残缺不全的复制，因此，梦的内容经过省略而实现一种简缩，从而使显意和隐意联系在一起。譬如，病人做了一个关于金龟子（may beetle）的梦，而在现实中，她出生于五月（May），也是在五月结婚，而她正是对当下的婚姻状况感觉非常不满，金龟子和五月两个词汇的联系促进了梦的形成。也就是说，梦的凝缩作用对词汇的处理与对事物的处理是一致的，它的组合有着与现实相同的结构，甚至，词汇在梦中的联想还会组合成新的词汇。拉康由此想要说明的是，无意识不仅反映了他人的话语，而且包

---

① 《拉康选集》，褚孝泉译，278页，上海，上海三联书店，2001。
② ［奥］弗洛伊德：《释梦》，孙名之译，277页，北京，商务印书馆，2002。

含着与现实相同的语言结构，假如忽略了弗洛伊德这一至关重要的发现，我们就难以理解人与象征体制之间的关系。

正因为拉康的解释，弗洛伊德关于梦的工作、凝缩和移置概念才在利奥塔《话语，图形》一书中占据了重要地位，利奥塔甚至回到弗洛伊德的原初意义上对拉康做出批判。利奥塔后来在回忆拉康的研讨班时讲道："我并不理解很多东西，除了这些论断，即欲望的对象可能不被意识所知，以及'欲望的满足'时刻伴随着痛苦、焦虑、抵抗与否认。"[①]可以说，拉康所突出的欲望概念，为利奥塔指出了一条弗洛伊德主义批判的通道，奠定了利奥塔此后将近十年研究的思想基调。

其二，拉康把精神分析带进了索绪尔等人所开创的现代语言学领域。在索绪尔看来，符号学本来就是普通心理学的一部分，它是一门"研究社会生活中的符号生命的科学"[②]，语言学作为符号学的一部分当然也是与心理学联系在一起的。索绪尔为了确定语言学的真正位置，对言语和语言（langue）做出了区分，两者虽然紧密联系且互为前提，因为言语之所以能够为他人所理解，必须要有语言，而语言要能建立，必须要以人们的言语事实为前提；但是从本质上说，言语是以个人为载体的，是特殊的、暂时的和异质的，我们无法从整体上加以把握；而语言则是同质的，它是一种表达观念符号的系统："语言以许多储存于每个人脑子里的印迹的形式存在于集体中，有点像把同样的词典分发给每个人使用。所以，语言是每个人都具有的东西，同时对

---

① Jean-François Lyotard, *Pérégrinations*, Paris, Galilée, 1990, p. 29.
② ［瑞士］费尔迪南·德·索绪尔：《普通语言学教程》，高名凯译，38 页，北京，商务印书馆，1999。

任何人又都是共同的，而且是在储存人的意志之外的。"①拉康认为，精神分析不可避免地总是要回到言语和语言的二元论证中，通过交谈来了解病人的症状，从而把主体的言语解放出来，引入他的原初语言——欲望的语言——之中，然而，拉康并不打算完全沿着索绪尔的道路继续走下去。

拉康所走的最为重要的一步在于对索绪尔的所指和能指这对概念进行颠倒。索绪尔认为语言符号并非像过去所理解的那样是事物和名称之间的联结，而是由两种心理因素组成："语言符号连接的不是事物和名称，而是概念（concept）和音响形象（image acoustique）。"②后者不是我们通常所理解的物理的声音，而是言语留在我们心理中的印象，它使我们即使不发出声音，也能在心中自言自语或默念一首诗等，而概念相对而言则更为抽象。索绪尔用所指（signifié）来指代上面所说的概念，而用能指（signifiant）来指代音响形象。因为在不同的语言系统中，所指和能指的联系是任意的，譬如，我们可以用不同的声音（father，père）来表示"父亲"这一概念，因此，所指和能指反映了语言中的差别，索绪尔同时认为，不可能有先于语言系统而存在的观念或声音，也就是说，在某种意义上所指和能指只是一种表示差别的消极因素。拉康对索绪尔的颠覆就是在这一观点上。

拉康认为，单单是能指概念就足够保证这一理论整体的连贯性，因为他把能指的网络看作是语言材料的同时结构，认为它是唯一保证了语言材

---

① ［瑞士］费尔迪南•德•索绪尔：《普通语言学教程》，高名凯译，41 页，北京，商务印书馆，1999。

② 同上书，101 页。

料相异性的原则，它规定了语言中从音素一直到短语的原则，而所指的网络是历时性的，它仅仅是对能指的网络做出历史的反应。在拉康看来，尽管索绪尔提出了所指和能指这两个界限分明的领域，打破了古典语言学关于事物与名称相互对应的二元论窠臼，然而，在索绪尔那里，所指和能指依然是一种对应的二元论，它使我们产生一种错觉，即能指必须完成某种所指的功能或必须作为某个意义的名称。因此，拉康试图把能指从这种二元论中解放出来，提出能指在本质上是无指向的、无所指的，能指越是什么都不表示，它的存在就越纯粹，它的地位就越是不可替代。能指不再是一种消极的功能，而是可以用来表达完全不同的事物，这样，主体的思想就不再迷失于语言的迷雾中，而能够通过能指找到真实的主体的历史。

结合拉康关于弗洛伊德学说的理解，由于无意识的语言与现实的语言结构是一致的，因此无意识的语言也遵循能指的规则："无意识是一个能指的连环。这个连环在某个地方（他说是在另一个舞台上）不断重复和持续，为的是在断裂中和在思考中起作用。这些断裂是由实际的话语提供的。而思考是以它成形的。"[1]这样，拉康预设了一个在能指这一语言学意义上的"我"，一个说话的主体，也就是说，能指与主体的关系是由言语构成的。当涉及无意识的主体时，由于无意识是与他人的话语联系在一起的，能指的链条就会发生断裂，因而出现了能指和所指之间的界限。这样，拉康把索绪尔的所指和能指概念改造成了一种关于主体与他人欲望的辩证法，能指是其结构的纽带。

拉康对索绪尔的改造是独创的，又是随心所欲的，这是利奥塔对拉

---

① 《拉康选集》，褚孝泉译，608页，上海，上海三联书店，2001。

康产生不满的一个重要原因。利奥塔认为，拉康沉迷于寻找一个隐匿在能指背后的主体，乃至于否定了能指与所指之间的不可分离性，甚至把能指与所指之间的横线看作是一种压抑或断裂。实际上，索绪尔的意义在于提出能指和所指这一对清晰的基础范畴，而拉康却又把它们拉入意义的混沌之中，并树立了能指的权威地位。这意味着能指概念开始面临着全新的批判，对于这一概念，加塔利说，他与德勒兹两人"既不是唯一也不是最早的反对者。看一看福柯的著作或是利奥塔尔的近作吧"①。德勒兹和加塔利在《反俄狄浦斯》中明确地写道："利奥塔最近极为重要的那本著作(指《话语，图形》)，是对能指的第一次全面的批判。"②利奥塔的方法依然是重新回到弗洛伊德的方法，提出梦的工作并非能指，而在本质上是一种图形性，他借助先锋艺术的例子说明梦的工作并不依赖于能指或语言学规则，而是相反，能指依赖于图形的效果。这一观点颠覆了拉康的能指系统，也得到了同时代思想家的认同，《反俄狄浦斯》里写到，利奥塔命名为欲望的那种东西，把我们引入了精神分裂症研究的大门。对拉康的能指概念的批判，是同时代人的一个理论要求和共同起点。

其三，拉康对利奥塔的启发也体现在对具体概念的阐释上。拉康在讨论无意识中的欲望的辩证法时，谈到了弗洛伊德的一个德语概念"驱力"(Trieb)，在英语中它可以很好地翻译成"drive"，而在法语中却没有直接对应的单词，因而一般用"pulsion"这一拼凑的单词代替。

---

① ［法］吉尔·德勒兹：《哲学与权力的谈判——德勒兹访谈录》，刘汉全译，24页，北京，商务印书馆，2000。

② Gilles Deleuze, Félix Guattari, *L'Anti-Oedipe*, Paris, Éditions de Minuit, 1972, p. 289.

一方面，拉康批评英语翻译者詹姆斯·斯特雷奇（James Strachey）在翻译过程中，并没有把弗洛伊德所使用的"驱力"（Trieb）和"本能"（Instinkt）区分开来，而是全部翻译为英语的"Instinct"，这导致了弗洛伊德所做的区分难以表现出来，在汉语版本中也同样出现这种情况，两者在汉语版本中也往往被一同翻译为"本能"。弗洛伊德在《精神分析新论》中把本能与动物联系在一起使用，而认为驱力"对人的心理产生作用。我们把它想象为某种向特殊方向前进的能量"①。因此，在拉康看来，本能意味着一种在生物学意义上的需要，这是一种前语言学意义上的、动物性的需要，而驱力并不寻求达到一个目标或实现最终的满足，而是一种围绕着某种对象的循环往复的运动。②

另一方面，拉康对"驱力"（Trieb）的法语翻译"pulsion"也并不满意，而是希望用"漂流"（dérive）一词来代替。拉康曾做过这种解释："在法语中我们说，生活如流（à la dérive）。生活顺流而下，时而接触到河岸，停留在此处或彼处，并对此一无所知，这就是分析的原则，没有人能对事物无所不知。关于人类状况具有一种统一体的观点，在我看来像是一个可耻的谎言。"③在此意义上，"漂流"一词似乎更贴近弗洛伊德的原

———————————

① 车文博主编：《弗洛伊德文集5：精神分析新论》，61页，长春，长春出版社，2004。

② Dylan Evans, *An introductory Dictionary of Lacanian Psychoanalysis*, London, Routledge, 2006, p. 47.

③ Jacques Lacan, "Of Structure as an Inmixing of an Otherness Prerequisite to Any Subject Whatever," *The Structuralist Controversy*: *The Languages of Criticism and the Sciences of Man*, edited by Richard Macksey and Eugenio Donato, Baltimore, The Johns Hopkins University Press, 1972, p. 190.

意，因为在弗洛伊德看来，"本能的理论可以说是我们的神话。本能是一些神秘的东西，不确定性是很显著的。在我们的工作中，我们一刻也不能忽略它们。但我们从不敢肯定我们正在清楚地观察它们"[1]。拉康想要说明的是，弗洛伊德的精神分析学的贡献并不在于给人们带来多少心理学的知识，而在于让人们看到自己对无意识的无知、对欲望这一最自然的功能的无知。精神分析学一方面揭示了欲望的动因受制于主体历史的偶然事件，也就是我们生活的经验或创伤；另一方面也指出这些偶然事件也需要求助于结构的成分，因为欲望的主体一直受制于他人，人的欲望就是他人的欲望，因此欲望的位置不应该仅仅在主体中寻找，而要进入客体条件之中，在这种不确定性中找到确定性的客体结构，拉康的欲望辩证法才得以展开。

"漂流"的概念正是利奥塔写下《从马克思和弗洛伊德开始的漂流》（*Dérive à partir de Marx et Freud*）一书的初衷。正如福柯所言，马克思和弗洛伊德这两股潮流横亘在法国知识分子中间，一时间成为衡量个人及其时代的真理，这也就意味着马克思和弗洛伊德的学说在某些人群中被看作是至高无上的东西，甚至这些人声称可以破除当下一切意识形态的幻象，这恰恰是福柯、利奥塔和德勒兹等新一代知识分子的批判点和切入点。利奥塔的意思，并不是要离开马克思和弗洛伊德这两股主要潮流，也不是把它们看作唯一的出路，而是由多种推力和引力相互作用形成的合流。这一概念将会在具体的语境中详细展开。

---

[1] 车文博主编：《弗洛伊德文集 5：精神分析新论》，60 页，长春，长春出版社，2004。

总体而言，拉康的精神分析法对利奥塔产生了不可磨灭的影响，不仅在理论道路方面，为利奥塔打开了精神分析学和语言学这两块新大陆，给予他不少的借鉴和启发；而且在具体概念方面，为利奥塔提供了批判的起点。利奥塔与福柯、德勒兹等人一样，在面对马克思和弗洛伊德等主要思想潮流时，开始萌发了独特的新的理论意识，不再囿于经典理论的解释框架，为新思想的迸发打下了良好基础。

二、理论的漂流：概念与内涵

利奥塔用著名画家博斯（Hieronymus Bosch）的一幅画《愚人船》（*The Ship of Fools*）来做解释。博斯是文艺复兴时期的一位荷兰画家，他善于利用各种怪诞的形象和画面来影射和讽刺当时的教会和社会现实，他的作品引起了 20 世纪超现实主义画派的关注，他的那种超越时代的艺术表现力使他被誉为"现代绘画的始祖"。在博斯的这幅画中，一群人拥挤地坐在一艘小船上，船行驶在一片神秘的水域中，这似乎象征着整个人类在时间的长流中漂流，然而这艘船并没有一个真正的目的地，因为船上的每个人都陷入自己的欲望之中，或是吃喝，或是嬉戏，甚至船上的修士和修女也沉醉于节日的狂欢之中，这一画面影射了上面所说的拉康的欲望辩证法，福柯在《古典时代疯狂史》中也多次提到博斯的这幅画所代表的含义，他认为在博斯所在的时代，城市往往把所谓疯子驱逐出去，让他们四处漂泊，福柯对这种漂流的解释也是相似的："水流和航行的确扮演了这个角色。疯子被监禁在无法逃脱的船上，便是被寄托在拥有千万手臂的河流、拥有千万路径的大海之上，被寄托在一切的重大不确定性之中。那是最自由的环境，最开放的路途，他们却是其中的囚徒，牢牢地被链锁于无尽的岔路上。他们是过客中的过客，也就是说，他们乃是路途的囚犯。"①

图 6-1　愚人船

布面油画，现藏于巴黎卢浮宫

利奥塔认为，当前法国社会的处境就像《愚人船》一样，每个个体被欲望所禁锢，一同被卷入无尽的漂流之中。伴随欲望而产生的，是社会的理性形式，也就是"权力、资本、价值规律、个人身份、身份证、大

---

① ［法］米歇尔·福柯：《古典时代疯狂史》，林志明译，18页，北京，生活·读书·新知三联书店，2005。

学、责任、家庭、医院，它们压抑着大多数和各种特殊性的集合"①。
因此，利奥塔的"漂流"概念是相对于被压抑的一方而言的，这种漂流不
是像奥德赛一样回归到一个原始自我或出发点，利奥塔批判这种黑格尔
式的辩证法正在被资本主义实践所滥用，"漂流"毋宁说是让人们像博斯
的画一样，敢于把被压抑的欲望表现出来，不断地从主流的历史叙事中
偏离出来，这是利奥塔思想的一个主要特征。

从更宏观的意义上讲，漂流是从当下思想的主要潮流中偏离出来的
"理论的旅行"，这里借用了萨义德（Edward Wadie Said）的术语来解释，
萨义德认为"理论的意义在于旅行（travel），不断去超越自身的限制，去
移居，去维持一种被放逐的意义"，他用卢卡奇的理论作为案例："当阿
多诺用卢卡奇来理解勋伯格在音乐史上的地位时，或者当法依用明显是
欧洲主客体辩证法的语言戏剧化地论述殖民地的斗争时，我们不只认为
他们仅仅是紧随着卢卡奇之后，在一种姗姗来迟的次等水平上来运用他
的思想，还认为他们把卢卡奇从一个领域推行到了另一个领域或地区。
这一运动表明，在不同的区域、地点和情境中对某种理解进行积极地运
用并'激活'不但是可能的，而且不会轻易沾染上普遍主义或者过于普遍
的总体化倾向……在此仅仅讲借鉴与改编是不够的。"②在利奥塔那里同
样如此，漂流不仅仅是一种被动的理论传承，更多的是在新的语境和环
境中寻找突破。

---

① Jean-François Lyotard, *Dérive à partir de Marx et Freud*, Paris, Galilée, 1994, p. 14.

② Edward Said, *Reflection on Exile and Other Essays*, Cambridge, Harvard University Press, 2002, pp. 451-452.

如果要追溯这种漂流的渊源的话，利奥塔说："假如要列举出这艘船来自和去往哪些沿岸，那么无疑一个是弗洛伊德，一个是马克思；还有一种普遍的批判（critique）思想或批判关系思想，它分别存在于二次反转（renversement double）的美学领域和颠倒（retournement）的政治领域，属于一种与批判属于同一领域的逾越（transgression）观念。"①利奥塔还提到了巴什拉（Gaston Bachelard）的影响，利奥塔的"图形"（figure）概念在很大程度上来源于巴什拉，这一影响在另外一本书《话语，图形》中有更多的体现，我们在后文中还会回到这一问题上。利奥塔在这里着重探讨的是漂流与批判的相互关系。

在美学层面上，二次反转的意思是，艺术作品在可感者（le sensible）眼中有着它的批判功能，譬如，在塞尚（Paul Cézanne）等人的作品中，人们可以明显地感觉到这些作品不再遵循以往的方法和规则来展现出与平常不一样的空间感和透视感，这是对日常思维方式和事物秩序的一种"越轨"的尝试，之所以说二次，是因为对于艺术家而言，生活呈现给我们的面目本身也是反向的，因此这种二次反转可能让我们更加接近真实。同时，在政治层面上，颠倒是一种简单的反转，如意识形态和异化，然而倒置会寻找一种更高的维度或理论，形成一种精确和严密的语言。利奥塔通过自己在"社会主义或野蛮"组织和 20 世纪 60 年代知识分子运动中的经验发现，并没有哪种学说能够很好地对这场长期的运动做出总结，因为它们都没有良好地感受到这股宏大的潮流，这种社会意义

---

① Jean-François Lyotard, *Dérive à partir de Marx et Freud*, Paris, Galilée, 1994, p. 14.

上的大写的驱力（Trieb）："对于这种海啸般的感性力量，没有任何人、主体、组织或党派能够合法地把功劳归于自己，而如果某个组织能够达到这一顶点，也就是说不仅仅是接受这种感性，还把它看作是一种改造的行为，看作是一种塑造、介入和'创造'的行为，那么这只能是通过揭露这种反转，这种反转是政治异化的所有（滑稽人物的）秘密，它包含了对权力的所有偏执。"①

利奥塔认为，坚持一种话语、实践、政治学、哲学的稳固性，以及用这种稳固性来反对自己的对立面的做法是徒劳无功的，"社会主义或野蛮"组织的分裂就是很好的例子，因为它依然是一种理性的统一化的形式，它深陷于资本的权力之中，理性与权力是同一的。而作为理性中最有活力的批判（la critique），由于它对事物采取否定性的态度而最终指向一种无限的进步的观点，因为批判本身也需要遭受怀疑。

因此，利奥塔给予"漂流"的第二层含义是，"必须漂流到批判之外。更进一步地说：漂流本身是批判的终结"②。过去的批判总是用一种知识去反对另一种知识，而没有超出知识的范围之外，而利奥塔通过前面的批判实践运动意识到，知识总是与权力有着紧密的关联："如果说'社会主义或野蛮'组织有其重要性的话，那么其重要性不在于它辩证地批判和超越了资产阶级、斯大林主义和托洛茨基主义的政治地位，而在于它发现自身在同一个（多个）方向上漂流，这一方向正是在全球范围内的

---

① Jean-François Lyotard, *Dérive à partir de Marx et Freud*, Paris, Galilée, 1994, pp. 16-17.

② Ibid., p. 19.

现代社会漂流的方向。"①利奥塔表露了他的弗洛伊德主义倾向，认为赋予这些政治体制以形式和结构的正是欲望本身，它缠绕着我们的身体、语言、乡村与城市，也包括我们的性别差异和年龄差异，资本主义正是这种欲望的部署(dispositifs)之一，它其中的构造是如此的精密，以致任何从其中展开的批判都使它变得更为坚固，而唯一能够摧毁它的是"欲望的漂流"，正如学生们在运动中所做的那样，拒绝把欲望投入资本主义体系之中，拒绝成为一种劳动力或交换价值。利奥塔激进地认为欲望能量就像商品一样，从属于私有制及其流通过程，从农业社会、中世纪到文艺复兴和古典主义社会，弗洛伊德主义和马克思主义在利奥塔这里发生了一种奇怪的融合，我们从利奥塔所强调的具体的美学领域中探讨这种弗洛伊德主义与批判的关系，理解利奥塔如何尝试从经典理论的创造性解释中寻找出路。

三、从精神分析走向批判的艺术世界

在利奥塔看来，美学在法国马克思主义中并没有得到公正的对待：它被认为是资产阶级语言的一种附属，艺术被看作是一种消遣，艺术家被看作是丑角；美学问题被看作是现实问题的虚幻反映，被看作是上层建筑中的不真实的产物；绘画、音乐和电影等都被打上了"精英主义"和

---

① Jean-François Lyotard, *Dérive à partir de Marx et Freud*, Paris, Galilée, 1994, p. 19.

"资本主义文化统治的维护者"的标签，它们是价值中立的、无心于政治的避难所。利奥塔认为，这些看法恰恰是一种消极的虚无主义，美学的意义与通常所理解的正好相反：艺术家渴望让整个社会达到一种非现实性，让人们意识到欲望的压抑实际上是资本主义偏执症的一部分，艺术作品所展现的欲望反映了意识形态的生产过程，改变了人们对时间、空间、颜色和声音的感知。因此，美学对于利奥塔而言并不是避难所，而是使他能够深入批判政治意识形态的一种裂隙，一种观察现实颠倒的视角，一种路线的迂回，一种航道的转移。他写道："美学是铸造最具识别力的批判概念的工厂。"①

　　谈到美学与批判，我们很容易联想到阿多诺的美学理论。阿多诺在《美学理论》的开篇写道："这些关于艺术的陈词滥调给这个不幸而分裂的现实世界投下了幸运与和谐的光影，委实可恶，因为它们戏弄了所有重大的艺术概念，只注重腐朽堕落的资产阶级实践活动，诸如把艺术当作提供安慰的灵丹妙药等等。……艺术通过摒弃现实——这并非一种逃避主义形式，而是艺术的一种承继特性——而为现实进行辩护。"②阿多诺的美学观点与利奥塔确实存在某种共通之处，这种共通之处在利奥塔的后现代思想中表现得更为明显。实际上，利奥塔是在写作《从马克思和弗洛伊德开始的漂流》之后才读到了阿多诺的著作，而且利奥塔认为阿多诺并没有在这条道路上走得足够远，利奥塔认为艺术作品不仅能够

---

① Jean-François Lyotard, *Dérive à partir de Marx et Freud*, Paris, Galilée, 1994，p. 23.

② ［德］阿多诺：《美学理论》，王柯平译，2—3 页，成都，四川人民出版社，1998。引文有改动。

以一种批判的方式或否定辩证法的方式呈现，还可以通过一种肯定的方式表现自身的欲望立场，他的《关于作品的批判功能的笔记》（Notes sur la Fonction Critique de l'œuvre，1970）集中反映了这一方面的内涵，也反映了马克思和弗洛伊德之间的某些具有启发性的共鸣。

其一，艺术到底如何反映现实与幻想的关系？弗洛伊德的解释给予了利奥塔最初的启发。弗洛伊德在一篇名为《作家与白日梦》（1908）的文章中写道，人的想象力的能动性的最初轨迹，表现在童年时代的游戏中，儿童在游戏中创造了自己的世界，或者说用自己喜好的方式重新组合了他那个世界里的事物，"他喜欢把想象中的物体和情境与现实世界中的有形的、看得见的事物联系起来"①。而当儿童长大以后停止游戏时，替代游戏的是幻想，成人以幻想去建立所谓"空中楼阁"或"白日梦"，与游戏不同，幻想往往被成年人隐藏起来，羞于向外人透露。弗洛伊德总结幻想的特征说："我们可以断言，一个幸福的人从来不会去幻想，只有那些愿望难以满足的人才去幻想。幻想的动力是尚未满足的愿望。每一个幻想都是一个愿望的满足，都是对令人不满足的现实的补偿。"②弗洛伊德的这种观点拉近了梦与诗之间的关联，它们都见证了人的不满足的命运，幻想则是对欲望的实现，对令人不满的现实世界的纠正。利奥塔所构造的图形世界，在很大程度上来自弗洛伊德对这种现实世界的理解，这与马克思的理解恰好也有很大的相似性。在马克思看来，艺术也是通过幻想的方式形成的："希腊艺术的前提是希腊神话，也就是已

---

① 车文博主编：《弗洛伊德文集 7：达·芬奇对童年的回忆》，59 页，长春，长春出版社，2004。

② 同上书，61 页。

经通过人民的幻想用一种不自觉的艺术方式加工过的自然和社会形式本身。"①利奥塔找到了弗洛伊德主义与马克思主义之间的某些相通之处。

其二，弗洛伊德意义上的现实世界遵循着系统的规则，他承认在观察心理活动的过程中，在观察快乐原则和现实原则时，引入了经济学的观点："在自我的自我保存本能的影响下，快乐原则便被现实原则所取代。这后一个原则并没有放弃最终获得快乐的意图，但它要求和坚持使满足延迟实现，放弃获得满足的多种可能性，在通往快乐的漫长而又迂回的道路上暂时地忍受不快乐。"②这种经济学的系统观点在很大程度上成为精神分析的假设和规则，利科曾很好地对弗洛伊德的这种系统做出解释："要确立起现象的经济学平衡，即能量的投资或填充，我们可以在一个力量的系统、在其动力学、冲突与妥协中发现这些投资或填充。因此，我们在此所关心的快感的问题，就其性质或价值并不起任何作用，而只是发挥实在的、延迟的、替代的、虚构的满足等作用而言，就是一个经济学问题了。"③尽管这种缺失与补偿的欲望经济学观点与马克思的政治经济学有着根本的差别，但毫无疑问它为利奥塔把两者统一起来的解释提供了契机。

其三，正如前面所说，梦与现实世界一样有着语言的特征，它也意味着在人类可观察到的现实世界之外还有很大一部分未被认识的领域，

---

① 《马克思恩格斯全集》第30卷，52页，北京，人民出版社，1995。

② 车文博主编：《弗洛伊德文集6：自我与本我》，7页，长春，长春出版社，2004。

③ ［法］保罗·利科：《解释的冲突：解释学文集》，莫伟民译，242页，北京，商务印书馆，2008。

它要么通过语言的方式，要么通过实践（不仅仅像绘画那样以图像的方式，也可以像音乐或电影那样以声音或三维空间的方式）来折射出它的秩序，利奥塔把这种秩序称为图形的秩序（ordre de figure），它以语言或实践的方式反映意义和存在的序列，它与话语的秩序明显地区别开来。他借用法国艺术家杜尚（Marcel Duchamp）的观点认为，自19世纪以来，现实世界的交流已经被语言和实践活动所统治，艺术已经失去了它过去整合的功能（尤其表现在宗教艺术之中），与之一同消失的是图形的秩序，原因在于它们已经不符合资本再生产的需要。用弗洛伊德的话来解释的话，宗教这一人类的原始欲望被现实的原则压抑了，这时候，艺术的作用就能重新体现出来，它作为幻想实现对欲望的延迟的满足，也就是说，艺术是与欲望的原始过程联系在一起的，而不是与倒置的政治意识形态话语联系在一起的。

利奥塔举了艺术家保罗·克利（Paul Klee）作画的例子，克利作画分三步：第一步按照自然来画；第二步倒转画纸，勾画重要的可塑形的元素；第三步把画纸倒转回第一步的位置，使第一和第二步相互协调。利奥塔认为，克利的这种操作指出了从幻想性表现到批判性创造的过渡的秘密，艺术作品因而具有了政治批判的特征。利奥塔写道："我们将展示这些作品，它们将确实地激化人们的欲望，但只是激起一种在马克思主义意义上进行实践改造的态度，改造社会关系的现实，乃至更深刻地改造生产关系。"①

---

① Jean-François Lyotard, *Dérive à partir de Marx et Freud*, Paris，UGE，1973，pp. 240-241.

然而利奥塔认为达到这一程度还不够，因为艺术作品在其中仅仅是为了达到目标的工具，这样的作品仅仅是对欲望的满足，它总是希望达到某种目的，因而它又回到了政治的运作之中。在利奥塔看来，过去的马克思主义之所以未能让人满意，原因在于它停留在工具和口号的层面，进而被政治的意识形态所吸收。谈论艺术的目的在于批判政治，通过对政治意识形态的揭露消灭人们的幻想，从而也最终消灭艺术，这也恰恰对应了马克思对未来社会的设想：没有单纯的画家，而只有把绘画作为多样性活动之一的人们。而在这里，问题在于颠倒政治话语的秩序本身，并且建立表现图形的秩序。利奥塔这里的精神分析方法实际上已经大大不同于西方马克思主义思潮中的"弗洛伊德的马克思主义"，赖希和马尔库塞等人的"弗洛伊德的马克思主义"在总体上还是一种建立在马克思主义概念基础上的唯物主义心理学研究，而在利奥塔那里，言语、梦的工作和驱力等概念已经取代了马克思主义概念的基础性地位，它们在法国本土化的解释中越来越成为一种面对权威的批判话语，成为一种脱离马克思主义传统的新的手段。因此，利奥塔对社会历史的唯物主义分析逐渐让位于对虚幻意识的精神分析，他自己也开始沉浸在这种对想象界的颠倒性批判之中。

弗洛伊德主义在法国产生的影响，不仅包括精神分析方法在揭示人的意识内容和形式何以诞生这一方面所做的贡献，而且与当时法国正在发生的人文科学范式的重要转变结合在一起。正如福柯在《词与物》中所说的："这就是为什么无意识的问题——无意识的可能性、地位、存在方式、用来认识并阐明无意识的那些手段——并不简单地是人文科学所内在固有的并且随着其步骤而会遭遇到的一个问题。这是一个最终与人文科学的存在有着共同外延的问题。"①第二次世界大战后的现代化进程使法国从一个以农业为基础的社会过渡到一个以城市和工业为基础的社会，"后工业"和"后现代"等在英美世界中流行的术语也开始被引进到法国的社会理论之中，弗洛伊德和马克思等人所建立的现代性哲学之基础也不可避免地遭受冲击，但与此同时也促进了福柯、利奥塔等人后现代的、微观的、差异化的话语实践的诞生。

利奥塔的"漂流"概念反映了他思想中的那种迂回曲折的发展轨迹。他的《从马克思和弗洛伊德开始的漂流》和《话语，图形》等著作都从属于法国 20 世纪 60 年代的激进革命话语，这种话语认为理性与权力乃是同一个东西，而当这种革命话语的热情冷却之后，利奥塔试图与传统的弗洛伊德主义和马克思主义决裂开来，试图建立一种不存在任何理性基础的话语实践，利奥塔表达了这种初衷："只有不对我自己的无能为力徒表哀叹，才有可能找到另一条思路，我漫无边际地思考着，而不去确证我的思想是否合理，正像大海上的一名泅水者因为无力去对抗激流而只好随波漂流，以期发现另一条出路。"②然而，这种漂流并没有使利奥塔彻底离开马克思主义这一无法绕过的理论主题，相反，利奥塔一次又一次地回到马克思具有决定性的理论与实践语境之中。

以利奥塔对先锋艺术的讨论为例，如果说弗洛伊德与拉康使利奥塔意识到，在人类可观察到的现实世界之外还有很大一部分未被认识的领

---

① ［法］米歇尔·福柯：《词与物——人文科学考古学》，莫伟民译，475 页，上海，上海三联书店，2001。

② ［美］道格拉斯·凯尔纳、斯蒂文·贝斯特：《后现代理论——批判性的质疑》，张志斌译，172 页，北京，中央编译出版社，2011。

域，它要么通过语言的方式，要么通过实践(不仅仅像绘画那样以图像
的方式，还可以像音乐或电影那样以声音或三维空间的方式)来折射出
它的秩序，且先锋艺术揭示了从幻想性表现向批判性创造过渡的秘密，
那么马克思之于利奥塔的意义则在于对资本主义政治话语秩序的颠倒，
它依然不可避免地依赖于实践的批判活动。利奥塔写道："在这一时刻，
首先，意识形态的因素完全从小资产阶级与艺术的关系中清除出去，因
为我们意识到作为区分开来的存在的艺术本身是一种欺骗；其次，它只
有这种意义，这就是使无产阶级立刻在实践中靠近艺术的真理，也就是
(直接而非被动地)解构社会诸形式。"①在此意义上，利奥塔的"漂流"概
念并不能使他真正远离马克思所开创的实践传统，而毋宁说带有一种回
溯性的特征，也就是说，重新回到全球化资本主义的当下客观现实之
中，重新理解马克思主义的批判性和指导性意义，激活与现实密切相关
的新的话语实践的内在能量。

① Jean-François Lyotard, *Dérive à partir de Marx et Freud*, Paris, UGE, 1973, p. 247.

第七章 | 《话语，图形》

　　1971 年利奥塔出版了他的博士论文《话语，图形》，这部书的写作与《从马克思和弗洛伊德开始的漂流》差不多处在同一时期，因此两本书对于弗洛伊德的观点基本一致。《话语，图形》是一部艰难晦涩的著作，它所涉的内容"从文艺复兴绘画到象征主义及超现实主义诗歌，从结构主义神话学到精神分析学，从黑格尔美学到生成语法学"①，更不用说利奥塔那不按常规的遣词造句和篇章结构，使这本书从根本上无法划归到任何理论体系之中，它属于利奥塔完全意义上的"漂流"之作。然而它的批判线索并非无迹可

---

① ［法］让-弗朗索瓦·利奥塔：《话语，图形》，谢晶译，序言 1 页，上海，上海人民出版社，2011。

寻，通过对现代语言学、精神分析学和超现实主义运动的总结，利奥塔批判了黑格尔哲学和拉康理论中对视觉的忽视，通过对图形世界的引入及其与弗洛伊德意义上的欲望活动的关联，走向了对话语和知识世界的解构以及对意识形态幻想的批判。

一、《话语，图形》的主要来源

利奥塔在书中写道，这部书所参照的作品总的来说属于 19 世纪 80 年代到 20 世纪 30 年代的欧洲学术资料，包括索绪尔、弗雷格（Frege）、弗洛伊德等人的理论著作，以及马拉美、塞尚、克利等人的美学作品和理论，这段时期，正是现代语言学、精神分析学和超现实主义运动蓬勃发展之时。语言、欲望和视觉是这些理论思潮各自立论的基本元素，也是理论之间争论的焦点。《话语，图形》可以说是对这场宏大的却又鲜为人解的运动的一种回应，利奥塔通过他之前的思考认为，理解欲望活动的关键并不在语言之中，而在语言之外的视觉活动之中。从哲学理论上讲，它有几个主要的来源，这些来源使他能够引出一种新的批判视角。

其一，对拉康理论中语言学倾向的质疑是利奥塔写作《话语，图形》的直接原因。利奥塔在《游历：法则、形式、事件》（*Peregrinations：Law，Form，Event*，1988）一书中回忆起他写作《话语，图形》的初衷，它来源于他对拉康研讨班所讲内容的抵触："它不是针对概念'A'，也就是拉康框架中的大写 A。相反，在我看来概念 A 为区分欲望和需要提供了基础，也就是拉康所命名的现实界和想象界之间的区别，其中真实界与欲望的秩序相关，想象界则属于自我的需要的经济学。在拉康对弗洛伊德的解读中，令我恼怒的是第三个术语，也就是符号界，它囊括了整个语言领域和知识领域。根据这样的分配，认知只能限定在这一理论形式的框架之内，这种形式构造起能指之间的对立网络或结构。而且，所有其他表达(或措辞)模式都被抛入想象界之中，想象界这一术语是一个诱饵。因此，各种形式、时空中的不同的材料组织模式、声音的节奏、音色的融洽、色彩的条理和光线的价值、线条的组合、表面与体积及作为艺术的写作——所有这些都被看作是无意识的构造，都是为了满足需要和欺骗欲望。因而如果在这种框架中，我们通过快乐或痛苦，也就是仅仅通过体验去理解和欣赏上述这些形式的话，那么这不过是被我们的'无意识'欺骗而已。考虑到这一概念在拉康体系中有着至高的地位，我认为这一问题非常紧要，而且有必要为美和情感保留一定的位置。"①

可以看出，利奥塔的主要不满还是拉康的语言化的精神分析法，这种方法偏离弗洛伊德太远了。利奥塔认为那些在弗洛伊德理论中最具有原发意义的不可还原的因素并不在语言活动之中，而在它之外，但拉康对弗洛伊德的解读，一开始就已经试图把整个符号学吞并到语言学之中。另外，弗洛伊德认为，"我们可以把对梦的研究看作是探讨内心深处心理过程的最可靠方法"②，而拉康对梦的工作的解释在很大程度上依赖于语言学意义上的隐喻概念，而忽略了弗洛伊德所指出的梦的活动

---

① Jean-François Lyotard, *Peregrinations*：*Law*，*Form*，*Event*，New York，Columbia University Press，1988，pp. 10-11.

② [奥]西格蒙德·弗洛伊德：《弗洛伊德后期著作选》，林尘等译，10 页，上海，上海译文出版社，2005。

极为常见的现象，也就是词语经常被梦当作事物，梦的活动具有某种形象性特征，有着与话语完全不同的可见性的空间。这是《话语，图形》一书对拉康及其能指系统提出质疑的基本出发点。拉康之于利奥塔的意义，正如黑格尔之于青年马克思的意义那样。利奥塔通过《话语，图形》在法国理论界中第一次全面地展开了对拉康的能指系统的批判，这本书对德勒兹和加塔利《反俄狄浦斯》一书的形成也产生了一定的影响。

其二，利奥塔提出上述质疑的一个主要根据，来自弗洛伊德对梦的工作的研究。利奥塔认为拉康只关注于其中的凝缩作用和移置作用，而忽略了弗洛伊德所说的另外两个因素："对形象性（la figurabilité）的考虑"及"二次加工"。利奥塔所说的形象性，实际上是弗洛伊德所说的表现力（représentabilité），在弗洛伊德看来，移置作用不仅可以通过以一个言语形式代替另一个言语形式的方法，也可以通过把抽象思想转化为图像的方法来实现。他在《释梦》中写道："移置作用采取的方向通常总是将梦念中的单调而抽象的表现转变为具体形象的表现。这样一种变换的好处及其目的是一目了然的。一件可加以形象化的事情，从梦的观点来看，是一件能够表现出来的事情。"[1]利奥塔之所以把它称为形象性，是为了强调这是梦的工作中的一种新的视觉表现方式，它意味着词语向图像的转换，譬如，在弗洛伊德所举的一个例子中，"我觉得我要修改一篇文章中的一段生硬的（raboteux）文字。象征：我看到自己刨（rabotant）一块木头"[2]。从这种形象性出发，我们将得到一个不同于话语秩序的与事物

---

① ［奥］弗洛伊德：《释梦》，孙名之译，339—340 页，北京，商务印书馆，2002。
② ［法］让-弗朗索瓦·利奥塔：《话语，图形》，谢晶译，302 页，上海，上海人民出版社，2011。

相关联的图形的秩序，它构成了对话语秩序的批判的理论基础。

"二次加工"是第四个因素（或者称为润饰作用），弗洛伊德的解释是："简要地说，这第四个因素奋力将获得的材料塑造成像白日梦那样的东西。"①二次加工的功能在于消除由前三种因素所制作的梦的荒诞的、缺乏条理的风格。在利奥塔看来，二次加工消除了欲望在梦中所留下的凹凸不平的痕迹，使它成为可阅读的正常思想，这恰恰是一种欺骗，我们只拥有对被加工过的可读文本的认识，我们必须深入观察梦的工作的图形因素，它反映的是我们被压抑的最初状态，二次加工有助于理解欲望的乔装及展开对欲望压抑的批判。

其三，从上述对形象性的考虑中，利奥塔发现了一种从抽象思想到事物的联系，这种观念来自巴什拉的影响。利奥塔在《从马克思和弗洛伊德开始的漂流》的序言中认为，在巴什拉的理论中，图形具有一种在力比多经济学中的意义，根据职责和功能的不同分配着力比多（libido）这一心理能量。巴什拉在他的理论中赋予了想象力极为重要的位置，而且将它与精神分析紧密地联系在一起。

巴什拉是如何展开他的论述的呢？他借用了美国作家埃德加·爱伦·坡的诗，爱伦·坡是一位极具启发性的现代诗人，波德莱尔曾这样形容他："他分析最短暂的东西，他掂量不可称量之物，他用细致而科学的、具有骇人效果的方式描写飘浮在神经质的人周围的、并将他引向恶的想象之物。"②爱伦·坡诗歌中的水，有着一种比实在之物更实在的

---

① ［奥］弗洛伊德：《释梦》，孙名之译，495 页，北京，商务印书馆，2002。
② 《波德莱尔美学论文选》，郭宏安译，188 页，北京，人民文学出版社，1987。

特征，因为它更为纯洁，爱伦·坡用了一个词"星—岛"（star-isles），它意味着作为湖中之囚的液体的星及作为空中之岛的星的观念。巴什拉解释道："正如生活是梦中的一场梦，天地就是映像中的一种映倪；天地是一种绝对的形象。湖泊把天宫的形象锁定时，它在自身胸怀中创造了一片天空。……对于在想象心理学中的星—岛这一类双重形象，我们不会太在意。它们像是梦中的连接点，通过这些连接，梦更换着格调，更换着物质。"①巴什拉认为，相比于精神分析对梦（rêve）的研究，他更关注对梦想（rêverie）的研究，因为梦想把注意力放在某物上，它体现了人对必需品的需要之外更高的追求，这就是人的欲望，在此意义上，它与利奥塔所说的形象性有着很大的相似性，这种物质想象显示了它身上所蕴藏的人的心灵向宇宙本身运动的强大力量。相对于无意识领域，利奥塔更倾向于研究欲望在意识领域的运作机制及其表现。

其四，《话语，图形》在一定程度上受到了梅洛-庞蒂关于可见者的现象学的影响，《可见的与不可见的》是梅洛-庞蒂生前最后一部文本，展现了他通过对唯心论和经验论的双重批判而走向一个新的开端，也就是重新回到对事物、身体和可见者之间关系的分析上，《话语，图形》一书中到处都能找到梅洛-庞蒂这一思想的影子。这一思想的出发点不是"我思"，而是我之所见，我对事物的注视和关注。身体与世界的关系建立在这一可感世界的基础上，因此，言语也只有在使事物的形象及我们与事物之间的联系成为可感的时候，才使混淆变得清晰。从看的角度

---

① ［法］加斯东·巴什拉：《水与梦——论物质的想象》，顾嘉琛译，54—55 页，长沙，岳麓书社，2005。

说，最困难的地方在于确定可见的与不可见的关系，梅洛-庞蒂写道："文学、音乐、欲念，还有可见世界的经验，都和拉瓦锡和安培的科学一样，是对不可见的探索，也是对观念世界的揭示。只不过这种不可见的、这种观念不像科学那样使自己脱离可感的外表，上升为第二层次的肯定性罢了。"①也就是那些不可知的力和法则是事物的存在方式之一，我们只有通过与可见的存在的交往才能感觉到它们的存在。

虽然利奥塔从梅洛-庞蒂的可见者的现象学那里借鉴了许多，譬如，可见的与不可见的之间的划分，但利奥塔并没有打算沿着这条道路走下去，他讲道："接着，我们从视野过渡到视觉，从世界过渡到幻想，而那个建构对象、对立面的责任——它起初被指派给话语的视线——被转交，交还给欲望的实现活动。相应地，图形被移置：它不再仅仅是外观或表象的图像，而是场景化的形式，甚至是话语的形式，甚至更深刻地，是幻想的母型。弗洛伊德的理论战胜了胡塞尔的理论。"②在这里，现象学对于利奥塔而言更多的是分析的方法而不是主导的思想。

利奥塔开篇将意义较为模糊的话语（discours）与图形（figure）概念的对比作为切入点，来说明他要站在图形因素的立场上，这是由于从过往的观点来看，事物的面貌就像它展现给我们的那样，世界就像一部展开的可阅读的、可理解的文本，而我们过于沉醉于这种被给予的、表面的话语，而忘却了事物的厚度，它不是一种观念上的差异，而是一种视觉

---

① ［法］莫里斯·梅洛-庞蒂：《可见的与不可见的》，罗国祥译，184—185 页，北京，商务印书馆，2008。

② ［法］让-弗朗索瓦·利奥塔：《话语，图形》，谢晶译，14 页，上海，上海人民出版社，2011。

上的根本性的差异。然而这一"可见世界"的差异性，自柏拉图的洞穴隐喻以来一直遭到"可知世界"的贬斥，利奥塔写道："在柏拉图之后被言语像乌云般投射于可感物之上的昏暗，被言语不断主题化为次存在的昏暗，其立场很少被真正捍卫，被作为真理来捍卫，因为这一立场被视为伪善者的、怀疑主义的、雄辩家的、画家的、冒险者的、自由主义者的、唯物论者的立场——这一昏暗是本书的主旨所在。"①

利奥塔想要指出的是，无论是从柏拉图到黑格尔以来的唯心主义哲学，还是拉康改造后的精神分析学，都是以语言作为其表意活动的根基的。即使在黑格尔所说的感性确定性那里，当通过观看，通过简单地指出"这一个"对象时，我们实际上已经追溯到这个对象通过空间和时间呈现给我们的广度和深度，而黑格尔认为这种确定性仅仅是"最贫乏的真理"②而已，而真理只属于语言等存在于意识领域的普遍性范畴。也就是说，可见世界的那种最真实和最丰富的差异性被忽视了，其代表是艺术的功能下降为一种服务于宗教的功能。同时，以话语为中心的代表则是上面讲到的黑格尔哲学，它相信在语言学封闭性的系统中蕴藏着所有意义，形成某种话语霸权，使人们在对词语的阅读中对可感事物视而不见，如说"树"这一象征，人们首先联想到的是关于树的字词，而不是树的颜色、大小、线条等多样性的特征。在这里，我们可以看到利奥塔对拉康的能指概念及其体系的反感，因为在拉康那里象征更多地来自实际的话语。利奥塔写道："真正的象征供人思考，但它首先供人'见'。并且，

---

① [法]让-弗朗索瓦·利奥塔：《话语，图形》，谢晶译，3—4页，上海，上海人民出版社，2011。

② [德]黑格尔：《精神现象学》上卷，贺麟等译，63页，北京，商务印书馆，1983。

如果说一旦语言存在，所有的事物就真的都有待于被表意，真的有待于被置于某一话语中，真的都落入了一个漏斗（思想在其中对一切进行翻动和挑选）中，那么令人惊讶之处不在于象征供人思考，难解之谜在于它始终有待于被'见'，在于它不断维持在可感的状态，在于存在着一个作为'视野'储藏的世界，或一个作为'视觉'储藏的间世界，在于所有的话语在征服它之前就已衰竭。绝对的他者是这一'美'或差异。"①

然而利奥塔并不是想用图形体系来取代整个话语体系，图形因素也存在于话语之中，图形因素的存在揭开了话语作为一个统一性平面的骗局。话语与图形一样有着自身的层次，比如说沉默，它作为言说的对立面反映了话语像可见的与不可见的关系一样，有着自身的外在性和厚度。另外，话语与图形有着共同的东西，那就是欲望的能量，拉康的理论已经揭示了无意识对话语的影响，利奥塔则是把它推向话语与图形的双重关系中，以揭示欲望在两种不同空间中的隐匿与表达。

可以看出，话语的秩序在一开始就被利奥塔打断了，它不再具有理性主义的固定形式、连续性和真理性，取而代之的是不透明性、非连续性和假象。利奥塔从一开始就不打算写一本通常意义上的理论专著，甚至也不是尼采的那种格言体文学。其著作的结构是零碎的、解构的，他似乎想要打破读者的阅读习惯，让人们摒弃对统一性的狂热；它因而也摒弃形而上学意义上的第一因或起源，而只承认事件的存在，因为事件作为偶然的时空存在，不可能来自任何同一性，事件只来自欲望所开放的空间；它在指

---

① ［法］让-弗朗索瓦·利奥塔：《话语，图形》，谢晶译，6 页，上海，上海人民出版社，2011。

导原则上是弗洛伊德主义的，更具体地说，像弗洛伊德描述的死亡驱力那样，它趋向于使勃勃生机变成无机状态，趋向于重返更早时的状态。我们要在这些复杂的来源中寻找一条利奥塔前进的线索。

二、图形性空间的建构

《话语，图形》中提到的现象学，除了上述所说的梅洛-庞蒂的可见者的现象学之外，还有黑格尔的精神现象学。如果说梅洛-庞蒂的现象学为利奥塔提供了一个有力的切入点，那么黑格尔的精神现象学毋宁说提供了一个批判的对象。

黑格尔在《精神现象学》第一章讲到那种最初的知识，是那些直接呈现给我们的知识，黑格尔并没有说明这种呈现是以何种方式出现的，但毫无疑问这与我们的感觉相关，与我们的视觉相关。感性所能确定的仅仅是对象的存在，它是真实的，它特指"这一个"个别的东西，这是最初的"意谓"。而当我们去追问什么是"这一个"时，我们会产生诸如"这时是夜晚"和"这时是白天"这种矛盾的困惑，感性确定性通过否定让我们触及普遍的东西，它让我们达到某种真理："当我们说出感性的东西时，我们也是把它当作一个普遍的东西来说的。……我们没有真正地说出我们在感性确定性中所意谓的东西。但是我们将看到，语言是较真的东西；在语言中我们自己直接否定了我们的意谓。"①

---

① ［德］黑格尔：《精神现象学》上卷，贺麟等译，66页，北京，商务印书馆，1983。

在黑格尔那里，语言通过对直接性的否定，把时间和地点的区别像真理一样确定下来，这是精神现象学一步步迈向最终确定性真理的开始。而利奥塔注意到，黑格尔所迈出的这一步，恰恰遗忘了产生这种确定性的可感者，最初的"意谓"被纳入语言的普遍性之中，从而也失去了它的个别性。利奥塔指出，拉康的能指理论犯下了同样的错误。不是意谓的不确定性导向了确定性的时间和空间，而是在可感者说出"这一个"之前，已经存在着自在的空间："指称需要一个空间的建立，要求一个共存的领域。并且它们当然要确定一个地点作为它们的结果。然而这一结合并非一种组合规则，这一确定并非一种因果关系。感性活动的结果是一种此在，不是一种意思。拉开眼和对象间距离的那种否定性是形式的否定性，而非范畴的否定性。可感者与有意义者处于不可取消的间隔中。"①可感者、意谓活动和意义之间的关系，不能简单地用语言或能指作用来取消。

黑格尔关于感性确定性的观点从根本上影响了他的美学，影响了可感者与意义之间的相通性。在黑格尔那里，由于语言活动具有第一性的特征，也就是说语言之前不存在意义，因此可感者的最初的意谓活动的意义被遮蔽了，同样被遮蔽的还有以这种感性为基础的艺术。利奥塔对此表示怀疑，他认为黑格尔实际上把可感者完全看作是内在于语言之中的东西，内在于辩证法，这是《精神现象学》最初的目的，而黑格尔把艺术看作是不稳定的，可感的、优美的希腊艺术的总体性逐渐消失，这是黑格尔《美学》希望的结论，实际上，他把图形因素还原为话语，嵌入他

---

① ［法］让-弗朗索瓦·利奥塔：《话语，图形》，谢晶译，41 页，上海，上海人民出版社，2011。

的知识和总体性之中，这为教权—官僚主义提供了最理想的意识形态模型。利奥塔想要说明的是，可感者的原初空间无法封闭在知识或语言的辩证形式之中，相反，图形解构了话语的封闭性和平面性，给予了话语一种新的秩序和厚度。存在着与话语的文本性空间相矛盾的另一个空间，利奥塔称之为图形性空间（espace figural），它处于话语的边缘而且会反过来给予话语某种形式，利奥塔开始详细探讨这一被黑格尔现象学遮蔽的而又被梅洛-庞蒂的可见者的现象学重新打开的空间。

利奥塔首先指出文本并不是什么自在的东西，而是受到它的元素的规定，这些元素包括字母、词句、间距及它们在纸张等载体上的投影。在这种意义上，文本不仅可以在语言意义上被阅读，而且可以根据其形态在图像的空间中被看见。一个最典型的例子是马拉美的一首诗《骰子一掷永远取消不了偶然》(Un coup de dés jamais n'abolira le hasard)，如图 7-1 所示：

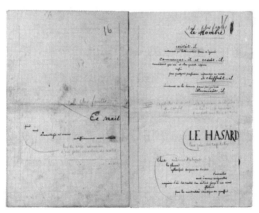

图 7-1 《骰子一掷永远取消不了偶然》(Stéphane Mallarmé, 1897)

这首诗，从字体上来讲有着不同的字形和大小，而且也可以说没有完整的句子只是一些短语的拼接，它不遵循统一的间距和行距，在某种意义上讲它创造了一种无法被统一的编排方式所复制的形式，一种超越语言活动的力量，一种能够表达思想的图形。利奥塔写道："指称侨居于意思中：话语，在不失去其指称力量的情况下，披上另一种力量，被渴望的事物的力量，并像这些事物一样吸引眼睛。这就是接触：我们所说的对象被引进我们所说的内容，并且不是以知性的方式，而是以感性的方式，多亏了可感者这一永不枯竭的源泉，这一摆脱了所有取消作用的偶然，这一偶然在于它可以同时接纳文本和非文本；感性现实成为舞台和看台，呈现为镜子——这面镜子由文本和图形在感性现实中所展开的游戏构成，变形成为图像。"①一方面，它通过打破人们理性的阅读方式和习惯，突出感性确定性的位置，它不是像黑格尔所说的那样，而是恰恰相反，不是先去阅读，而是先去感受；另一方面，这首诗成为一幅画，成为一种超越现实的艺术，话语的平面性和封闭性在图形的表达中表露无遗，它毫无疑问在西方传统和艺术传统中产生震荡，它是一首现代诗和现代画，一面观照现实的镜子。

从马拉美的这首诗中，利奥塔区分出三种发挥着作用的图形，它们分别是"图像""形式"和"感性图形"。利奥塔解释道："图像，置身于语言活动领域中的图形，然而是在所指这一边（比喻，隐喻）；形式，同样在语言活动中具有一席之地的图形，但在语言的能指上起作用，并且不在话语中被意指；感性图形，根据一些不属于严格意义上的话语，而是属于某种节奏（这里是可见的节奏）的要求来安排能指（这里是书写能指）的形态。"②这种区分实际上是为了说明图形因素具有嵌入语言系统的能

---

① ［法］让-弗朗索瓦·利奥塔：《话语，图形》，谢晶译，73—74 页，上海，上海人民出版社，2011。

② 同上书，75 页。

力，同时也有把语言学的所指和能指区别开来的能力，这样，图形因素就能够把黑格尔哲学和语言学理论中分隔开来的感性世界和知性世界通过独立的方式重新链接起来，这样我们才有可能外在地对知性世界所造成的现实危机进行批判与反思。

三、欲望与图形世界的关联

利奥塔在《话语，图形》中并没有急于展示图形性的本来面貌，而是继续在话语世界中进行迂回探索，而他探索的领域不仅限于黑格尔哲学及语言学意义上的意识领域，还进入弗洛伊德所推进的无意识领域之中。在利奥塔看来，欲望与图形在解构话语秩序的作用上有着某种相似的关联，这让我们再一次回到梦的研究这一揭示深层心理过程最可靠的方法上。

在弗洛伊德看来，梦之所以不是欲望，是因为梦在形成过程中受到了精神稽查的作用，梦是欲望的满足，但这种满足是通过掩饰和化装达到的，梦的化装实际上就是稽查作用的活动："政论作家要对当局写些不愉快的真相也会遇到同样的困难。如果不加掩饰，当局就会压制他们的言论；如果已经口头发表，则事后加以制裁；如果已印刷出版，则事先予以查禁。一位作家必须时刻提防这种稽查，所以他在表达言论时必须缓和语气或改头换面。"[①]与之一同发生改变的，包括话语的秩序。梦

---

① 　［奥］弗洛伊德：《释梦》，孙名之译，139页，北京，商务印书馆，2002。

的最一般和最显著的心理特征是，某种欲望的思想在梦中被客体化，表现为一种景象，让我们感觉身临其境，也就是说，梦能够把思想转变为言语和视觉表象，拉康只注意到了前者所具有的语言结构，而忽略了视觉表象的意义，这一点被利奥塔牢牢把握住了。弗洛伊德这样描述梦的这种图形的特征："梦之不同于白日梦在于它的第二个特点，即梦的观念内容从思想转变为视觉意象，我们不但相信这个意象，而且好像在亲身体验着似的。……我们在此还必须记住，这种从观念到感觉意象的转换不仅单纯地出现在梦中，而且也可以在常人身上或精神神经症症状的幻觉和幻象中作为独立的实体而出现。"[①]也就是说，梦不仅具有话语的结构，而且有着一个无法被还原的图形的结构，后者在拉康的精神分析法中是被严重忽视的一面。

在此基础上，利奥塔对弗洛伊德划出的梦的工作的四个因素做出重新解释，这包括拉康所忽略的第三、第四因素，也就是"对形象性的考虑"和"二次加工"。

第一是凝缩作用，利奥塔把它理解为一个物理过程，就像物体从气态过渡到液体是一个体积缩小的过程一样，利奥塔所要强调的是，凝缩作用的产物不仅仅是语言性的，而且可以是立体的物。一方面从话语的角度来说，凝缩并不遵循话语的规则，它通过混淆词句、分割字母等方式创造出一个与日常语言对立的空间，通过凝缩作用产生的词语隐藏了它们本身的面目，使梦中的词语显得晦暗不明。另一方面从图形的角度来说，欲望通过凝缩作用制造出一个乔装打扮的想象世界，就像在剧场

---

① ［奥］弗洛伊德：《释梦》，孙名之译，536页，北京，商务印书馆，2002。

里表演的作品一样，尽管它一如既往地经受精神的稽查，不断删减和改动自身的内容，但它永远是与精神的压抑针锋相对的，因而在利奥塔看来，凝缩作用表明想象活动，包括梦的活动和幻想的活动在内，包含了实现愿望和抵抗精神压抑的功能，这与前面所讲的艺术作品的批判功能有着极为相似的联系。

第二是移置作用，在弗洛伊德那里，"它一方面消除具有高度精神作用的那些元素的强度，另一方面则利用多重性决定作用，从具有低度精神价值的各元素中创造出新的价值，然后各自寻找途径进入梦的内容中"①。它的结果是使梦的内容不再与梦念的核心有相似之处，它是完成化装的主要方法。利奥塔尤为重视移置作用在多元决定的影响中改变话语重点的功能，就如同纸面发生褶皱，意义也会发生变化。利奥塔举了一个例子：罗西弗(Frédéric Rossif)的电影《十月革命》(Révolution d'octobre)的宣传海报，如图 8-2 所示：

图 8-2 电影《十月革命》的宣传海报

---

① ［奥］弗洛伊德：《释梦》，孙名之译，308 页，北京，商务印书馆，2002。

假如有人扛着印有这一海报的旗帜迎风而行，某些字母就会完全消失于褶皱之中，有些字母也会变形为别的字母，我们只能看到旗帜开头的 REV 和 D'O，以及旗帜末尾的 ON 和 RE。这样"十月革命"一词通过凝缩作用成为"Révon d'Ore"，也就是"让我们梦想黄金"的意思，这就是说通过重点的转移，词语发生了根本性的变化。我们可以看到，凝缩作用在上述过程中表现了它在三维视觉上的影响，而移置作用也同样具有破坏话语秩序的功能。

第三是对形象性的考虑，我们在前面已经介绍过，它有一种使抽象思想向图像转化的作用，利奥塔之所以把弗洛伊德所讲的"表现力"转为"形象性"，是为了突出其图像的特点。利奥塔认为它有两种目的：一是为文本作插图，这样文本与图像一同表现出来；二是图形取代文本中的一部分。这样，形象化的文本虽然是一种话语，但它与图形已经非常接近，也就是说话语与图形有着某种近似性。对于话语而言，它有着自身的层次，第一层是可以被直接辨认出来的词语；第二层是句法结构，它与第一层都属于修辞；第三层是叙事节奏的母型，它反映了作家之间的绝对差异。我们可以设想图形性空间也有着类似的结构。

第四是二次加工，我们之前讲它的功能在于消除前面三种因素所造成的荒谬性，使梦看起来像正常思想，它似乎为梦筑造了一个光滑的表面。然而利奥塔认为，尽管二次加工使它的产物具有可读性，但这种可读性是虚伪的，因为为了达到这一表面文本之后的内容，我们还必须重建那些被梦的工作所解构的原始文本或图形，越是接近真正的语言活动的东西，越容易欺骗我们，而图形则没有这种欺骗性，它没有走向单义性的企图，而是保留着多义性。二次加工反映了梦的深层构造，也反映了我们深入了解原始文本和图形的必要性。利奥塔写道："欲望不是加工一份被清晰提供的文本以便乔装它。它不是让文本进入自身，而是先于它，占据它，而我们从来都只拥有被加工过的、混合着可读因素和可见因素的文本，那是个无人地带，在其中自然被换成词，文化被换成物。必须假设一种最初的状态，在其中压抑作用和被压抑内容的再现同时构成。"[①]

利奥塔之所以如此强调梦的工作的重要性，是因为它有助于解读欲望所受到的最初的暴力。我们从弗洛伊德那里认识到，梦是一个受压制的或被压抑的欲望在伪装下的满足，梦的工作只是把梦表现出来，而精神的稽查作用则迫使欲望不得不以化装的形式表现。利奥塔发现，在梦的工作中，以及与梦的结构相似的梦想、幻想中，不仅存在着有待于读的东西，而且存在着有待于看的东西，那就是话语和图形。二次加工作用揭示了精神受到了表面话语所产生的意义本身的妨碍和欺骗，相反图形的力量试图冲破这种法则，这有助于我们重构受压抑的原初状态，从而能够对现实中的压抑和暴力，以及意识形态的欺骗有更深入的理解。

四、欲望与图形世界的批判旨趣

利奥塔通过采用与拉康截然不同的视角，重新回到弗洛伊德关于梦的研究上，澄清了拉康对弗洛伊德的误读和不足，他所引入的图形概念

[①] ［法］让-弗朗索瓦·利奥塔：《话语，图形》，谢晶译，326 页，上海，上海人民出版社，2011。

使拉康建立在话语基础之上的能指系统遭受了前所未有的打击，也从另一个角度，为一直以来受西方传统哲学(特别是黑格尔哲学)贬斥的感性世界和艺术空间保留了它们的应有之地。而如何通过图形概念展开对现实世界和意识形态的批判，这需要与欲望的运作联系在一起。

利奥塔在弗洛伊德的梦的研究中发现了图形因素的重要意义，这是拉康理论所没有注意的地方，利奥塔在此基础上总结出图形性空间的三个层次："图形—图像，是我在幻想或梦中所看到的，绘画、电影向我所提供的，是一个被置于远处的物体，是主题，它属于可见者的范围——揭露性线图。图形—形式，存在于可见者中，它本身在严格意义上也是可见的，然而一般来说不被看见：它是安德烈·洛特的规范性—线图。它是一幅形态的格式塔、一幅图画的结构、一场演出的舞台美术、一张照片的取景。总之，它是模式。图形—母型从原则上不可见，它是原始压抑的对象，它一上来就混杂着话语，它是'原始的'幻想。然而它是图形，不是结构，因为它一上来就是对话语性秩序的破坏，是对这一秩序所允许的转换规则所作出的歪曲。"①

图像(image)、形式(forme)和母型(matrice)是从属于图形性空间的三种不同的联系方式，它根据的是可见的标准：被看见、不被看见的可见和不可见。图像对应的是一个物体的外形和轮廓，当图像在梦的舞台上呈现时，它解构的是知觉的元素，其明显的例子是在毕加索的素描画中，人体的不同侧面和轮廓在一个纸面上重叠在一起，它违反了过去视觉规则，解构了视角、时间和空间的单一组合方式。形式是支撑着可见者但却不被看

①　[法]让-弗朗索瓦·利奥塔：《话语，图形》，谢晶译，331页，上海，上海人民出版社，2011。

见的图形和脉络，它不能直接被看到而只能通过分析得出，欧几里得的几何学是它的典型，它有其规范性和统一性，利奥塔说这是一种"好的形式"，相对而言，无意识的图形则是一种"坏的形式"，因为它对整体统一性漠不关心。母型，既是不被看见的，也是不可见和不可读的："它不属于造型空间，也不属于文本空间，它是差异本身，这样一来它不受到对它的口头表达方式所要求的最低限度的对立化，或是对它的造型表达方式所必需的最低限度的图像化或形式化。话语、图像、形式都达不到它，它则同时驻扎于这三个空间中。一个人的作品从来都只是这一母型的后代；透过这些后代的重叠所构成的厚度，它有可能被略窥一二。"① 母型的存在决定了对文本性空间和图形性空间的解构视角必须是立体的、多空间和多维度的。可以说，图形性空间的三个层次都立足于对既有的对象、形式和空间的解构。

这样，我们就可以按照图形性空间的层次欲望做出解释，以文学作品为例，按照弗洛伊德所说，作品与幻想一样，它的动力是尚未满足的欲望，也就是说它是一种征候，是一种外在化为语言的深层幻想。从图形的角度看，图形—图像刺激着读者的幻想力，图形—形式向读者暗示了它潜在的结构，而图形—母型则是作者本人的欲望的表达。我们可以看到，艺术、文学和舞蹈等表达方式同样可以通过这种方式，使投入其中的幻想、心理结构和压抑的欲望解放出来，因为这些欲望的能量尽管处在未释放的状态，但它们依然是一种无法被掩饰的现实被压抑的表现。

---

① [法]让-弗朗索瓦·利奥塔：《话语，图形》，谢晶译，338 页，上海，上海人民出版社，2011。

利奥塔从他对梦的工作的解释中发现，精神对自我的统治来源于现实欲望的不满："自我的统治是现实对于无意识的统治，这是压抑作用的统治，它不创造作品，它将能量投入词语化（知识）并投入对世界的改造（可操作性）。不存在以消除、颠覆压抑作用为功能的自我。"①这一结论并不是利奥塔从弗洛伊德那里直接继承过来的，而是通过对黑格尔哲学和拉康的能指理论体系的批判得出的，因为无论是按照黑格尔的方法，把感性确定性所特有的异质性淹没在知识的合目的性之中，还是按照拉康的方法，把对无意识的解释交付给对于我们而言最具有欺骗性的语言，它们都无法真正打开这种欲望批判的空间。相反，一直遭受贬斥的艺术活动和视觉意象，作为幻想的表达与梦的工作分享着相似的结构，它对现实的不妥协的欲望为精神分析提供了新的道路，解构了话语的既有秩序，正如马拉美的《骰子一掷永远取消不了偶然》，它把事物的差异包含于自身的空间之中，并同时在文本性空间和图形性空间的两个异质广延中展开，这就是为什么艺术作品作为欲望的征候具有前所未有的批判性。

利奥塔对梦的图形因素的探索是一项寻找欲望的原发过程而留下来痕迹的工作，图形因素被掩盖在语言和知觉活动的稽查作用之下而变得模糊不清，乃至被知觉活动简单地抛弃和遗忘，寻找图形因素就是要回忆压抑的原发过程，回忆这种来自自我精神的原初暴力，它也是最初的异化过程，应该解构的正是由此引发出来的认知话语对我们的统治。利奥塔所讲的回忆，通过弗洛伊德的自由联想疗法，试图在话语中解构二次加工及其

---

① ［法］让-弗朗索瓦·利奥塔：《话语，图形》，谢晶译，439—440 页，上海，上海人民出版社，2011。

所有其他稽查作用，这颠覆了意识对无意识的支配，使差异因素再现。

利奥塔强调梦的工作所带来的批判意义，它使被颠倒的呈现于我们眼前的东西重新颠倒回来："批判工作在于展示作为过程的凝缩作用本身。因此，将呈现有序因素的那个空间必须不仅是一个骗局空间（伴随着它实现欲望的凝缩作用），而且是一个真理空间——原发作用在其中以原发作用的样子被呈现，而不是作为幻想的基础发挥作用。这样一来，这些作用与它们的力比多的合目的性相隔离。它们令人看到自身，它们不再仅仅导致欲望的幻想性实现（通过这种实现，爱欲甚至在困境中都始终追求自己的目的）；它们表现为纯粹差异的痕迹，表现为困境的地带；死亡驱力、差异的运动及朝着差异的运动，它们来到其中展现自己——通过包围快乐、现实和话语的种种形成物。"①从梦的工作，到幻想，再到作品，都反映了这一双重颠倒的批判过程，作品之所以具有批判性，是因为它不满足于落入话语的骗局之中，不愿意成为意识形态的征候，作品恰恰展示了意识形态如何制作像梦一样的东西，使欲望材料转化为令人满意的社会形式，否则作品只会成为某种实现欲望的工具。譬如，在一款叫"笑面牛"的奶酪的盖子上印着一头牛，正在嬉笑着并带着"笑面牛"奶酪做的耳环，这个广告事实上是对奶酪生产的欲望的实现。利奥塔这一理论不仅对于艺术作品，而且对于资本主义的商品意识形态的批判同样有着深刻的意义，这是一种在弗洛伊德和拉康精神分析方法那里难以看到的崭新的批判视角。精神分析不仅要深入欲望实现

---

① ［法］让-弗朗索瓦·利奥塔：《话语，图形》，谢晶译，466 页，上海，上海人民出版社，2011。

的过程，而且要揭示意识形态对欲望原发空间的妨碍和欺骗，这种双重颠倒才是将精神分析推向对现实社会的欲望空间的批判之路。

附录　对立与差异：利奥塔对辩证法的批评

福柯曾经在题为《话语的秩序》的就职演讲中说道："我们整个时代，不管是在逻辑学还是在认识论里，不管是在马克思还是在尼采那里，都在试图逃离黑格尔。"①作为福柯的同时代人，利奥塔毫无疑问也是其中之一。与福柯不同的是，利奥塔不仅从话语（discours）的角度，对黑格尔辩证法本身提出一种批评，而且在胡塞尔和梅洛-庞蒂的现象学的基础上，提出一种崭新的"图形"（figure）批判视角，寻求一种语言学、现象学和辩证法之间的当代对话。这种对话构成了《话语，图形》的理论旨趣，而他对辩证法提出批评的核心就在"对立"与"差异"的关系问题上，它在语言学的层面上表现为要素之间的间隔，在现象学的层面上表现为身体与对象之间的距离。

（一）语言结构中的间隔

关于对立与差异，利奥塔在索绪尔的语言学中，找到这一关系的比较清晰的表达："语言中只有差异（différences）。……就拿所指或能指来说，语言不可能有先于语言系统而存在的观念或声音，而只有由这系统

---

① 许宝强、袁伟选编：《语言与翻译的政治》，28 页，北京，中央编译出版社，2000。

发出的概念差异和声音差异。"[①]如果我们把所指和能指分开考虑的话，语言系统是一系列概念差异和声音差异的结合，比如，"父亲"和"母亲"这两个概念的差异，或者"父亲"和"母亲"这两个声音之间的差异。但是，如果我们把语言作为一个符号系统去考虑的话，差异这个词是不妥当的，因为这两个符号各有所指和能指，它们之间只有对立（opposition）。索绪尔所要讨论的整个言语活动机制都将以这种对立及它们所包含的声音差异和概念差异为依据。

在语言中，差异是一些不确定的、消极的要素（terme），当一定数目的概念差异和声音差异相互配合的时候，就会产生一个价值系统，我们就会得到一些确定的要素、积极的要素，我们就可以谈论要素之间的"对立"了。当一个法国人说"marchons""我们步行吧"的时候，一方面它与同一个动词的另外两种命令式"marche""你步行吧"和"marchez""你们步行吧"对立开来，另一方面它又与其他动词的命令式"montons""我们上去吧"和"mangeons""我们吃吧"对立开来。因此，我们可以说，观念唤起的不是一个形式，而是整个潜在的系统，符号本身没有确定的意义，只有通过概念之间和语音之间相互对立的系统，人们才能理解和利用符号的价值。

利奥塔认为，对立与差异的关系问题应当引起我们足够的重视，去重新思考那些以语言主体为中心的系统哲学。在他看来，对立与差异的关系包含着两种层面上的否定性：语言结构的否定性和视觉经验的否定性。

---

① Ferdinand de Saussure, *Cours de linguistique générale*, Paris, Payot, 1971, p. 166.［瑞士］弗尔迪南·德·索绪尔：《普通语言学教程》，高名凯译，167 页，北京，商务印书馆，1999。

　　语言结构的否定性是由索绪尔的语言学所揭示出来的，差异本身包含着一种否定的属性，正如上面所说，如果我们说"marchons"有异于"marche"，这只不过等于说"marchons"不是"marche"，无论它们之间的不吻合程度如何；从"marchons"和"marche"之间存在着某种关联的那一刻起，它们就是同一个系统中的要素，差异就成为对立。一个要素的重要之处不是语音本身而是语音的差异，正是语音的差异才使这个要素与其他要素区分开来。雅柯布森(Jacobsen)从音位的角度，进一步发展了索绪尔的这一观点："就音位而言，重要的不是每个音位孤立的、自我存在的音质。这一点索绪尔强调得很正确。重要的是音位在音位系统内部彼此的对立关系。每一个音位都包含有与其他音位对立的网络。'音位首先是对立的、相对的和否定的实体'，这个公式表达了索绪尔的观点。"[1]对立意味着对立的双方以特殊的方式联系在一起，如果一方出现，大脑就会推断出另一方，这样，对立就获得了区别或辨义的功能。以辅音为例，主要存在着三种对立：强辅音和弱辅音的对立、强阻力和弱阻力的对立，以及送气和不送气的对立。这些对立足够让我们区分世界语言中大部分的辅音。

　　在利奥塔看来，这种语言结构的否定性阻碍了我们的反思。我们在使用语言的过程中，甚至在无意识状态中就已经接受了语言系统所给予的对立关系，这种对立关系把原初的能指差异转变为一种系统内部的差异，利奥塔称之为"间隔"(écart)，这种间隔是不允许被跨越的，否则我们的言语将无法产生意义。反过来说，如果人们想要通过语言被理解，就必须遵循系统的对

---

① ［美］罗曼·雅柯布森：《雅柯布森文集》，钱军等译注，178页，长沙，湖南教育出版社，2001。

立规则。利奥塔写道："这里，我们触及一种由制约所构成的总体，这一总体是如此基本，以至无论说话主体进行组合的自由有多大，无论主体对话语中措辞的操纵权有多大，这一自由和操纵权只涉及等级中处于上层的语言单位——词、句，而并不动摇简单的语音对立之网——所有语言单位所构成的整个等级制度都建立在这一语音对立网的基础上。"①与庞大的、稳定的、系统的对立规则相比，人们在言语中的差异显得微不足道，只要它不改变系统的间隔，就不会对系统产生根本的影响。这样，差异就消解在对立的系统之中，在此意义上，语言结构的否定性等于要素之间的间隔。

利奥塔认为辩证法的秘密恰恰隐藏在这种对立的系统之中，因为在辩证法的内部，一个要素的定义和价值是由另一个与之相关的、对立的要素所给出的。黑格尔的《精神现象学》正是以探讨一种差异和对立的关系出场的，在感性确定性中，存在着作为自我的"这一个"和作为对象的"这一个"之间的区别："自我通过一个他物，即事情而获得确定性，而事情同时通过一个他物即自我而具有确定性。"②感性确定性本身包含了这种差异，然而在感性确定性的辩证发展中，每一个意识都必须扬弃感性的"这一个"，例如，"这里是一棵树"，并且说出与之相反的话，"这里不是一棵树，而是一所房子"。接着，黑格尔把感性确定性的问题转变为知觉的问题，把事物的单一性归结为相反的特质之间的排斥，归结为对立的关系和诸多差异的否定性的统一，因此这引出事物之间的矛盾概念。这样，辩证法就把对象的差异性封闭在语言结构的对立性之中，"当辩证法

① ［法］让-弗朗索瓦·利奥塔：《话语，图形》，谢晶译，29—30页，上海，上海人民出版社，2011。引文有改动。

② ［德］黑格尔：《精神现象学》上卷，贺麟等译，64页，北京，商务印书馆，1983。

将其意图伸至物，伸至作为观念的他者的可感者时，它也就超出了自己的效力范围，并从知识变为意识形态"[①]。利奥塔认为，辩证法必须放弃这一企图，这就需要我们用另一种方法去理解对立与差异，这种方法不是从话语层面上提出"这一个"出发，而是从如何对象性地"看"出发。

(二)视觉经验中的距离

视觉经验的否定性，是通过现象学的方法来加以认识的。利奥塔写道："存在着这样一种否定，它被蕴含在可见者、距离、构成空间的间隔中，它是在可变性中被体验到的否定性。对于这种产生广延、厚度、图形的能动性的经验，这一经验是现象学家所特别重视的描述对象。"[②]在现象学中，这种能动性的经验建立，是以一种前给予的被动性作为前提的。因此，理解利奥塔对视觉经验的认识，必须首先理解胡塞尔和梅洛-庞蒂现象学中的具有构成性的"看"。

胡塞尔在《笛卡尔式的沉思》中认为，我们从小就必须学会观看"物体"，而现成地摆在我们面前的东西，是"通过被动经验的综合，以它自身本源面目而被给予的"[③]。胡塞尔所讲的这种能动性，是作为最低阶段的能动性而建立起来的，是从我第一眼就能够看见一个物体的经验开始的，那个在被动直观中被前给予的物体，会继续在一种统一的直观中

---

① [法]让-弗朗索瓦·利奥塔：《话语，图形》，谢晶译，50页，上海，上海人民出版社，2011。

② [法]同上书，23页。

③ [德]埃德蒙德·胡塞尔：《笛卡尔沉思与巴黎讲演》，张宪译，115页，北京，人民出版社，2008。

呈现出来，形成一种持续的生成的结构形式，比如，一种空间物体形式。在利奥塔看来，胡塞尔在对视觉事物的构造过程的描述中，揭示出了它的被动性的起源，这使事物在一种多侧面的统一中呈现出来。

梅洛-庞蒂在此基础上，把这种最低阶段的能动性进一步降低到空间和客观身体的层面，也就是肉身（chair）层面。梅洛-庞蒂认为，当我看的时候，我作为"看者"（voyant）不是我所看之世界的局外人，而是处于"可见的"（visible）世界之中。看者是由身体性构成的，而看者与事物之间的"肉身"则是由可见性构成的。看者处于可见的世界之中，又与可见世界保持距离（distance），如果没有看者和可见世界之间的距离，就不存在有待于看的东西。关于轮廓的统一、不同视线相结合的地点，关于结合、聚集为一种肉身的厚度（épaisseur），看者的身体所具有的厚度虽然无法与世界的厚度相提并论，但是"身体的厚度是我通过把自己构成为世界、将事物构成为肉身而进入事物的中心的唯一方式"①。肉身不是某种物质、精神或实体，而是一种用来说明普遍事物的意义的原则，是存在的"元素"。在此意义上，视觉经验的否定性是看者与可见世界之间的距离，我在身体与世界的区别中体会到自身与世界的联系。

利奥塔在现象学和梅洛-庞蒂晚期著作的基础上，比较了语言结构上和视觉经验上的否定性：

第一，如果用现象学的方法重新审视语言学的话，我们会发现，就像我在观看那样，当我说出"这一个"的时候，话语与对象之间实际上也

---

① ［法］莫里斯·梅洛-庞蒂：《可见的与不可见的》，罗国祥译，167页，北京，商务印书馆，2008。

存在着距离，也就是说，存在着厚度和不透明性（opacité），然而，语言系统为了达到一种清晰性，通过对立和间隔的方式消解了能指与所指之间在结构上的不透明性，把立体的、能动的、空间关系转变为一种平面的、不变的文字关系，把原初的差异关系转变为系统中的对立关系。因此，利奥塔说："差异不是对立，前者构成了一种不透明性，它打开了指称的秩序，后者则是在能指或所指的平面上维持由不变因素所构成的系统。"①利奥塔以神话故事为例，神话故事最初表现为多种视觉经验的形态，通过舞蹈、服装、建筑和绘画等方式表达出来，而在神话故事被纳入语言结构中，成为一种文本性的东西之后，它就带有了一种知识话语的特征，原初的视觉差异就被逐渐排除在知识话语之外，"看"的经验隐藏在"说"的结构之中。

第二，利奥塔跟随梅洛-庞蒂在《世界的散文》中的脚步，探讨绘画与语言之间相互沟通的可能性，绘画可以看作为一种沉默的话语。如果把世界设定为有待绘出或画出的东西，而不是设定为有待说出的东西，那么我们将区分出两种不同的空间：图形性空间和文本性空间。利奥塔指出文本并不是什么自在的东西，而是受到它的要素的规定，这些要素包括字母、词句、间距及它们在纸张等载体上的投影。在这种意义上，文本不仅可以在语言的意义上被阅读，而且可以在图形空间中被看见。一个最典型的例子是马拉美的一首诗《骰子一掷永远取消不了偶然》，这首诗从字体上来讲有着不同的字形和大小，而且也可以说没有完整的句子而只是一些短语的拼接，但它在某种意义上还原了一种无法被复制的

---

① Jean-François Lyotard, *Discours*, *Figure*, Paris, Klincksieck, 1971, p. 75.

编排方式，一种非常接近图形的话语。通过这种以语言反观绘画的方法，我们可以认识到，语言的清晰性不过是符号意义的抽取和隔离，它来源于对身体与世界之间厚度的一种模糊的把握，甚至来源于它的对立面——绘画这种沉默的话语或其他图形性空间的要素，这是一种通过"说"去反观"看"的思维方法。

第三，我们应当超越话语与图形之间的非此即彼。话语是表意行为本身的前提，它与能指、所指和指称者联系在一起，它处于一种由间隔所构成的空间中，而图形则以可见性为标准，分为图像、形式和母型三种类型：图像是能够被看见的，是一个物体的图像及轮廓；形式是不被看见的可见，是可见世界的脉络，它不能直接被看到而只能通过分析得出，它是一幅形态的格式塔、一幅图画的结构、一张照片的取景；母型既是不被看见，也是不可见和不可读的，它是处于无意识深处的差异本身，是原始压抑的对象。利奥塔在梅洛-庞蒂的基础上，从身体的层面进一步降低到无意识的层面，弗洛伊德在《释梦》中指出："梦的观念内容从思想转变为视觉意象，我们不但相信这个意象，而且好像在亲身体验着似的。"①也就是说，梦既可以把思想转变为话语，也可以把思想转变为图形，拉康只注意到了前者所具有的语言结构，而忽略了视觉表象的意义，这一点被利奥塔牢牢把握住了。如何超越这种非此即彼？利奥塔认为梅洛-庞蒂最终还是回到了主体哲学的道路上，认为这是先验思想的最后一次努力。在《话语，图形》的后半部分篇幅中，利奥塔开始从绘画、艺术和梦的角度去寻找一种弗洛伊德主义的美学批判维度，弗洛

---

① ［奥］弗洛伊德：《释梦》，孙名之译，536页，北京，商务印书馆，2002。

伊德是利奥塔这段时期的主要思想来源之一，另一位对利奥塔的批判思想产生重要影响的思想家是马克思。虽然在《话语，图形》中，马克思并没有占据很大的篇幅，但是在利奥塔的辩证法批判的意义上，马克思毫无疑问地占据了重要地位。

(三)辩证法中的对立与差异

如果辩证法的作用仅仅是维持语言内部的间隔，而不是揭示话语及其对象之间的距离，那么这种辩证法只是一种指示法（déictique），是一种以语言活动为手段的总体化举动。黑格尔在《精神现象学》中所讲的感性确定性并没有把可感者放在一个开放的空间之中，而是使它成为辩证法的一个中介，然而，可感者的指称行为本身是非话语的、差异的，是一种沉默的因素，它有赖于一种身体与空间的现象学解释，这是以语言主体为中心的系统哲学所无法覆盖的问题。

如何摆脱主体哲学并提出一种辩证法的批评？利奥塔认为，马克思在《黑格尔法哲学批判》中提供了一种批判的典范。黑格尔在谈到"等级"要素作为国家和人民之间的中介的时候写道："最重要的逻辑真理之一，就是作为对立面而处于极端地位的特定环节，由于它同时又是居间者，因而就不再是对立面，而是一种有机的环节。"[①]黑格尔之所以强调各等级在国家制度中所起到的中介意义，恰恰是因为当时流行的一种观点，即各等级是与政府相对立的。黑格尔认为这种对立只是一种假象，相互冲突的不是等级与国家，而仅仅是一些琐碎的事物，仅仅是一些私欲和

---

① ［德］黑格尔：《法哲学原理》，范扬等译，365 页，北京，商务印书馆，2011。

贪婪而已。相反，马克思却在其中发现了等级制度的重大矛盾：在与《黑格尔法哲学批判》同时期的《克罗茨纳赫笔记》中，马克思注意到，在法兰西第一共和国时期，由第三等级组成的国民议会"一方面宣布私有财产不受侵犯，另一方面又牺牲私有财产"①。等级原本是市民社会各集团赖以安身和活动的基础，而黑格尔一方面把等级从"经验普遍性"中抽象出来，把它作为国家的对立面，另一方面又想象一种"自然伦理的等级"，并把它作为国家与人民之间的中间环节，这样，等级差别被调和在这种对立面的统一之中。在马克思看来，黑格尔这种把差异融入对立之中的做法，就像古罗马门神雅努斯有前后两个面孔一样，时而现出这一面，时而现出那一面；马克思调侃道，这种做法就像《仲夏夜之梦》中的一个场面，一个木工在戏剧中扮演一头狮子，但又害怕吓到观众，故意在出场的时候说"我不是狮子，我是木工史纳格"。

马克思进而探讨了本质与差异的关系。北极和南极的本质是极，女性和男性的本质是人，它们之所以如其所是，是因为它们只是作为本质上有差别的规定而存在的。真正的极端是极和非极、人和非人，是各本质之间的差别。在马克思看来，如果我们把"一种本质所存在的范围内的差别"与"相互排斥的各种本质的现实对立面"②区别开来的话，我们就能避免三种错误：第一，把极端和片面性看作是真理；第二，把对立面形成极端看作是一种危险；第三，企图用中介来调和极端。在此意义上，哲学和宗教是两个极端，但不形成一种对立面，因为哲学可以通过

① 北京图书馆马列著作研究室编：《马恩列斯研究资料汇编(1981)》，8—9 页，北京，书目文献出版社，1985。

② 《马克思恩格斯全集》第 3 卷，110 页，北京，人民出版社，2002。

宗教的现实来理解宗教。在利奥塔看来，马克思对本质和差异的理解保证了各本质之间的距离，这使它们之间的差异能够在这种距离化的场域中得以呈现，而没有使本质被抽象化为系统的、简单的对立，抽象化为不变的间隔。

可以说，利奥塔在《话语，图形》中通过对 19 世纪末到 20 世纪的现代语言学、精神分析学和超现实主义作品的解读，重新发掘了那种在马克思的《黑格尔法哲学批判》中出现的意识形态批判的意义，指出了黑格尔辩证法对人的感性活动的忽视，并提出必须要走出话语的秩序和非此即彼的辩证法，正是这种辩证法企图侵蚀感性的差异并把人的身体包裹在世界的秩序之中。话语的意义相对于图形的意义存在着优势，而我们应当超越这种平行。在《话语，图形》之前，利奥塔主要采取的是现象学与马克思主义的话语，而在《话语，图形》之后，他主要采取的是弗洛伊德主义和尼采主义的话语。《后现代状况》一书让利奥塔的英语世界声名鹊起，却也带来了许多误解。利奥塔认为，问题依然在于语言结构本身，他认为一种社会的、政治的批判只有在与构成资本主义体系特征的社会约束相决裂的情况下，在损害那些不变间隔的情况下才能进行。因此，利奥塔对话语的研究最终走向对西方话语体系的彻底批判与重构，这一观点构成了利奥塔政治哲学的代表作《分歧》的主旨：为差异作证。在此意义上，辩证法不仅仅是一种指示法，还是"能够表现为对资本主义社会—经济现实的一种合理表达"①。

---

① ［法］让-弗朗索瓦·利奥塔：《话语，图形》，谢晶译，31 页，上海，上海人民出版社，2011。

第八章

利奥塔对马克思的解读

　　利奥塔的精神分析学转向与他自身的马克思主义观的变化几乎是同时发生的，而且其中还加入了20世纪60年代开始的法国尼采主义的影响，这就使利奥塔的批判思想形成了多个侧面，也同时带来了利奥塔思想解释的多样性和复杂性。利奥塔的马克思主义观是我们一直关注的核心，也是贯穿利奥塔早中期思想的主要线索，对这一线索的梳理有助于理解利奥塔整体思路的原貌，从而能够对他的理论走向做出较为准确的判断。《从马克思和弗洛伊德开始的漂流》一书对当下流行的两种马克思主义解读方式——马克思学的人道主义解释和阿尔都塞的科学主义解释——做出了评价，在利奥塔看来，这两种以意识形态论战为目的的解释都带有把马克思思想教条化的倾向，而真正的关键并不在于阅读马克思，而在于像马克思那样对历史当下的资本主义状况展开实践批判。

一、利奥塔对吕贝尔的批判

利奥塔在《从马克思和弗洛伊德开始的漂流》的序言中表明他要对两条理论战线提出质疑，一是马克西米里安·吕贝尔的人道主义解释，二是阿尔都塞对认识论的解释。我们首先看利奥塔是如何对吕贝尔的人道主义解释展开批判的。吕贝尔是法国"马克思学"（marxologie）研究的奠基者，他在 1959 年创办了年刊《马克思学研究》（*Études de marxologie*），这本杂志翻译和介绍了马克思、恩格斯未发表的著作及西方学者关于马克思的研究成果，它标志着一股系统研究马克思和马克思主义的新思潮形成，与此同时，吕贝尔还翻译了马克思、恩格斯的著作和相关论著。

尽管吕贝尔标榜着他继承的是梁赞诺夫所开创的马克思文献编纂事业，但实际上是别有用心的，他试图把马克思思想和马克思主义区分开来，制造马克思和恩格斯之间的对立，吕贝尔在名为《反恩格斯提纲》一文中写道："马克思主义并非马克思思想路线的原始产物，而是恩格斯在其脑袋里构想出来的东西。至于'马克思主义'这个术语所包含的在理论上可以理解的主旨，其责任并不在马克思而在恩格斯。"[①]吕贝尔认为，恩格斯

---

① 吴晓明、张亮主编：《当代学者视野中的马克思主义哲学：西方学者卷》补卷，252 页，北京，北京师范大学出版社，2011。

创造了一种"马克思主义神话"，而苏联的政治意识形态和观念体系则是恩格斯这种影响的延伸，因而吕贝尔试图摆脱苏联的马克思主义解释，通过文本研究回到真正的马克思思想。虽然他的马克思学打着中立科学的旗号，但他的研究明显受到自身意识形态批判的目的论的束缚，他所编纂的马克思的著作也同样反映了这一缺陷。吕贝尔所编纂的两卷本的马克思《经济学著作》(Œuvre, économie)在1968年出版，利奥塔是最早对其提出质疑的学者之一。

《一个非马克思主义的马克思》(Un Marx non marxiste，1969)是《从马克思和弗洛伊德开始的漂流》中的一篇文章，利奥塔认为吕贝尔编纂的这本马克思的《经济学著作》十分值得商榷。在吕贝尔的这部2000多页的合集中，包括了1844年巴黎手稿《1844年经济学哲学手稿》、1857—1858年手稿(《1857—1858年经济学手稿》)、1861—1863年手稿(《1861—1863年经济学手稿》)、1863—1865年手稿(《1863—1865年经济学手稿》)，此外编辑还别出心裁地收录了《资本论》第二、三卷中一些未完成的写作，其目的是对恩格斯所编辑的《资本论》第二、三卷提出质疑，在他们看来恩格斯并非马克思知识遗产的合法继承者，而只是其著作的"众多解释者之一"。

吕贝尔编辑这部马克思《经济学著作》的首要目的就是要制造出一个与"马克思主义"无关的"马克思"。利奥塔认为对于法语读者而言，学生、政治家和研究者们并没有因此而得到一份马克思的权威版本，即使就马克思的《经济学著作》而言，吕贝尔的版本也是不完整的，它并不是像宣传所说的那样是中立的和科学的，而是参与到意识形态论战之中的武器："'马克思学'并没有逃脱这一定律，吕贝尔的版本是论战式的；

不由自主地，他可以获取阿姆斯特丹的手稿，却无法得到莫斯科的资料；确切地说，因为他试图摧毁一种马克思的思想象征并用另一个来取代它。这就是为什么导言中的几页及一定数量的纲要和笔记被有意地剔除，正如第一卷所说的那样。"①吕贝尔想摧毁的是那个偶像化的马克思，是那个恩格斯所推崇的"马克思主义"的马克思，是那个在斯大林时代和后斯大林时代的工人运动中建立起来的权力形象的化身。

虽然利奥塔认为吕贝尔的做法在某种程度上具有合理性，然而这种认同毫无疑问加入了利奥塔自身的弗洛伊德主义的理解。利奥塔所理解的回到马克思的文本，在弗洛伊德的意义上就是回到马克思本人的欲望空间，回到马克思的"资产阶级的悲惨经历"。根据《话语，图形》的观点，马克思的作品标志着未能满足的欲望及他对知识的渴望，因此他孜孜不倦地钻研至资本主义的深层，深入各种经济、政治和意识形态现象之中。资本主义的现实是导致马克思的欲望未能满足的主要原因，利奥塔写道："如果下述状况永远得不到稳定，也就是说，正如资本主义社会那样，那么无止境的劳动就会不停地调动人类、事物及制度本身，不停地像扔废物一样抛弃先前的生气勃勃的关系。正是由于这种流动性，马克思的欲望在其不满中与他批判的现实关联起来——作品的未完成是对理论秘密的保证，它关乎生产及对制度的不断消灭，资产阶级把后者称为'进步'。"②我们从这里可以看到利奥塔在《力比多经济学》中的理论雏形，只不过利奥塔在这里的倾向并没有那么明显而已。

---

① Jean-François Lyotard, *Dérive à partir de Marx et Freud*, Paris, Galilée, 1994, p. 27.

② Ibid., p. 28.

　　吕贝尔的第二个目的，利奥塔认为它是针对经典解释框架的，也就是说马克思在某个特定时期转变为"马克思主义"，出于这种原因，青年马克思的一些著作如《黑格尔法哲学批判》被"正统的马克思主义"剔除出去。吕贝尔想要证明的是，马克思从青年时期到他生命的最后一刻，始终坚持同一个计划，也就是人道主义的计划，因而可以说，不仅有一个永无止境的马克思，而且有一以贯之的马克思，吕贝尔还列出马克思的经济学写作计划作为证明。显然，吕贝尔旨在迎合他批判苏联意识形态的目的，这导致他得出的结论过于简单和粗略。利奥塔指出吕贝尔的上述不足并认为，理解马克思所使用的概念意义的内在转变更有利于我们理解马克思思想的全景。譬如说，在吕贝尔编辑的马克思的《经济学著作》导言中，并没有出现"劳动力"这一概念，原因是它并不是马克思写作计划中所列出的范畴之一。利奥塔批判吕贝尔并没有意识到"劳动力"在马克思思想中所占据的重要地位，利奥塔写道："这一决定性的概念能让我们准确地认清工资，直到商品的交换、与货币相对的劳动力，从而定位作为使用（劳动）价值和劳动力的交换价值之间差异的剩余价值的形成。"[1]吕贝尔名义上回到马克思的文本研究，实际上却只停留在表面上的连贯性而忽略了概念的深层意义，其做法本末倒置且未能做到统筹兼顾。

　　吕贝尔的第三个目的，就是把马克思的经济学著作还原为人道主义批判，吕贝尔认为马克思的《资本论》首先是一种道德谴责，批判资本主义改变了人们的存在方式，也就是说人们的一种人性的生活方式和劳动

---

　　① 　Jean-François Lyotard, *Dérive à partir de Marx et Freud*, Paris, Galilée, 1994, p. 30.

方式反过来被他们的作品、技术发明和制度所支配；他还认为，对于马克思而言，政治经济学是一门关于恶的科学，是一种关于社会统治秩序的理论，马克思的革命信念优先于其科学论证，他的著作在本质上是一种伦理的批判。在利奥塔看来，吕贝尔的这些观点在他的《马克思学研究》中屡见不鲜，要么是一个反对不公的和梦想一个人道主义世界的马克思，要么是一个为官僚政治利益服务而被科学意识形态僵化的马克思，这相当于把论战的基础建立在一滩淤泥之上。我们也可以以此理解1932 年马克思的《1844 年经济学哲学手稿》的发表所带来的轰动和混乱。利奥塔认为，如果想从人道主义和科学主义之间争论的泥潭中脱离出来，马克思的《政治经济学批判大纲》（学界对《1857—1858 年经济学手稿》的通称）相对而言是一个比较理想的文本。

在利奥塔看来，当下的革命潮流，也就是由 1968 年学生运动引发的对异化的批判潮流应当给别人做出正当的指引："理论的当下性应当与历史的当下性，也就是与实践斗争的当下性保持联系。这一与外在性的关联，与思想之外的事物的关联，它本身恰恰包含在马克思思想的理论需要之中。如果这一关联被中断，整个马克思的思想就会消失。"[1]从利奥塔对吕贝尔的批判中可以看出，尽管利奥塔对马克思的解读加入了他自己对精神分析的理解，但他依然把实践批判的观点看作是马克思思想的首要观点之一。

---

① Jean-François Lyotard, *Dérive à partir de Marx et Freud*, Paris, Galilée, 1994, pp. 32-33.

二、利奥塔论异化和马克思的理论

利奥塔在《从马克思和弗洛伊德开始的漂流》中批判的另一个对象是阿尔都塞。利奥塔在《论异化在马克思主义的颠倒中的地位》（"La place de l'aliénation dans le retournement marxiste"，1969）这篇文章中表达了这样一种观点："一种寻求让别人理解的理论与'现实'之间的关系，应当受到两种当下性的制约——一种超越编年史的体系的当下性，以及一种原初意义的当下性，也就是这种体系所解释的这些现象发生的参照领域的当下性。"①对于马克思的理论而言，体系的当下性体现在《资本论》中，而马克思参照的 19 世纪的社会和经济实现了前所未有的发展，两种当下性就会发生冲突，简单地说，就是理论的当下性（le présent théorique）与历史的当下性（le présent historique）存在着关联，利奥塔认为，马克思主义在它的转折中两次转移了理论与历史的当下性关系，这一观点来源于阿尔都塞的解释。与此同时，利奥塔认为阿尔都塞重新解释了异化（aliénation）概念，也就是不再把异化概念看作是对异化现象的意指，而是根据它本身所处的话语地位，将其看作意识形态的人道主义话语中的一个用语。在利奥塔看来，阿尔都塞的理论就其内容而言毫无疑问有着批判性，但当它面对历史政治现实的时候，它的批判话语在其立场上却是非批判的，这是由阿尔都塞拒绝给予异化概念一个应有的位置所导致的。利奥塔因此试图通过马克思和阿尔都塞的著作重新定位异化概念在理论和历史之中的位置。

---

① Jean-François Lyotard, *Dérive à partir de Marx et Freud*, Paris, Galilée, 1994, p. 30.

正如阿尔都塞所言，对人道主义的批判是在特定意识形态和理论形势下的产物，其中苏联共产党第二十次代表大会对"个人崇拜"的批判是最为重要的因素。阿尔都塞在《保卫马克思》中回忆了这种形势："对斯大林'教条主义'的批判是被共产主义知识分子普遍当作一种'解放'来经历的。这种'解放'导致了一种深刻的'解放'—'伦理'倾向的意识形态反应。这种反应不由自主地恢复了'自由'、'人类'、'类自身'、'异化'等旧有的哲学主题。这种意识形态倾向试图在青年马克思的著作中寻找其理论的依据，而青年马克思的著作确实包含着人、人的异化及解放的哲学论争。这种情况导致了马克思主义哲学中的一种反常的逆转。自从 20 世纪 30 年代以来，青年马克思的著作是被小资产阶级知识分子用作同马克思主义进行斗争的武器，后来却被一点一点地，甚至是广泛地用于马克思主义的新'解释'中，而这种新解释今天已经被许多共产主义知识分子，被苏共二十次代表大会从斯大林教条主义'解放'出来的知识分子发展到了极致的地步。'马克思主义人道主义'的主题，马克思著作的'人道主义'解释逐渐地、并且是不可阻挡地加在了新近的马克思主义哲学之上，这在苏共和西方共产党内都一样。"①为了坚定马克思主义和共产主义的信念，作为法国共产党理论家的阿尔都塞感觉到了对这种"人道主义"主题进行批判的理论必要性。

阿尔都塞想要说明的是，人道主义之所以是一个意识形态概念而不是科学概念，是因为它仅仅确认了一系列存在的现实，而不提供认识这些现实的手段；它指出了一些存在，却不说明这些存在的本质。如果把

---

① ［法］路易·阿尔都塞：《保卫马克思》，顾良译，248—249 页，北京，商务印书馆，2006。引文有改动。

人道主义概念不分场合或毫无保留地作为一个理论去应用的话，就有可能带来危险。阿尔都塞认为为了马克思主义理论的发展，我们应当用科学的语言而不是意识形态的语言，"用适当的马克思主义概念赋予事物以恰如其分的名称，而不是往往用异化这类意识形态的概念或身份不定的概念作为事物的定语"①。

阿尔都塞决心要把人道主义的异化概念完全从马克思主义的科学话语中剔除出去，他认为正是因为马克思抛弃了异化概念，才有了后来《资本论》中政治经济学分析的基础。阿尔都塞写道："马克思在 1844 年手稿中，进行了一种可以称作概念实验的工作，他往费尔巴哈的人的本质异化的理论中加进了黑格尔的东西，即历史异化过程的思想，我对马克思这种实验的辩证方面进行了批判考察之后，指出了这种概念的结合是站不住的和要爆炸的。实际上，这种结合被马克思抛弃了（手稿没有发表，其中的论点后来逐步被抛弃了），并且的确发生了爆炸。马克思在 1844 年手稿中所主张的那个站不住脚的论点是，历史是主体的异化过程，即人的类本质异化为'异化劳动'的历史。但是这个论点真的爆炸了。爆炸的结果是主体、人的本质和异化等概念完全消失，化为乌有，没有主体的过程这一概念得到解放，成为《资本论》中一切分析的基础。"②显然，阿尔都塞在拉康影响下所提出的这种无主体的过程、无人的历史的观点，这种较为科学和中立的建立马克思主义科学话语的态度，并没有为利奥塔那种批判的实践思想留下任何空间，利奥塔从阿尔

---

① ［法］路易·阿尔都塞：《保卫马克思》，顾良译，237 页，北京，商务印书馆，2006。

② ［法］L. 阿尔都塞：《列宁与黑格尔》，载《哲学译丛》，1980 年第 3 期。

都塞重点批判的异化概念出发，对阿尔都塞的认识论提出了质疑。

利奥塔指出，马克思在《〈政治经济学批判〉导言》中所说的"从抽象上升到具体的方法"来源于对黑格尔思辨哲学方法的批判。马克思写道："黑格尔陷入幻觉，把实在理解为自我综合、自我深化和自我运动的思维的结果，其实，从抽象上升到具体的方法，只是思维用来掌握具体、把它当作一个精神上的具体再现出来的方式。但决不是具体本身的产生过程。"①在利奥塔看来，黑格尔混淆了思维与现实的关联，把思维中的具体看作是现实中的具体，从而把思维理解的世界看作是现实的世界。这是思辨哲学对世界的掌握方法，它与艺术的、宗教的和实践精神的方法区别开来。马克思通过对古典经济学和思辨哲学两种方法的比较发现，古典经济学把经济范畴按照它们在历史上起决定作用的先后顺序的排列方法进行排序是不行的，譬如，对于劳动这一范畴而言，虽然它是一个十分简单的一般性范畴，但它在古典经济学中往往被看作是现代的产物，而货币和农产品则被重商主义和重农主义看作是更一般的东西，这就导致了理论与历史的脱节，甚至表现为理论所反映出来的自然次序与现代资产阶级社会的相互关系中的次序恰好相反，而亚当·斯密的贡献在于把理论上的劳动概念颠倒抽象为一般性，为此马克思写道："问题不在于各种经济关系在不同社会形式的相继更替的序列中在历史上占有什么地位。更不在于它们在'观念上'（蒲鲁东）（在历史运动的一个模糊的表象中）的顺序。而在于它们在现代资产阶级社会内部的结构。"②马克思的从抽象上升到具体的方法

---

① 《马克思恩格斯全集》第 30 卷，42 页，北京，人民出版社，1995。

② 同上书，49 页。

的关键在于，从劳动最丰富的具体发展的地方找到最一般的抽象，而不仅仅把它看作是一种发达的特殊形式，还将其看作是各种劳动所组成的具体的总体精神的结果，这就是马克思需要在美国这一资产阶级社会最现代的形式中寻找劳动的一般性的原因。

利奥塔认为，对于当下的资本主义生产方式（同时也是剥削方式）而言，如果想建立一种关于它的普遍性的理论的话，我们必须依赖于经验的征候，也就是我们的劳动关系的特殊性，这种特殊性就像古典经济学的劳动概念一样，目前它只是一种外在的抽象形式，还有待于通过马克思这种对现实具体的颠倒把它再现为一般的具体范畴。在利奥塔看来，阿尔都塞的认识论试图把历史主义从马克思主义中脱离出去，因而个人经验的特殊性也同样被排除在这种认识论之外，这也就断绝了一般抽象的经验来源，它只能认识到理论与历史之间存在的颠倒或断裂的关系，而没有看到通过对现实具体的颠倒而产生批判理论的可能。利奥塔在此意义上区分两种当下性："一种历史现实的当下性，它是直觉和再现的对象，以及在这种现实中显示出的可能的普遍性，也就是说一种理论可能的当下性。"①在此意义上，资本主义是一种特殊的跨越编年史的当下性，它不能通过黑格尔的方法，也就是通过调和历史当下性和理论当下性的方式来理解。资本主义，从横向来看，它是一个现实的、主体的、社会的历史发展过程；从纵向来看，它是第二自然，是异质的，是从直觉和再现出发的一种概念的、超越编年史的阐释，虽然这种理论的阐释

---

① 　Jean-François Lyotard, *Dérive à partir de Marx et Freud*, Paris, Galilée, 1994, p. 39.

容易像黑格尔哲学那样误入歧途，但这种来自知识分子主体的对历史当下性的反映同样不应该被我们所忽略。

就异化而言，利奥塔认为它存在着两种维度。一种是图型（schème），它出自康德的纯粹知性概念中的图型法："想像力为一个概念取得它的形象的某种普遍的处理方式的表象，我把它叫作这个概念的图型。"①图型法的引入是为了给概念带来与客体的关系，使它们顺理成章地联结于经验之中，马克思的从抽象上升到具体的方法实际上也是一种图型法，它是经验主体在一般意义上对客体的重新构型。另一种是意谓（déictique），之前我们讲到的黑格尔《精神现象学》第一章，在感性确定性意义上它特指"这一个"，它是一个词，是一种关于他者的话语，它暗示着意谓的主体本身也是需要我们去怀疑的。以《关于费尔巴哈的提纲》为例，马克思指出，费尔巴哈只是把理论的活动看作是真正的人的活动，而不是当作人的感性活动去理解，这也就导致费尔巴哈不能理解"革命的""实践批判的"活动的意义。我们不仅需要对意谓的主体进行怀疑，而且需要质疑它背后的立场及其中介的话语内容。在此意义上，图型是一种与事物保持距离的认识论，保留事物体系本来的秩序，而意谓则是用事物的言语指出它的对象的对立面。

利奥塔认为，一方面，异化"作为图型，从属于感性和理论。在社会关系的表层，异化指示出被现实化的抽象、颠倒，同时也指示出在真理中的理论化的可能和一种非颠倒的关系的可能"②。尽管马克思在

---

① ［德］康德：《纯粹理性批判》，邓晓芒译，140 页，北京，人民出版社，2004。

② Jean-François Lyotard, *Dérive à partir de Marx et Freud*, Paris, Galilée, 1994, p. 44.

《〈政治经济学批判〉导言》中指出社会的交换关系离不开货币的形式，但这一观点不能成为普遍的真理，也就是说，在马克思那里异化只是一种感性的概括而不是永恒的真理。同时，异化不仅成为一个概念，而且成为一种理论话语的当下性，它作为意谓构成了转折的力量。当马克思阐述劳动力—商品理论时，他使用了 A-M-A′ 或 M-A-M′ 来说明社会活动者进入资本再生产过程的两种可能性，在这种公式中我们并不能直接找到异化的概念，异化是以一种消极的方式出现在体系之中的，异化来源于资产阶级社会的经验，它具有现象学的意义，但它并不能构成对资本主义体系进行解释的理论范畴之一，然而它又是马克思政治经济学批判理论需要否定的一个隐蔽的对象，也就是说理论并不指明异化但却包含了消灭异化的理论要求。在利奥塔看来，阿尔都塞的一个理论缺陷在于，他试图去理解马克思主义言语与其对象的直接关系，而没有看到这种关系的本质是批判的关系，也就是说，我们从资产阶级社会的经验中得到的是颠倒的或者是被掩盖的社会关系，我们不是去理解异化而是要把异化看作一种征候，进而在实践中消灭异化。

　　然后，利奥塔要回顾马克思 1843—1848 年直到 1858 年的著作和手稿，从而对阿尔都塞的断裂论提出质疑。以"偶然性"（contingence, hasard）概念为例，利奥塔认为，马克思在《1844 年经济学哲学手稿》中已经在意谓的意义上使用偶然性的概念。马克思在《詹姆斯·穆勒〈政治经济学原理〉一书摘要》中批评穆勒与李嘉图学派一样，在表述抽象规律时忽略了规律的变化或不断的扬弃，因此马克思讽刺地写道："在国民经济学中，规律由它的对立面，由无规律性来决定。国民经济学的真正规律是偶然性，我们这些学者可以从这种偶然性的运动中任意地把某些因素固定在规律的形式中。"①在利奥塔看来，此时马克思对经济学的分析依然保持着黑格尔主义的现象与本质的关系，寻求着理论本身的总体性，虽然马克思认为国民经济学所总结的规律是偶然的，但它只是马克思想要寻找的规律总体的一部分，它依然从属于黑格尔的辩证法。因此马克思此时所讲的偶然性并非一种现实的偶然性，而是一种规定着的、需要颠倒为必然性的一部分的偶然性。

利奥塔接着进行分析，虽然马克思在《1844年经济学哲学手稿》中讲"我们从当前的经济事实出发"②，但马克思此时的理论当下性是异化劳动的当下性，这是从四个方面来讲的：工人与劳动产品的异化、与劳动的异化、与人的类本质的异化，以及人与人之间的异化。在这里，黑格尔和费尔巴哈的影响尤为明显。马克思讲道："私有财产是外化劳动即工人同自然界和自身的外在关系的产物、结果和必然后果。因此，我们通过分析，从外化劳动这一概念，即从外化的人、异化劳动、异化的生命、异化的人这一概念得出私有财产这一概念。诚然，我们从国民经济学得到作为私有财产运动之结果的外化劳动(外化的生命)这一概念。但是对这一概念的分析表明，与其说私有财产表现为外化劳动的根据和原因，还不如说它是外化劳动的结果，正象神原先不是人类理性迷误的原因，而是人类理性迷误的结果一样。"③利奥塔发现，马克思在这里似乎跳出了黑格尔的方法论圈套，不是从经济事实得出异化劳动的概念，而是从异化劳动得出私有财产的概念，马克思这里是一种批判的方法而

---

① 《马克思恩格斯全集》第42卷，18页，北京，人民出版社，1979。

② 同上书，90页。

③ 同上书，100页。

不是黑格尔主义的方法，因为这种批判不断回归到现实，并把滞后的理论按照事物当下的秩序重新颠倒过来，这一颠倒得益于马克思通过在巴黎的阅读获得了对经济事实的新认识。

利奥塔发现，马克思在《政治经济学批判大纲》（以下简称《大纲》）的第四笔记本中对异化劳动的描述与《1844 年经济学哲学手稿》中所述有着某种亲缘性。这一笔记本写于 1857 年，比《〈政治经济学批判〉导言》要晚四个月，也就是说，笔记本对异化的描述是建立在《〈政治经济学批判〉导言》所讲的新的方法论基础之上的。① 利奥塔注意到，马克思已经自觉地把生产关系的真实历史与资产阶级经济的规律区分开，前者是一个把剩余价值投入流通之中的过程，它属于资本的历史前提，也就是属于资本的形成史，而后者则是受资本统治的生产方式的实际体系，它是资本的现代史。因此，马克思写道："我们的方法表明历史考察必然开始之点，或者说，表明仅仅作为生产过程的历史形式的资产阶级经济，超越自身而追溯到早先的历史生产方式之点。因此，要揭示资产阶级经济的规律，无须描述生产关系的真实历史。但是，把这些生产关系作为历史上已经形成的关系来正确地加以考察和推断，总是会得出这样一些原始的方程式，——就象例如自然科学中的经验数据一样，——这些方程式将说明在这个制度以前存在的过去。这样，这些启示连同对现代的正确理解，也给我们提供了一把理解过去的钥匙——这也是我们希望做的一项独立的工作。"②在此意义上，马克思在《大纲》中极少提到异化劳

---

① Jean-François Lyotard, *Dérive à partir de Marx et Freud*, Paris, Galilée, 1994, p. 53.

② 《马克思恩格斯全集》第 30 卷，452—453 页，北京，人民出版社，1995。

动是在资本的形成史的角度使用的。利奥塔在指出这种资本主义形成的历史前提与当下占统治地位的资本主义理论话语之间的区别时，强调颠倒的方法对于解构黑格尔的同一性哲学很重要。

在此基础上马克思总结道："在资本对雇佣劳动的关系中，劳动即生产活动对它本身的条件和对它本身的产品的关系所表现出来的极端异化形式，是一个必然的过渡点，因此，它已经自在地、但还只是以歪曲的头脚倒置的形式，包含着一切狭隘的生产前提的解体，而且它还创造和建立无条件的生产前提，从而为个人生产力的全面的、普遍的发展创造和建立充分的物质条件。"[①]值得注意的是，马克思在《大纲》中所讲的这些经济事实的基础，是马克思重新总结的资本与雇佣劳动关系占主要地位的资本流通过程，而不是《1844年经济学哲学手稿》中的从国民经济学那里借鉴过来的为资产阶级社会辩护的理论范畴。对于异化概念而言，《1844年经济学哲学手稿》和《大纲》中异化概念的意谓并没有发生太大变化，它们都指向资产阶级社会下的异化劳动现象及其衍生物，然而在《大纲》中，由于马克思所依据的经济事实发生了变化而使马克思的理论图型也发生了根本的变化，所以利奥塔认为，异化并非像阿尔都塞所讲的是一个"前马克思主义的意识形态概念"[②]或是一个被马克思抛弃的概念，而是随着马克思理论当下性的变化而延续着它作为一个以颠倒的形式出现的资产阶级社会关系的指示词的作用。

最后，对于马克思的著作和理论而言，利奥塔认为其关键不仅在于

---

① 《马克思恩格斯全集》第30卷，511—512页，北京，人民出版社，1995。

② Louis Althusser, *Pour Marx*, Paris, La Découverte, 2005, p. 246.

像阿尔都塞所说的那样去阅读马克思，更在于把它作为批判的武器。在
利奥塔看来，阿尔都塞通过"认识论断裂"把马克思的思想划分为两个阶
段，"1845 年断裂前是'意识形态'阶段，1845 年断裂后是'科学'阶
段"①，这样马克思青年时期的著作如《黑格尔法哲学批判》就被划定为意
识形态哲学而被排除在科学理论之外了，而这部著作正是马克思政治批判
的一个重要开端，阿尔都塞这一做法有着把理论与政治隔离开来的嫌疑。

　　我们知道，马克思从新的视角批判黑格尔的法哲学，1843 年夏天
的《克罗茨纳赫笔记》与同时期写作的《黑格尔法哲学批判》一样都是围绕
着黑格尔的《法哲学原理》来讨论国家问题的。利奥塔认为，马克思对国
家问题的关注一直持续到他的成熟时期，它出现在马克思宏大的经济学
巨著的计划纲领之中，作为第四部分排在"资本""土地所有制"和"雇佣
劳动"之后，尽管这部分写作没有完成，但可以看出，在马克思的计划
中国家问题占据着与资本问题同等重要的位置。因此，国家问题并不仅
仅是意识形态哲学的一部分，还可以引导我们去寻找异化关系及其延
展，对国家和政治组织在现代资本主义社会中发挥的作用提出批判，这
种政治批判的指向，是利奥塔自加入"社会主义或野蛮"组织以来一直孜
孜以求的东西。利奥塔对马克思的《黑格尔法哲学批判》做出了很高的评
价："它的重要性体现在两方面，一是其目标是跨越那个作为外在化的
中介结构的国家；二是在青年黑格尔的词汇中，在思辨的辩证法的氛围
中，这种批判尽管没有达到官僚主义的本质，但它认识到，在社会和经济
之中的中介（官僚主义）远远不能消除统治着它的外在的或内在的矛盾，这

---

① ［法］路易·阿尔都塞：《保卫马克思》，顾良译，16 页，北京，商务印书馆，2006。

种中介不断重复着它的矛盾而从未在内部做出真正的转变。"①它导致的结果是官僚机器在社会中不断扩散，像金字塔的结构一样掩盖着国家机器最底层的矛盾。在此意义上，马克思展开了对现代官僚主义国家的批判，而他的对象正是为普鲁士宗教和专制政策辩护的黑格尔的政治哲学话语。

利奥塔十分重视青年马克思的现代国家官僚主义批判的视角，这一视角一直延续到他晚年对欧洲和美国的资本主义社会的对比研究之中。在《路易·波拿巴的雾月十八日》中，马克思丰富了他对国家机器的认识："正统王朝和七月王朝并没有增添什么东西，不过是扩大了分工，这种分工随着资产阶级社会内部的分工愈益造成新的利益集团，即造成用于国家管理的新材料，而愈益扩大起来。每一种共同的利益，都立即脱离社会而作为一种最高的普遍的利益来与社会相对立，都不再是社会成员的自主行动而成为政府活动的对象——从某一村镇的桥梁、校舍和公共财产起，直到法国的铁路、国家财产和国立大学止。最后，议会制共和国在它反对革命的斗争中，除采用高压手段而外，还不得不加强政府权力的工具和集中化。一切变革都是使这个机器更加完备，而不是把它摧毁。那些相继争夺统治权的政党，都把这个庞大国家建筑物的夺得视为胜利者的主要战利品。"②在马克思看来，无论在第一次法国革命时期、复辟时期还是在议会共和国时期，官僚主义终究是统治阶级的工具，他延续了早期在《黑格尔法哲学批判》中的指向，批判的同样是作为意识形态的政治哲学话语。

---

① Jean-François Lyotard, *Dérive à partir de Marx et Freud*, Paris, Galilée, 1994, p. 73.

② 《马克思恩格斯全集》第 11 卷，226—227 页，北京，人民出版社，1995。

　　然而，在利奥塔看来，马克思的国家学说还不足以解释当代资产阶级社会下的官僚主义形式所发生的变化，官僚主义已经不断地融入资本扩大再生产的过程之中，古代的政治领导制与现代的官僚管理制之间的张力在讲究效率和收益的社会主义工业国家中表现得尤为明显。与此同时，当代官僚资本主义体系下的剥削比马克思时期更加隐蔽，劳动力的剩余价值越来越难以计算。利奥塔注意到了马克思在《1861—1863年经济学手稿》中对"非物质生产"的论述，以运输业为例，在那里生产劳动与资本的关系表现为一种服务，"虽然在这里，实在劳动在使用价值上没有留下一点痕迹，可是这个劳动已经实现在这个物质产品的交换价值中。可见，凡是适用于其他一切物质生产领域的，同样适用于运输业：在这个领域里，劳动也体现在商品中，虽然它在商品的使用价值上并不留下任何可见的痕迹"①。马克思认为这种方式恰恰是对劳动剥削最厉害的方式。利奥塔认为，国家的官僚化和独裁化扩大了市场资本主义时期的剥削方式："考虑到官僚主义在（有限意义上的）生产及外部的重要性越来越强，生产者与产品的关系越来越间接化和外在化。"②

　　利奥塔本人作为大学教师对当代资本主义社会的价值再生产的复杂性深有体会，教师是前资产阶级时代就存在的职业，因此它站在一个分析资本主义形成的有利位置上，但另一方面它作为意识形态教育的工具巩固了官僚主义的地位，它从事非物质生产并获取工资，所以从客观上来讲，1968年的学生运动无论是从理论上还是在实践上都把利奥塔推

---

　　①　《马克思恩格斯全集》第48卷，64页，北京，人民出版社，1985。

　　②　Jean-François Lyotard, *Dérive à partir de Marx et Freud*, Paris, Galilée, 1994, p. 91.

上了当代资本主义社会矛盾的风口浪尖。在利奥塔看来，教育作为意识形态国家机器的一部分，教师与工人一样面临着剩余价值的剥削，在当今官僚主义社会里成为培养符合资本再生产要求的劳动者的工具。因此，官僚主义不仅在横向上掩盖了金字塔底层的根本矛盾，而且在纵向上巩固了它的等级制结构。

利奥塔认为，我们应当像马克思研究自由资本主义那样，用我们的眼睛深入观察和仔细研究当今的资本主义形式，也就是帝国主义和官僚主义（或国家垄断主义）。官僚化不仅可以使统治阶级从狭隘的生产领域脱离出来，而且可以腐化工人阶级的斗争工具，如工会，它使工会有着像企业一样的资本主义官僚化的权力形式，利奥塔曾经参与的"社会主义或野蛮"组织就出现过这种情况，政治组织的官僚化导致它最终放弃了实践的批判和马克思主义的批判。利奥塔因而也对工会组织失去信心，因为它不能在政治话语中保持它自身的革命基础。利奥塔始终坚持的是马克思在《关于费尔巴哈的提纲》中的观点，利奥塔写道："实践与理论维持着一种双重关系。一方面，革命的实践构成了理论的真理；另一方面，实践与理论相互平行，相互加强。"①利奥塔眼中的实践，是一种消灭黑格尔意义上的中介的实践，也就是说，不是去解除由这种中介创造出来的"矛盾"，或者去解除现实异化和理论真理之间的矛盾，这种中介的、调和的思想已经深入资本的政治话语之中。在利奥塔看来，当前的"马克思主义"并没有消除这种中介，而是把马克思的思想看作是一

---

① Jean-François Lyotard, *Dérive à partir de Marx et Freud*, Paris, Galilée, 1994, pp. 101-102.

种文本，这就形成了一种类似于基督教的宗教，由于马克思这一说话者不在场，他的文本就成为律令。利奥塔这里暗指的是阿尔都塞的认识论把马克思的思想宗教化和官僚化了。任何理论都有可能被卷入资本的再生产过程之中，马克思的理论也不例外，我们需要时刻注意在当代资本主义条件下的剩余价值的特殊形式，这使实践的批判精神深入所有被剥削者的精神与行动之中。

综上所述，尽管阿尔都塞和利奥塔有着不同的理论出发点，但利奥塔对阿尔都塞"认识论断裂"观点的批判依然有着独特的理论价值。从 1932 年马克思的《1844 年经济学哲学手稿》出版到 1956 年赫鲁晓夫"秘密报告"的传出，"人道主义的马克思主义"被法国知识分子发展到前所未有的地步，作为理论家的阿尔都塞为了坚定知识分子的共产主义信念，他在阅读马克思的时候有意识地把青年马克思与成熟马克思划分开来，这也是 1965 年《保卫马克思》出版的一个重要缘由。而身为自由知识分子和大学教师的利奥塔，在经历和参与 1968 年学生运动之后，坚持他一贯以来对国家官僚主义的批判态度，并以自身独特的视角重新解读马克思的思想，他这一出发点值得我们肯定。与别人不同的是，利奥塔以马克思的《大纲》作为切入点进入马克思的方法论视角，再以异化概念为核心证明了青年马克思和成熟马克思之间的亲缘性，从而向阿尔都塞的"断裂论"提出了有效的质疑。阿尔都塞也确实在 1968 年之后开始反省自己理论的症结，在主体、阶级和意识形态之间重新探讨哲学与政治的关系。

另外，利奥塔对马克思的著作和手稿的阅读也有着细致入微之处，但利奥塔并没有执着于阅读马克思，而是积极地把马克思的思想转变为现实批判的武器，探讨了当今资本主义条件下的新的表现方式，即帝国主义和官僚主义，通过对现实的异化状况的分析并利用剩余价值理论分析法，贯彻了马克思一直强调的那种实践的批判精神。但同时值得我们注意的是，由于"社会主义或野蛮"组织失败的经历，利奥塔对无产阶级和工会组织也失去了信心，无产阶级也被认为难以承担起理论批判的任务，因而利奥塔对当代资本主义条件下的剥削现象的分析浅尝辄止，难以形成一套完整的关于总体性革命的批判理论。

三、利奥塔论永恒轮回与资本

在上述对马克思理论的评述中可以看到，利奥塔把颠倒（retournement）看作是马克思主义批判的重中之重，甚至可以说，颠倒与批判的意义是等同的。利奥塔的这一看法，一方面很有可能来源于他对马克思《黑格尔法哲学批判》的青睐，利奥塔把它看作是对现代国家官僚主义批判的重要开端；另一方面也离不开 20 世纪 60 年代法国开始蔓延的尼采主义。在尼采看来，任何一个民族要想建立它的真理或最高价值，必须通过某些人，特别是通过某些哲学家进行奠基，这种奠基必然是一种与以往的哲学截然不同的奠基，尼采所说的重估一切价值就是一种针对虚无主义的全新态度。

海德格尔在《尼采》一书中对尼采的方法是这么解释的："尼采的做法，尼采在实行新的价值设定时的思想方式，乃是种不断的颠倒。……我们知道，叔本华把艺术的本质解说为'生命的寂静'，解说为某种对不幸和痛苦的生命起安抚作用的东西，某种取消意志的东西——因为正是意志的冲动导致了此在的不幸。尼采对之来了个颠倒，他说：艺术是生命的'兴奋剂'，是某种刺激和提高生命的东西。它是'永远地渴求生命，渴求永恒的生命的东西……'在这里，'兴奋剂'明显是对'寂静'的颠倒。"海德格尔认为，我们无须深入追究就能随处找到尼采的颠倒的方法，而且它并不是一种简单的否定："尼采不光是认为，通过颠倒可以形成新的价值秩序；他还明确地说，通过颠倒，一个秩序会'自发地'形成。尼采说：'如果以往价值的专政以这种方式被粉碎了，如果我们取缔了"真实的世界"，那么，就必将自发地出现一个新的价值秩序'。"①如果我们回顾利奥塔的《话语，图形》一书的话就会发现，利奥塔在整体的论述上就已经带有尼采的颠倒方法的影子了，这反映了利奥塔对自柏拉图以来西方理性主义哲学的话语价值秩序的批判及重建新的图形秩序的理论要求。德里达在《马刺：尼采的风格》一文中也在这种意义上充分肯定了颠倒对于改变现有的价值秩序的意义："在这样一个扭曲的运动中，不仅是明显可知的两个世界的等级被颠倒了，而且重新安排了优先秩序的新等级得以确立。革新之处并不在于对等级或价值本质的革新，而是在于对等级本身价值的改变。因此，海德格尔说'新的等级意味着对等级图式的改变'。不仅仅是所有的等级肯定会受到抑制，因为无秩序肯定会加强形而上学等级中的既成秩序；也并非是对任何特定等级简单的改变或颠倒。Umdrehung（倒置）必须是对等级结构本身的改变。"②

---

① ［德］马丁·海德格尔：《尼采》上卷，孙周兴译，29—31 页，北京，商务印书馆，2002。

② 汪民安主编：《生产·新尼采主义》第四辑，63 页，桂林，广西师范大学出版社，2007。

在法语中，"颠倒"（retournement）本身就带有"返回""轮回"（re-
tour）之意，尼采的永恒轮回的法语翻译（L'Éternel retour）也使用了这
一单词，在海德格尔看来，尼采的永恒轮回思想是理解强力意志学说的
形而上学的内涵的关键。尼采主义从德国弥漫到法国的过程中，它的内
涵也同样经历着变化，克罗索夫斯基（Pierre Klossowski）就是解释者中
的先驱之一。克罗索夫斯基先后在 1954 年和 1971 年翻译出版了尼采的
《快乐的科学》和海德格尔的《尼采》，自己也写作了《尼采与恶性循环》
（Nietzsche et le cercle vicieux，1969）一书，对福柯、德勒兹和利奥塔
尼采主义思想的形成有着深远的影响，我们可以从中找到利奥塔进入尼
采思想的一些痕迹。

永恒轮回学说是克罗索夫斯基对尼采思想的首要关注点。我们知
道，永恒轮回的思想来源于尼采 1881 年 8 月的一次散步，"当时他在位
于瑞士上恩加丁山区的西尔瓦普拉那湖东南面，一个叫苏尔莱的地方，
有一天正在湖边散步呢，在一块高高尖尖的巨岩旁边，突然灵光闪现，
产生了这个无比伟大的思想，赶紧掏出纸来记下，还加上了一句：'高
出于人类和时间 6000 英尺'"①。后来，尼采把这种体验提炼为《查拉图
斯特拉如是说》的核心思想，只不过在书中它被称为"存在之轮""存在
之环"或"轮回之环"。"万物去了又来；存在之轮永远转动。万物枯了
又荣；存在之年永远行进。万物分了又合；同一座存在之屋永远在建
造中。万物离了又聚；存在之环永远忠实于自己。存在始于每一刹

---

① 孙周兴：《永恒在瞬间中存在——论尼采永恒轮回学说的实存论意义》，载《同济
大学学报（社会科学版）》，2014 年第 5 期。1 英尺≈0.3 米。

那；每个'那里'之球都绕着每个'这里'旋转。中心无所不在。永恒之路是弯曲的。"①这里尼采展示了他对存在与世界关系的思想全景，尤其是那种无中心的世界和弯曲的永恒之路的思想，使向来被理性主义形而上学贬斥的偶然性变成肯定性，永恒轮回不是单一的循环而是多样性和差异的复归。这种思想对于法国处于形成之中的尼采主义思想而言，即使不是一场哥白尼式的革命，也是一股举足轻重的思想浪潮。

对于尼采的这种处于生命瞬间的高峰体验，克罗索夫斯基认为这是一种至高无上的情感的表现："就尼采而言，同一之永恒轮回的思想，它的到来是某种情绪中的一种突兀的觉醒，是灵魂的某种基质。它最初与情绪混淆在一起，渐渐地形成了一种思想；尽管如此，又保持着——作为一种突然的除蔽———一种启示的性质。"②克罗索夫斯基并没有沿着海德格尔的权力意志的角度对永恒轮回做进一步的解释，而是从法语学界更为人所熟知的欲望的角度来阐述永恒轮回的必然性。如果说纯粹的力是情绪的表现，那么这种情绪是如何转化为至高无上的思想的呢？克罗索夫斯基认为这是一种强度的波动，他描述了轮回的初始过程：

"1. 灵魂的基质是强度的一种波动。2. 为使它可以交流，强度必须将它自身当作一种客体，而又返及它自身。3. 在返及自身的过程中，强度阐释其自身。然而，它又怎么能够阐释自身呢？借助变为其自身的一种抗衡；为此，强度必须分裂，从它自身分离出来，然后合拢在一

---

① ［德］弗里德里希·尼采：《查拉图斯特拉如是说》，孙周兴译，280 页，上海，上海人民出版社，2009。

② 汪民安主编：《生产·新尼采主义》第四辑，4 页，桂林，广西师范大学出版社，2007。

起。这，就是在可以称之为起伏的时刻中，强度所发生的情况：不过，它又一成不变，是具体意义上的同一种波动，一种浪涛（我们不妨顺便指出，海浪景象在尼采沉思中的重要性）。"①

　　然而，并不是所有的永恒轮回都能达到尼采式的体验，也就是说，只有在强度是为了恢复自身并且整合了轮回过程中生发出来的混沌的条件下，永恒轮回才能成为最高的思想。

　　克罗索夫斯基认为尼采在达到了永恒轮回体验的同时，也揭示了一种恶性的循环："尼采从中经验到永恒轮回之眩晕的灵魂的高度基质，创造了那种恶性循环的符号。在这一符号中，得到自然地实现的，既是思想在它自己的一致性中自我封闭的最高强度，也是日常指称中任何相应强度的缺席；出于同样的原因，万物因此被引领至此的自我的指称，本身也就变得空洞无物了。"②也就是说，永恒回归的体验不仅指示了最高的思想所在，也指示了一种趋向虚无主义的反动力的存在，指向了一种无目标的、无休止的痛苦的循环复始，而在利奥塔看来，这恰恰反映了资本循环的本质所在。

　　利奥塔《关于回归与资本的摘要》（"Notes sure le Retour et le Capital," 1972）一文收录在《驱力部署》这一论文集中，《驱力部署》可以看作是对《从马克思和弗洛伊德开始的漂流》的一种更激进的尝试，它在后者的基础上更充分地考虑到了德勒兹和加塔利在《反俄狄浦斯》中的理论成果。利奥塔写道："被控制的轮回，是资本。无论是现在还是未来，肯

---

① 汪民安主编：《生产·新尼采主义》第四辑，4 页，桂林，广西师范大学出版社，2007. 引文有改动，后同。

② 同上书，14 页。

定性都是要解除资本的唯一法则，也就是说价值的规律。"①在利奥塔看来，马克思发现了生产和消费之间的同一性，也就是说，生产和消费之间的转化并没有独立的起点和终点，同样地，资本主义对前资本主义制度的消解过程也处于这种循环之中，而资本的作用就是使这种无休止的物化的过程看起来像是一种与政治无关的经济过程。

在此意义上，在资本主义条件下，权力意志的增强不再表现为对最高潜力的渴望，而表现为资本的增长、发展和对权力的渴望。在利奥塔看来，克罗索夫斯基所讲的强度的波动也被消解了，取而代之的是资本主义的话语，如经济过热、经济衰退、民主、选举权等，也就是说，资本主义可以通过各种渠道使能量诱导到它所控制的生产过程之中，使强度趋于稳定平伏的状态，就像服用了某种安定剂一样。利奥塔认为，问题的关键在劳动的条件之中，在消费社会之中，以及在文明的危机之中，资本主义使原本作为劳动和创造的力量转化为简单的劳动力，转化为可用时间衡量的商品。因此，批判不仅要认清这些使人的力量走向虚无的资本主义生产关系，而且要落实到对政治的批判上，落实到未被人们意识到的欲望政治、生命政治等领域，利奥塔认为当时的"德国社会主义学生联盟"和法兰克福学派的思想很好地进入了这些问题的领域。

阿多诺曾在勋伯格的无调音乐中找到了一种"不谐和音的解放"力量，而利奥塔则用了勋伯格的学生约翰·凯奇（John Cage）的例子。利奥塔认为，在跟随尼采的道路上，勋伯格与阿多诺对形式所做的批判是不够的，因为所有的批判理论都有可能陷入教条主义，而利奥塔的观点

① Jean-François Lyotard, *Des dispositifs pulsionnels*, Paris, Galilée, 1994, p. 218.

是，需要把声音看作是一种生命的强度，通过它的波动对现实资料进行重估并采取一种向上的肯定的态度。约翰·凯奇在他 1952 年的作品《4 分 33 秒》中，拿着指挥棒对着一本没有音符的乐谱，寂静地过了 4 分 33 秒后，演奏结束。在利奥塔看来，约翰·凯奇用这种方式解构了所谓节奏与有序的音节在时间上的统治，解构了声音与寂静的关系，或者说，寂静也是一种声音。约翰·凯奇的这种音乐作品是对现实的一种类比，它指向人们的生活，生命的强度（intensités）被定格为一些平庸的意图（intentions），从而堕入日常生活的无休止的循环之中，而突如其来的寂静则是唤回我们聆听的能力，唤醒权力意志或者有潜在欲望的高强度的在肯定意义上的永恒波动。

利奥塔通过永恒轮回与资本之间的关联，揭示了资本主义本身是一个压抑生命力和欲望的无休止的恶性循环过程，指出对资本主义的经济批判不仅要与权力及其虚无主义机制相关联，而且要在更广泛的音乐和艺术等领域，去颠覆资本主义现实所导致的固定秩序对身体和思维的统治。然而利奥塔没有意识到的是，原本在马克思的政治经济学方法中通过从抽象上升到具体的方法总结出来的范畴，如资本、劳动力、生产和消费等，经过利奥塔的尼采主义和弗洛伊德主义的泛化反而退回到哲学领域，退回到无限的辩证想象之中，这种做法更多的是对异化现象的揭露和对批判精神的张扬，而无益于把政治经济学批判推进到当代资本主义最新统治形态和方式的研究之中。

可以说，利奥塔不仅希望通过论域转向的方式离开西方马克思主义思潮，而且在解读马克思的文本方面，在吕贝尔的人道主义和阿尔都塞的科学主义两种解读模式之外，提出了独创性的弗洛伊德主义和尼采主义解读模式，强调马克思主义对现实的颠倒批判的功能，但可惜的是，利奥塔眼中的这种马克思主义仅仅是一种批判官僚主义和教条主义的武器，它为利奥塔解构各种宏大叙事提供了方便，但这只能达到一种片面的深刻性，而付出的代价则是陷入对现实的不断怀疑和否定的恶性循环之中，"进而回避了历史的'自在之物'本身，把对资本主义社会的意识形态批判当成了对资本主义现实本身的批判，最终走进深度的不可知论荒野，甚至自拘于一座座充满着迷惘抑郁气氛的语言牢笼之中"①。

---

① 刘怀玉：《马克思主义辩证法的重复性、回忆性与修复性》，载《天津社会科学》，2016年第1期。

第九章 ┃ 《力比多经济学》

20 世纪 70 年代初，《话语，图形》《反俄狄浦斯》
和《力比多经济学》这三部相辅相成的作品展开了对拉
康的话语帝国的全面批判，通过对马克思主义的重新
概念化而拉开了欲望生产和力比多经济学的理论帷
幕。《反俄狄浦斯》从弗洛伊德的精神分析中引申出了
符合资本主义社会的"精神分裂分析"，而《力比多经
济学》则试图完全逃离到马克思的政治经济学之外。
利奥塔讨论的并非严格意义上的政治经济学，而是以
理论虚构的方式对政治经济学批判中的虚无化倾向提
出了反讽，欲望化和肉身化的马克思形象构成了利奥
塔这部"恶之书"。

一、论《反俄狄浦斯》

德贡布在《当代法国哲学》一书中恰当地指出，利奥塔的《力比多经济学》与《从马克思和弗洛伊德开始的漂流》一样，都清楚地表明了他的前提和德勒兹在《反俄狄浦斯》中的前提是相似的，这种前提就是对时代的混乱进行分析。德贡布写道："普遍历史被显示为从前历史到后历史的过程。在这两个极端之间，文化训练的过程是把他最初的粗鲁原始改成一个'自主和立法的个人'，一个能够宣布康德式的'我们给出着秩序'的主体。不幸的是，历史错失了它的目标。它没有产生出一种人的高级形式，更积极更独立的人，相反，它粗制滥造出来怨恨的人。当代人是有病的，众所周知这个疾病叫做'虚无主义'。"①利奥塔与德勒兹一样希望通过他们各自理解的尼采主义对这个时代的病症做出回答，他们在20世纪70年代初的著作可以说是相辅相成的。

正如前面所提到的，《反俄狄浦斯》充分认可了利奥塔在《话语，图形》中的贡献，认为利奥塔在这部重要的著作中第一次对能指系统展开了全面的批判，它证明了拉康意义上的能指概念不仅在外在性上被图形性的图像超越，而且在内在性上被纯粹的图形因素所取代，也就是说，图形性因素破坏了能指系统的原有秩序，并有效地揭示出埋藏在同一性之下的、运动着的差异元素，为语言、文字和艺术的解释打开了新的空间。利奥塔论证了，图形不依赖于能指系统，而恰恰是能指链依赖于图形的效应。《反俄狄浦斯》还指出，利奥塔所提出的"图形—母型"，作为

---

① ［法］文森特·德贡布：《当代法国哲学》，王寅丽译，232页，北京，新星出版社，2007。

欲望差异的最原始的表现，为《反俄狄浦斯》的精神分裂分析开辟了道路："利奥塔再次引入了欲望中的匮乏和缺乏因素，把欲望维持在去势的法则中而不是在它的整个能指之中，发现了在幻想中的图形的母型，这种单纯的幻想遮蔽了欲望的生产，遮蔽了作为有效生产的整个欲望。"①

在《反俄狄浦斯》的观点看来，利奥塔改变了拉康整个话语帝国的面貌，拉康的这种宣称是纯粹科学的学院话语，无益于治疗我们时代的病症，相反，它将我们牢牢地捆绑在这一进程之中，捆绑在欲望话语的编码之中，使我们似乎又回到了古老的专制主义的功能结构之中。资本主义、革命或精神分裂症都不能摆脱这种能指，它们极端的暴力形式反映了这一点。《反俄狄浦斯》甚至认为，弗洛伊德的精神分析也是不足取的，精神分析应当转变为一种更符合我们时代的病症的分析——"精神分裂分析"（schizo-analyse）。

《反俄狄浦斯》在开头就指出，相比于一个躺在精神分析医生的病床上的患者，一个精神分裂症患者外出散步是一个更好的案例，因为后者持续地处于一种与外界的关系之中，他"把自己回溯到那个时代，即人—自然分离之前，以这个基本分离为基础的所有坐标确立之前。他没有把自然作为自然来体验，而只是作为一个生产过程。现在既没有人也没有自然这样的事物，而只有一个过程，在其他机器中生产一台机器，并将它们搭配在一起。随处都有生产着的机器、有欲望的机器、患精神

---

① Gilles Deleuze, Félix Guattari, *L'Anti-Oedipe*, Paris, Éditions de Minuit, 1972, p. 290.

分裂症的机器、所有的物种生命，自我与非自我，外部与内部，无论如何都不再有任何意义"①。这里的比喻与尼采领悟永恒轮回的那次高山漫步极为相似，不同的是，《反俄狄浦斯》依然把这种与外界的关系限定在马克思所揭示的社会关系之中，欲望的生产是在生产关系中的生产，精神分裂症的客体绝不能在脱离生产过程的联系的情况下进行分析，这样，《反俄狄浦斯》意义上的精神分裂症患者成为一个普遍的生产者，他是一个生产着的、欲望着的机器，他不断地把原始的生产嫁接到产品之上，不断被嵌入生产过程之中。

通过精神分裂症患者的隐喻，德勒兹和加塔利成功地把欲望引入有机体之中，把生产引入欲望之中，甚至，欲望相比于生产更具有原始性的意义，这一思想源于弗洛伊德对欲望的生产的发现，源于对无意识的各种生产活动的发现，但德勒兹和加塔利并不满足于这种精神分析，他们认为这种分析沉醉于俄狄浦斯的情结之中而轻视了精神分裂症，无法真正解决驱力与征候、象征与被象征事物之间的关系问题。利奥塔用图形世界对这一问题做出了回答，而德勒兹和加塔利的基础是，精神分裂症揭示了那个欲望与欲望机器的生产过程，并从根本上消除了过去精神分析中的唯心主义因素。《反俄狄浦斯》对康德哲学提出了批评，虽然康德把再现的客体的成因归于欲望，但康德只是选择迷信、错觉和幻想等作为例证，并没有进而讨论欲望创造自己的客体的内在力量，即使这种力量是以虚幻的、错乱的形式出现。《反俄狄浦斯》认为，只要客体的现

---

① 汪民安等主编：《后现代性的哲学话语：从福柯到赛义德》，37页，杭州，浙江人民出版社，2000。引文有改动。

实是由欲望产生的，它就因此是一个心理的现实。因此，精神分析需要一场唯物主义的革命，就像消除俄狄浦斯情结一样，也就是不再执着于欲望在一个封闭的家庭中的循环，而是着眼于欲望自身的内部："揭露在俄狄浦斯的精神分析中出现的对无意识的综合的非法使用，以此重新发现一种由它自身标准的内在性所规定的先验的无意识，以及一种相对应的作为精神分裂分析的实践。"①

在此意义上，精神分裂分析是一种特殊的唯物主义精神治疗法："事实的真相是社会生产在确定的条件下纯粹是而且仅仅是欲望生产本身。我们认为，社会领域直接由欲望来投入，它是历史地决定了的欲望产品，并且为了涌入和投入生产力与生产关系，力比多不需要任何中介或升华，不需要任何心理操作、任何变形。只有欲望和社会因素，别无其他。"②这样，精神分裂分析就回到了人的客观存在这一现实上，对于人而言，欲望就是在现实王国中的生产，而欲望的生产在确定的条件下衍生出了社会的生产，这是建立在历史唯物主义基础上的一种全新的历史解释。原始社会的地域机器无法承担调节欲望的流动这一任务，而封建社会的专制机器则建立一种过分编码的制度。在资本主义机器之中，货币取代了过去的社会机器中的统一编码，货币通过抽象量的方式对原有的社会场进行解码，然后尽其所能地对欲望流动的残余物重新编码，从而引导那些被货币的抽象量所界定的人们，这就是《反俄狄浦斯》所认

---

① Gilles Deleuze, Félix Guattari, *L'Anti-Oedipe*, Paris, Éditions de Minuit, 1972, p. 89.

② 汪民安等主编：《后现代性的哲学话语：从福柯到赛义德》，47 页，杭州，浙江人民出版社，2000。

为的资本主义社会的精神分裂症的实质，它并非传统意义上的辩证唯物主义或历史唯物主义，而毋宁说是一种"力比多唯物主义"，它把生产概念引入欲望问题的思考之中，引入正在进行着的欲望生产与社会生产的同一过程之中，这种唯物主义可以看作是《力比多经济学》的一个必不可少的前提。

利奥塔在"狂热的资本主义"（Capitalisme énergumène）一文中对《反俄狄浦斯》做出了评价，他认为，尽管《反俄狄浦斯》是一部可以与尼采的《反基督》媲美的、积极的、富有立场的著作，但它依然没有达到一种彻底的批判，就像无神论是有神论的一种延续一样，《反俄狄浦斯》在反对精神分析的同时并没有离开精神分析原有的立场、维度和空间，德勒兹和加塔利并没有真正逾越精神分析的领域并扬弃其中的概念，而只是表现出一种反对或遗忘。利奥塔的意思是，对精神分析的扬弃并不需要划清一条界线，而只存在一种移置，因为欲望已经漂流到另一个空间，另一种欲望机器已经发生新的作用，因此它无须对旧的机器提出批判，利奥塔这里要求的是一种脱离传统的、更为彻底的反叛精神。

利奥塔指出，《反俄狄浦斯》的颠覆性最深同时也是批判性最少的地方，恰恰就是马克思主义。当德勒兹和加塔利用马克思主义来填充欲望的流动和实践时，这同时破坏了马克思主义的驱力部署；当他们指认政治经济学内部存在着力比多经济学，从弗洛伊德的欲望学中发现政治学，从马克思的政治学中发现欲望学时，他们实际上颠覆的是精神分析中的无意识的政治，颠覆的是专制国家的形象在精神分析中的表现。利奥塔认为，真正需要发现的是"马克思主义中的无意识的力比多，被囚禁在辩证法政治的宗教部署或经济灾难之中的力比多，被压抑在中断了的对商品拜物教或劳动的本质性的分析之中的力比多"①。因此，利奥塔认为，批判应当脱离受经济和政治所控制的领域，《反俄狄浦斯》只是一种深刻地嵌入资本主义内部的新的力比多的形象之一。

最后，对利奥塔的《力比多经济学》产生重要影响的一点在于，利奥塔认为，德勒兹和加塔利在阐释资本的形象时，重新发掘了那些吸引马克思从事政治经济学研究的现象：资本主义的衰落，旧事物的解码，以及在价值规律和交换规律影响下的所有差异的同一化。正是这些资本主义的现象启发了马克思的政治经济学研究，推动了马克思整个理论的运动，这种心理能量的变化，一直以来掩盖在马克思主义辩证法的部署之下，与其说这是一种政治诉求，不如说是马克思本人的一种永远无法公开的力比多运动，利奥塔称之为"马克思的求知的欲望"，也就是批判所有的资产阶级政治经济学话语，并在此基础上建立相对应的能够对隐藏的价值规律做出解释的关于资本的理论。《反俄狄浦斯》在重新唤醒了马克思这一欲望要求实现的同时，也揭露了这种寻求统一性的欲望意识的破坏性，这种破坏性与利奥塔所面对的马克思主义的政治现实密切相关。

利奥塔进一步推论出，由欲望的原发过程所产生的政治经济学恰恰是力比多经济学这一过程的一部分。利奥塔借用鲍德里亚的观点认为，作为拜物教的资本主义，不应当从普遍意义上去理解，也不应在费尔巴哈、黑格尔或马克思的意义上去理解，而要从疾病分类学上去理解，因为欲望的匮乏和满足占据了整个拜物教的体系。利奥塔认为，《资本论》对待事物的态度是反常的，性别的差异在其中被消除了，它反映了马克思有意隐藏自

① Jean-François Lyotard, *Des dispositifs pulsionnels*, Paris, Galilée, 1994, pp. 25-26.

身的求知之欲，同样，死亡在普遍意义上的可交换性也被忽视了，在这种意义上，象征交换反映了一种欲望的社会关系，也反映了现代交换理论的单调性。正是在《反俄狄浦斯》的一系列启发下，利奥塔在《力比多经济学》中开始了对欲望性的社会关系更深一步的探讨，甚至可以说，《反俄狄浦斯》是《力比多经济学》的一个必不可少的理论前提。

二、欲望及其运作过程的重新概念化

从上述论述可以看出，《力比多经济学》与《反俄狄浦斯》之间有着许多共同的议题，其中最为关键的一点是对欲望及其运作过程的重新概念化，并使之与政治、意识形态和社会关系联系在一起，这也是利奥塔从《话语，图形》到《力比多经济学》以来一直坚持的理论工作。当然，把精神分析与社会组织结构分析联系起来的这一尝试并非从利奥塔那里开始的，早在20世纪威廉·赖希的理论中就已经出现了类似的分析，并一直持续到法兰克福学派的霍克海默（Max Horkheimer）、阿多诺（Thodor Adorro）等人的集体研究中，马尔库塞的弗洛伊德—马克思主义更是在20世纪60年代的法国产生了强烈的回响。

与马尔库塞等人的理论主旨不同的是，利奥塔、德勒兹和加塔利等人更注重精神分析理论的贡献而不是以精神分析来为马克思主义理论服务，他们更倾向于分析一个具体的心理能量的基底，譬如，《反俄狄浦斯》中的"欲望生产"和"无器官的身体"，《力比多经济学》中的"力比多"这一直接来自弗洛伊德的概念。马尔库塞所揭示的人的自然基础及其与个人—集体生活的联系被认为是矛盾的，因为这种个体已经先在地与社会和国家机关联系在一起，而马尔库塞所假设的人的自然基础，以及"新感性"革命向自然基础的复归，毫无疑问带有黑格尔主义的倾向。因此，利奥塔等人着力于寻找心理现实中的第一性本原，从而消除弗洛伊德—马克思主义分析中的唯心主义残余，然而《力比多经济学》的写作充分表明了这种尝试是极为艰难的。

利奥塔重申，《力比多经济学》是他的"一本恶之书，一本充满恶毒之言的书"①。利奥塔把这本书与法国经典的"讽刺之作"——狄德罗的《拉摩的侄儿》做对比。狄德罗在《拉摩的侄儿》中刻画了一个思维活跃、性格古怪并且具有喜剧色彩的角色，并描述了这一角色与自己的一场想象性对话，对话主要关于道德、社会和哲学问题，而让人难以判断的是，作为百科全书派代表的狄德罗到底是站在自己的一边，还是站在对现代社会冷嘲热讽的、反百科全书派的小拉摩一边？在某种程度上讲，《拉摩的侄儿》可以看作是狄德罗放下社会的道德面具与自己矛盾的内心之间的真诚对话，而利奥塔的《力比多经济学》也具有相似的含义。在法国马克思主义思想环境中成长起来的利奥塔，他的马克思主义信念一直遭受着"社会主义或野蛮"组织的分裂、苏联社会主义退却，以及法国革命运动失败的打击，《力比多经济学》可以看作是此时作为愤世嫉俗的尼采主义者的利奥塔，与过去的作为忠实的马克思主义者的利奥塔之间的对话。这也要求我们在阅读这本书时，时刻保持怀疑的态度。

借助利奥塔在 1973 年的一篇文章《作为力比多部署的绘画》（"La

---

① Jean-François Lyotard, *Pérégrinations*, Galilée, Paris, 1990, p. 32.

Peinture comme dispositif libidinal"），我们更容易地进入他在《力比多经济学》中的预设。"部署"（dispositif）是利奥塔的力比多哲学的关键词之一，它原指在机械或物理层面上的设置，在这里我们可以从《反俄狄浦斯》意义上的"欲望机器"层面去理解，力比多通过某种部署或组织形式被分配、流通和储存。利奥塔在这篇文章中区分出弗洛伊德欲望概念的两种含义。第一种是渴望—欲望（wish-desire），它意味着一种否定性，意味着对象的缺失及对缺失的满足，它是一个动态的目的论的过程；第二种是力比多—欲望，或者说过程—欲望，它指向的是欲望的原发过程。利奥塔认为，弗洛伊德在《超越快乐原则》中揭露了性本能和死亡本能并非两种不同的驱力，而是驱力的两种体制，它们都是力比多能量的流动及其中在身体中的补偿，弗洛伊德称这种身体为"心理机器"，力比多能够在身体的某些部分、器官或器官的某个部分中发生作用。在第二种意义上，欲望是一种生成性的过程，一种生产、改造和变形的力量。利奥塔把这种力量与马克思意义上的劳动联系在一起，劳动同样是力比多的运作过程，只不过它从属于另一种体制，也就是资本主义、价值规律和劳动量的体制，或者说资本主义的驱力部署。因此，利奥塔写道："我想表明的是，西方有许多种力比多的、可塑的、政治的经济学的变体，有各种绘画部署的消失和涌现（这些部署不仅是绘画的，而且是力比多的和政治的），有各种能量的突变，这应当被视为共时性的断裂而不是历时性历史的断裂。"①利奥塔从一开始就并不打算讨论严格意

---

① *The Lyotard Reader and Guide*，Edited by Keith Crome and James Williams，Edinburgh，Edinburgh University Press，2006，p. 313.

义上的政治经济学，而是讨论与经济学相似的那个力比多运动的过程。

利奥塔在《力比多经济学》中的预设是，力比多的身体有着与莫比乌斯带（Moebius band）相似的结构（如图 9-1 所示）。德国数学家莫比乌斯曾经发现，把一根纸条扭转 180 度后，两头再粘接起来做成的纸带圈有着特殊的结构，原本纸条的正反面结合成有且仅有的一个面，这是拓扑学意义上的一个单侧曲面。利奥塔认为，当我们对力比多的身体进行解剖和展开时，我们得到是一个类似于莫比乌斯带一样的结构，力比多在这种没有内在和外在的区分的表面上做无限循环运动，它的强度随着这种表面四处分散。莫比乌斯带这一形象可以被看作是利奥塔对欲望的原发过程的一种想象性的表达，在这种意义上，力比多是一种无穷尽的可塑性的力量，利奥塔进而深入研究这种积极的能量如何展现，以及如何转化为消极的能量。

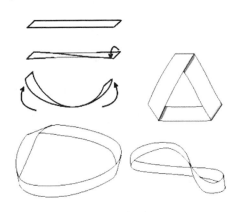

图 9-1　莫比乌斯带示意图

紧随着欲望的原发过程的是它的次发过程，就像在梦的工作中表现的那样，利奥塔提出了他的一个"剧场隐喻"，他曾在《作为力比多部署的绘画》一文中界定了一个剧场的不同空间，首先有一座建筑或围墙，它把内部空间和外界区分开来。在剧场中央的是舞台(2)或表演区域，而舞台又把两种空间区分开来(如图 9-2)：一个是舞台前面的观众席(1)，它往往是固定不动的或受约束的，另一个是后台(3)，它是储藏灯光设备、器械的地方或控制室，它为表演提供支援，但它本身是不可见的："我们要在这种限制下营造所有的舞台美术。抹去与被抹去，隐藏与被隐藏，同时存在。"①利奥塔认为，剧场这种内部和外部的结构性区分反映了虚无主义的基本结构：舞台再现了某种不在场的东西，它的根基或意义并非在内部而是在他处，在于舞台之外的被承诺或被暗示的事物上。剧场提供了一个空缺，并承诺提供一种完整性和超然的满足，然而它的诺言却迟迟未能兑现，因此人们无可奈何地陷入了无穷尽的空虚和匮乏之中。

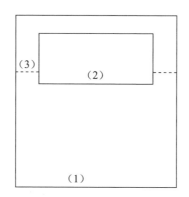

图 9-2　剧场再现示意图

利奥塔进而指出了莫比乌斯带与剧场隐喻之间的联系，他写道："关于戏剧性与再现，我们还远远没有达到把它看作是一种力比多的背

① ［澳］格雷厄姆·琼斯：《利奥塔眼中的艺术》，王树良等译，82 页，重庆，重庆大学出版社，2016。

景的地步，更不用说形而上学了，它是在迷宫般的莫比乌斯带上运作的结果，这种运作留下了它的折页和特殊的褶皱，其结果是一个在这基础之上的匣子，它过滤着冲动并只允许那些后来被称为'外在'的事物出现在舞台上，而且满足于内在性的环境。再现性的空间是一种能量的部署。我们所需要做的是描述和理解它的运作。不必去批判形而上学（或政治经济学，它们是同一种东西），因为批判假设并不断重新创造这种戏剧性本身。"①对于此时的利奥塔而言，政治经济学与形而上学一样都许诺了一种不在场但将会到来的东西，它的这一意义与缺失联系在一起，利奥塔把这种虚无的不在场称为"伟大的零"（le grand Zéro），可以看出，对虚无主义的批判是力比多哲学的关键所在，它植根于莫比乌斯带及剧场隐喻之中。伟大的零是欲望的一种形象，是强度在原始空虚之上的实体化，它把莫比乌斯带转变成虚无主义的剧场，它试图把所有东西呈现为可见的和可知的，呈现为一种超然的知识。利奥塔在这里直接指向的是他在《话语，图形》中极力批判的拉康的符号学。

既然要放弃传统的批判观念和事先决定好的内部理论结构，反对任何追求真理化的倾向，那么，将如何应对虚无主义的威胁？为此，利奥塔提出了"虚饰"（dissimulation）的概念，这一概念原本来自欲望的原发过程和力比多的运作过程。利奥塔写道："舞蹈包含着悬念，正如音乐包含着寂静。关键不在于它是否编排得当（然而它应当编排得当），而恰恰在于符号学进行自我完善的地方，存在着张力。结构仅仅是覆盖情感的某种东西，在此意义上它自己充当着覆盖物；它是它自身的秘密，它

---

① Jean-François Lyotard, *Économie libidinale*, Paris, Minuit, 1974, p. 11.

也几乎是自身的虚饰。这就是为什么我们必须深爱那些符号学家、结构主义者和我们的敌人，他们是我们的同谋，在他们的光照下存在着我们的昏暗。这里，如果让我来进行编排的话，必须加入这段对虚饰的赞词。"①这就是利奥塔在《力比多经济学》中的策略，他毫无顾虑地把自己的思想再现为莫比乌斯带或剧场隐喻，一方面指出欲望的原发过程的重要性；另一方面，不加掩饰地以理论虚构的方式表达自己的批判宣言。这种表演性的行为构成了对结构主义符号学的调侃，以荒谬来对抗所谓真理，因此也可以看出，《力比多经济学》的价值并不在于提供经济学理论，而在于对政治经济学做出嘲讽，以再现的形式让人们回到那个让人魂牵梦萦的马克思主义剧场，他试图产生某种积极的效果，也就是说让原本固定的结构失去稳定性或使之重新发生转变。

三、转向力比多经济学

在上述基础上，利奥塔提出了一个与阿尔都塞的科学主义针锋相对的"力比多的马克思"，这要求我们不仅把马克思看作是一位充满情感的作家，而且把他的文本看作是马克思欲望的再现，重新打开他内部的力比多空间。利奥塔认为，这并非要批判马克思，正如前面所讲，所谓批判必然包含了它自身的所指，囿于自身的教条、偏执和知识的关系之中。利奥塔对马克思的分析也不是固定的，他时而关注研究伊壁鸠鲁的

---

① Jean-François Lyotard, *Économie libidinale*, Paris，Minuit，1974，p. 67.

青年马克思，时而又关注老态龙钟的晚年马克思，利奥塔更愿意把马克思看作是一个"艺术作品"。马克思的欲望之所以吸引着利奥塔，是因为它昭示了众多重要的写作主题，而且更为关键的是，这些主题都转化成了社会和政治实践，而这些实践又不可避免地与我们的欲望的缺失和满足联系在一起。

　　利奥塔认为，他所看到的马克思主义的政治实践之所以失败，是因为人们沉迷于对马克思的文本进行解释，正如基督教的精神实践是基于《圣经》的解释那样。然而，不存在所谓阐释，而只有受情感指引的阅读和写作。利奥塔式的阅读与阿尔都塞式的阅读的不同点在于，利奥塔不试图根据马克思的"真理"进行解释，而是寻问在马克思的力比多空间中存在着什么，以及在现实的马克思主义实践中存在着怎样的力比多空间。在"那个被称为'马克思'的欲望"一章中，利奥塔明确地表达了这一观点："作为小女孩的马克思，对资本的多样化身体的邪恶行为感到不快，她要求一段伟大的爱情；作为伟大的检察官的马克思，他投身于对邪恶的控诉并'创造'出一个合适的爱人（无产阶级），致力于研究被控诉的资本主义。"①这是利奥塔在《力比多经济学》中的另一个关键的理论虚饰，它以嘲讽的方式对阿尔都塞式的解释进行解构，并从中透露出马克思主义的实践如何在资本主义社会的力比多空间中受到诱惑和牵引。

　　利奥塔找到了马克思在 1865 年写给恩格斯的一封信，信中写道："我不能下决心在一个完整的东西还没有摆在我面前时，就送出任何一部分。不论我的著作有什么缺点，它们却有一个长处，即它们是一个艺

---

① Jean-François Lyotard，*Économie Libidinale*，Paris，Minuit，1974，pp. 119-120.

术的整体；但是要达到这一点，只有用我的方法，在它们没有完整地摆在我面前时，不拿去付印。"①利奥塔认为，作为小女孩的马克思一直在寻找困扰着她的资本主义工业的秘密，目的在于得到那个"艺术的整体"，或者说那个解放理论的"婴儿"，然而，作为检察官的马克思在研究中发现，对资本主义的研究是一个无限的过程，作为小女孩的马克思将无法获得那个被承诺了的"艺术的整体"。利奥塔同时指出，作为检察官的马克思在研究中享受着这一奇怪的过程，沉醉在这种无尽的愉悦之中，重复着解放的未来"尚未到来"。利奥塔认为，这正是一种资本主义的愉悦方式，通过资本的力比多部署，资本主义的研究者尽管渴望着解放的到来，但同样的，他们的理论暗示着这种结果的延迟到来，在这种意义上，这也就暗示了解放的否定性和不可能性。

利奥塔再次引用了马克思在 1871 年写给译者的信："用不着再等待重新修订第一章，因为我最近几个月来忙得很（而且在不久的将来也很少有好转的希望），根本不能从事理论工作。当然，总有一天我会把这项工作全部搞完的，但也有这样的情况，即责任感往往促使你去做那些比起理论的探讨和研究来较少具有吸引力的事情。"②利奥塔想要借此说明的是，这是一种力比多运作的结果，小女孩的马克思对于"艺术的整体"的欲望，对于人与事物之间的和谐关系的梦想，因作为检察官的马克思过度劳累的社会身体而破灭了。利奥塔希望把马克思思想中的那些张力，重新转述成一种力比多的话语，这种话语一直以来被经济的和政

---

① 《马克思恩格斯全集》第 31 卷，135 页，北京，人民出版社，1972。
② 《马克思恩格斯全集》第 33 卷，317—318 页，北京，人民出版社，1973。

治的话语所虚饰，他还想证明的是政治经济学在本质上是一种力比多经济学。

对于利奥塔而言，鲍德里亚在《生产之镜》中的结论为《力比多经济学》提供了有价值的借鉴。尽管鲍德里亚站在了利奥塔所反对的批判马克思主义政治经济学的立场上，因而他的理论有某种目的论的嫌疑，但鲍德里亚所指的那个拜物教及其背后的人与产品之间的关系，是围绕在爱欲与死亡的力比多空间之上的，这表明了政治经济学并非每个社会的普遍真理，而是特定时代的特殊的社会部署。利奥塔所看重的是，欲望不仅是资本主义的基础，而且在某种意义上赋予了后者所需要的合法权，我们一旦接受了资本主义就同时接受了既有的欲望的秩序，因此，这就需要政治经济学批判之外的解释。鲍德里亚写道："在这个意义上，问题不再是对唯物主义辩证法进行批判，这是纠缠不清的问题。沿着马克思革命活动的足迹，我们必须走向根本不同的层面，超越政治经济学批判，使政治经济学的最终消解成为可能。"①鲍德里亚的作用在于让我们回到对政治经济学的重新评估之中。

当鲍德里亚认为在原始社会中不存在辩证法和无意识的时候，这反映了鲍德里亚希望与马克思主义和精神分析学决裂的决心，然而利奥塔认为，对原始社会的强调使鲍德里亚又一次掉入了西方思想的自我崇拜之中，鲍德里亚没有意识到，原始社会中的礼物和象征交换的问题式，从属于人种学意义上的"好的自然"，这是一种抛开桀骜不驯的"坏的自然"而独立的西方中心主义和种族主义的立场，现代资产阶级的人种学

---

① ［法］鲍德里亚：《生产之镜》，仰海峰译，34 页，北京，中央编译出版社，2005。

想象着那么一个外在的、被遗忘了的自然状态，并得出一个在未来中重新调和的结论，鲍德里亚也是通过这种幻想来铸造他的象征交换的神话的。"好的自然"在鲍德里亚眼中成为现代社会中的一种积极的现实，这种肯定性因素在鲍德里亚的力比多空间中构造起了一种剧场，既希望与马克思主义决裂，又注定要陷入这个舞台的虚空和失落之中。

为了继续论证政治经济学的力比多本质，利奥塔以他在"社会主义或野蛮"组织的同僚卡斯托里亚迪斯作为案例，后者对历史和辩证唯物主义产生厌倦，并认为在当代资本主义中，关键问题不在于剥削，而在于人类交往的失范、人类创造能力的丧失，以及由此形成的新的人与世界的关系。在卡斯托里亚迪斯看来，官僚化不仅统治着生产关系，而且渗透到了日常生活的各个方面。利奥塔承认自己曾经持有相似的观点："(官僚主义)不是一种新的社会现象，不仅是这些机器在社会生活的新区域的一种延伸，也不仅是一个新的统治阶级的简单的巩固，而更多的是另一种人性的生产，因为那种或多或少继承了马克思的关于制造的革命思想已经不再适用了，尽管这一观点是由左派的反对者提出的。我们在某种意义上达成一致，也就是必须'重新开始革命'，正如卡斯托里亚迪斯和他的倾向派的宣言标题所讲的那样。"①相对而言，利奥塔后来所加入的"工人权力"组织像是一个回到经典的辩证唯物主义和历史唯物主义问题的避难所。

利奥塔指出，卡斯托里亚迪斯所提出的"重新开始革命"同样是一种神话，而且是一种最应当被首先消除的神话。利奥塔在他的理论周围筑

---

① Jean-François Lyotard, *Économie Libidinale*, Paris, Minuit, 1974, p. 143.

起了围墙，阻挡了所有激进思想、生活、行动、欢乐与仇恨，并试图把我们引向"新"世界和"新"思想，一种走向普遍异化及其复归的理论，这实际上又制造了另一个力比多空场。这也解释了为什么利奥塔在离开"社会主义或野蛮"组织之后，如此厌恶理论上的宏大叙事，厌恶那种通过诡辩而建立起来的知识，这种绝对的精神使我们成为仆人，主人通过模棱两可的、虚饰的词句重新成为主人。利奥塔认为，这并不是一种理论层面上的异化，而是力比多层面上的幻想，这种幻想构建了西方思想的剧场性，想象存在着那样一个和谐的自然状态或未来社会，就像鲍德里亚所设想的那样。

当利奥塔把目光转回到马克思时，利奥塔认为青年马克思寻求异化的终结和人类解放的欲望并没有随着年龄的增长而消失，尽管其中的费尔巴哈主义因素消失了，但卢梭主义因素又占据了优势地位，一种天堂般的理想状态为理论批判和革命进程提供了有力的保障。利奥塔以《1844 年经济学哲学手稿》中提到的"无机的身体"为例来对此做出证明。马克思在《1844 年经济学哲学手稿》中提出："在实践上，人的普遍性正表现在把整个自然界——首先作为人的直接的生活资料，其次作为人的生命活动的材料、对象和工具——变成人的无机的身体。自然界，就它本身不是人的身体而言，是人的无机的身体。人靠自然界生活。这就是说，自然界是人为了不致死亡而必须与之不断交往的、人的身体。"[①]利奥塔认为，马克思在开始从政治经济学的角度来对生产关系做出解释时，时刻保持着一种批判的视角，但因为所有批判都依赖于一种外在性

---

① 《马克思恩格斯全集》第 42 卷，95 页，北京，人民出版社，1979。

来观察它批判的对象，这种外在性实际上是虚伪的，它会导致共产主义的理论不自觉地陷入这种自然主义的前提之中。

利奥塔引用马克思在《大纲》中的一段话："蒲鲁东先生称之为财产——他所理解的财产正是指土地财产——的非经济起源的那种东西，就是个人对劳动的客观条件的，首先是对劳动的自然客观条件的资产阶级以前的关系，因为，正像劳动的主体是自然的个人，是自然存在一样，他的劳动的第一个客观条件表现为自然、土地，表现为他的无机体；他本身不但是有机体，而且是这种作为主体的无机自然。这种条件不是他的产物，而是预先存在的；作为他身外的自然存在，是他的前提。"①利奥塔认为，"无机的身体"不仅是马克思的理论前提，而且它在马克思的想象中起到了欲望满足的作用，正如前面所提到的"艺术的整体"一样。地球的身体之所以被称为"无机的身体"，是为了与工人自身的"有机的身体"区分开来，而实际上，这里的无机和有机是同一的，因为通过工人劳动的身体，有机的自然会进入无机的自然之中，从而形成人与地球之间的生产性的关系。相似的论述不仅存在于《大纲》之中，也存在于《德意志意识形态》等文本之中。

在利奥塔看来，我们无法处理这一卢梭式的"自然性的丧失"的主题，即使我们认为马克思仅仅是用前资本主义的生产方式来表现资本主义的特征，来促进工人阶级的具体化，然而，这依然制造了某种"自然性"的神话。只有在资本主义中，生产方式才真正发生了变革，它的真正秘密才会被掩盖和被误解，劳动才会成为真正的异化劳动和失去抽象

---

① 《马克思恩格斯全集》第 30 卷，480 页，北京，人民出版社，1995。

的自然劳动，形成产品、价值和需要等一系列因素的分裂，而这种分裂恰恰是马克思所预设的前提，马克思论述无机和有机的身体，目的正是创造这种分裂，并最终指向一种新的自然状态。马克思在《大纲》中接着写道："需要说明的，或者成为某一历史过程的结果的，不是活的和活动的人同他们与自然界进行物质变换的自然无机条件之间的统一，以及他们因此对自然界的占有；而是人类存在的这些无机条件同这种活动的存在之间的分离，这种分离只是在雇佣劳动与资本的关系中才得到完全的发展。"①利奥塔评论道："这种分裂的意义不仅在于被解释，而且使得某些事物需要被解释，因为政治经济学的话语产生于它所打开的社会主题的虚空或裂隙之中——（这一次是作为检察官的马克思）……这种资本主义所特有的分裂的实践是必要的，为了使这些实践自身成为政治经济学的范畴，实践实际上'先在于'这种分裂。这种分裂需要被解释，与此同时在分裂之中产生了对此进行解释的需要。只能说，在一个非分裂的社会中去祈求对立面只能是马克思的一种解释的天赋，它控制着马克思的方法论(这并不可能，但这是另一个话题)，以及他的政治学，这种政治学非常确切地和不断地去废除分裂，并建立那个完全公共的属于自然再生产的巨大躯体，共产主义。"②

　　上述作为检察官的马克思的形象，与那个梦想着和谐、消灭贫困和分裂的小女孩的马克思的形象，都包含了一种对现实的否定，在利奥塔看来，这种精神分析意义上的否定先在于马克思所有理性的分析。这种

---

① 《马克思恩格斯全集》第 30 卷，481 页，北京，人民出版社，1995。

② Jean-François Lyotard, *Économie Libidinale*, Paris, Minuit, 1974, pp. 162-163.

否定不仅使马克思走进了政治经济学的大门，也同样使我们走进了拉康的符号学，走进了所谓独立的"科学"。如果要对此做出批判的话，我们不能绕开马克思的力比多的身体及它所形成的理论的剧场，而正是这种剧场构成了政治经济学的虚无性，但利奥塔认为这并非一种错误，相反，马克思的整个批判的动力都来源于对现实的否认，来源于这种情感的强度。为此，我们应当放下所有批判，去考察、检验和发掘这种不可思议的来自力比多的可能性，不去执着于所谓"无机的身体"或"纯粹的自然"，这些实际上都是虚无化的资本主义剧场本身。利奥塔写道："让我们用另一种态度去替代批判的术语，它更接近于我们在当下的与资本关系中的现实体验，在办公室中，在街道中，在电影院中，在马路上，在假日里，在博物馆、医院和图书馆中，也就是说，它是在所有范围内控制着享乐的一种令人震惊的诱惑。必须要说的是，作为小女孩的马克思（与老态龙钟的马克思）为了抵御这种令人震惊的诱惑而发明了批判，我们也同样被这种混乱的驱力所吸引。"①就这样，政治经济学的话语被转变为力比多经济学的话语，利奥塔最终把马克思的政治经济学批判，转变为对资本主义的力比多部署的重新认识，从而为揭露资本主义的虚无主义特征的现实实践提供方法和动力。

综上所述，利奥塔之所以创造出一个欲望化和肉身化的马克思的形象，实际上并不是为了构建某种理论体系，而恰恰是为了反对政治经济学的体系化和教条化的倾向，以"妖魔化"的马克思来反对"真理化"的马克思，这是一种逃离出理论之外的反讽。在这里，利奥塔对他一直所信

---

① Jean-François Lyotard, *Économie Libidinale*, Paris, Minuit, 1974, p. 171.

赖的马克思主义前提做出了无情的批评和彻底的解构，指出马克思主义的理想化承诺与现实斗争之间的差距，毫无疑问，他在"社会主义或野蛮"时期和学生运动时期的失败经验，导致他在《力比多经济学》中对马克思主义的宏大叙事最终失去了信心。利奥塔开始不断以这种理论虚饰的方式来掩盖他内心的失落和理论的虚无，这逐渐演变成利奥塔后来的后现代思想及异质化的理论主题。

第十章

利奥塔的后现代政治哲学

《理解的界限——利奥塔和哈贝马斯的精神对话》是当代德国学者曼弗雷德·弗兰克（Manfred Frank）在 1988 年出版的一本小册子，弗兰克希望通过这本书介入当代法国哲学和德国哲学的对话之中，但他一开始就不得不承认这是一场"不可能的对话"。尽管从 20 世纪 70 年代末以来，法国出版了一些当代德国学者的文章，但巴黎学界所理解的"当代德国哲学"仍然是尼采、弗洛伊德、胡塞尔和海德格尔等代表人物的思想，而对后来的伽达默尔和哈贝马斯等人却知之甚少。在 1986 年巴黎的一场题为"法国与德国的对话"的聚会中，法国和德国的哲学家们进行过一次讨论，但媒体对这次聚会的报道是，"德国人是荒诞不经的，而法国人什么都不懂"①。利奥塔本来也是与会者之一，但由于其他原因未能到场，哈贝马斯也同样没有出席这次聚会。弗兰克作为这次讨论的主持者，显然十分清楚这场未能展开的"精神对话"背后的意义，而实际上，不仅在利奥塔与哈贝马斯之间存在着显而易见的理论张力，且构成了两种反响巨大的哲学立场，而且在利奥塔与法兰克福学派的创始人和继承者之间也存在着错综复杂的内在联系，他们对后现代的讨论将社会批判理论推进到一个前所未有的当代视域之中。虽然利奥塔从《后现代状况》开始不再把马克思主义看作是主导性的理论话语，但马克思所揭示的现代资本主义社会的历史现实依然是利奥塔的后现代思想中不可或缺的理论前提。

一、《后现代状况》

利奥塔之所以用"后现代"来命名当时的所谓"最发达社会中的知识状况"，是因为这个词正在美洲大陆的社会学家和批评家的笔下流行，正如詹明信和安德森所介绍的那样，后现代指的是资本主义社会下的、经历了各种变化的文化处境，它自 19 世纪末现代主义文学思潮流行以来就一直影响着以西方为主导的文学和艺术领域，甚至深刻地影响着科学和政治领域。因此，利奥塔才会从科学及其叙事危机的角度来探讨后现代社会的这些变化。

---

① ［德］弗兰克：《理解的界限——利奥塔和哈贝马斯的精神对话》，先刚译，7 页，北京，华夏出版社，2003。

利奥塔是如何理解"科学"与"叙事"之间的关系的？利奥塔对叙事的理解来源于热奈特（Gérard Genette）和列维-斯特劳斯（Claude Levi-Strauss）。20 世纪的叙事学（narratologie）诞生于法国，是结构主义和俄国形式主义双重影响下的理论产物，而热奈特的《叙事话语》则是其中具有代表性的方法论著作之一，他以普鲁斯特的著名小说《追忆似水年华》为研究对象。热奈特区分了故事（histoire）、叙事（récit）和叙述（narration），故事是索绪尔意义上的"所指"，也就是叙述的内容，叙事是"能指"，指的是陈述、话语或叙述文本，而叙述则是生产性的叙述行为，以及该行为所处的或真或假的总情境。① 这种叙事学理论让人清楚地看到，叙事本身与叙述者的说话能力、受述者的倾听能力及这些能力所处的环境联系在一起，利奥塔认为这是一种维特根斯坦意义上的"语言游戏"，它是由语言和与语言交织在一起的行动所组成的整体，在某种意义上，它构成了社会关系的语用学规则，而这种规则通过叙事得以传递。而列维-斯特劳斯通过对比土著人和科学家对动植物的分类与命名方法，发现虽然原始思维和科学思维都采用了相似的观察方法，但不同点在于科学追求某种层次性的区分和系统化，也就是说科学寻求知识的合法性。

对于知识在最发达社会中所处的地位，利奥塔与哈贝马斯的判断是基本一致的：知识在发达社会中已经成为一种商品，知识的生产不再以自身为目的，而以交换为目的。利奥塔认为，在过去的世界市场的竞争

---

① ［法］热拉尔·热奈特：《叙事话语，新叙事话语》，王文融译，7—8 页，北京，中国社会科学出版社，1990。

中，人们为控制领土、原材料和劳动力而开战，因此可以想象在不久的将来，人们将会为控制知识而在工业、商业和政治领域展开全面斗争。

在此意义上，利奥塔区分了两种知识：叙述性知识（Le savoir narratif）和科学知识（Le savoir scientifique）。他认为，知识不能被化约为科学，甚至不能化约为认识（connaissance），而科学只是认识之下的一个子集。一般来说，知识与主体中所构成的说话、倾听和做事的能力保持一致，它使人能够说出"好的"指示性陈述、规定性陈述和评价性陈述。譬如，最初哲学家们认定通过了关于正义、美和真理等标准的公式化陈述，这类叙述性知识在人类学意义上构成了一个民族的文化，它不仅反映了叙事被讲述时的那个社会的标准，还可以以之评价社会共同体的现实及未来的可能性。为了理解这种社会关系，仅仅靠哈贝马斯的交往理论是不够的，而必须要引入维特根斯坦的语言游戏概念，因为语言游戏在当代世界中反映了"社会为了存在而需要的最低限度的关系"①，叙述关系是一种基本的社会关系，一个还未出生的婴儿，就已经通过他的名字和周围人的叙述进入了社会结构之中；在日常生活中，有些叙述占据主导地位而成为体制内话语的特征，例如，军队中的命令话语、教堂中的祈祷话语、学校中的指导话语等，而有些非主导的话语在其中则是被限制的或被禁止的，这些规则获得了社会关系的特征而构成了当代知识的体制。利奥塔由此对知识合法化问题做出初步判断：

其一，叙述性知识对自身的合法化并不重视，科学知识则相反，一

---

① ［法］让-弗朗索瓦·利奥塔尔：《后现代状况——关于知识的报告》，车槿山译，33页，北京，生活·读书·新知三联书店，1997。

方面在科学研究上，它要求自身的陈述（如哥白尼的日心说）具有被证实和被证伪的特征，这是科学的一般游戏规则和共识；另一方面在教学上，学生要探求老师所不知道的、力求知道的东西，这意味着要分离和建构出一种新的语言游戏和科学话语，以应对已有的思维方式，利奥塔称之为"误构"（Paralogie）。在科学的合法化要求之下，叙述性知识显示出野蛮、落后和异化的一面，人们渴望科学进步和摆脱愚昧，这种不平等的关系和合法化要求逐渐开始支配西方文化。利奥塔分析19世纪末以来的科学危机和文明危机，其原因不在于科学的迅猛发展，而在于知识合法化原则的内在侵蚀，所谓"启蒙运动"就是把科学的合法性和真理性作为伦理、政治和社会实践的一般原则，而无视了不同语言游戏之间的异质性和不可通约性，解放的叙事其实与科学知识并不相关。利奥塔在此书开头所讲的"元叙事"，确切的是指具有合法化功能的叙事，包括科学解放的叙事和黑格尔的总体化的思辨叙事，在经过20世纪的几次重要事件，如五月风暴事件之后，它们作为高度发展了的群体意识的自身矛盾的否定性，揭示了具有合法化的叙事几乎已经不复存在了，欧洲虚无主义正是来源于科学的真理性要求所导致的自我矛盾。

其二，利奥塔认为哈贝马斯把合法化问题引向共识的做法也是错误的，因为后者一方面假设了所有对话者都会同意的、在所有语言游戏中普遍有效的元规则，而不同的语言游戏表明它们属于异质的语用学规则；另一方面，哈贝马斯既要寻找一种作为解放叙事的"共识"，又要寻找新的、科学的合法化，这必定是自相矛盾的，它要么是一种非合法化的叙述性知识，要么是一种忽视异质性和分歧的科学知识，而两者都忽略了语言游戏的异态性。承认语用学规则的异质性和运用语用学分析是利奥塔政治哲学的第一步，詹明信之所以认为利奥塔像一位古典学者，是因为他的出发点与古典时期的民主政治一样，都强调逻辑学和修辞术（如维特根斯坦哲学和当代语用学）——的重要性，强调政治的一个基本点——逻各斯（也就是话语）——的重要性，他的政治首先表现为一种"说"的政治，表现为各种观点争鸣的平台，但似乎正如他后来自我检讨的那样，《后现代状况》在把知识与叙事相互等同上走得太远了。因此，把"后现代"理解为"不确定的内在性"比"对诸种元叙事的怀疑"似乎更能反映利奥塔的现代性批判，更能揭示现代性本身不断地自我虚构和重构的矛盾运动。

利奥塔后来在1984年的一封书信上指出，合法化问题最终指向极权主义和资本主义的问题，并寻找社会批判方法的重构。极权主义至少存在着两种合法化的语言：神话的叙事和解放的叙事。[①] 它们都把合法化的问题分散在历史的时间轴上，一头趋向源头，旨在创立权威的理念及其授权者、接受者；另一头趋向结尾，旨在实现未来这一理念，指向一个实现目的的意志。一旦"让整个人类成为雅利安人"这一普遍主义的理念成为社会和政治制度的合法化基础，那么，被《精神现象学》宣布为"绝对自由的特殊和普遍的辩证法，其结果只能是恐怖"。这里的恐怖没有包括斯大林主义。在这种意义上，利奥塔认为，康德所规划的人类的普遍历史叙事的界限必须加以重视：它既不能以神话的形式，也不能以

---

① 《后现代性与公正游戏——利奥塔访谈、书信录》，谈瀛洲译，上海，上海人民出版社，1997。

解放的理念得到确认，经验无法推断出自然历史进程的全体。对于资本主义的现状而言，它似乎没有受到元叙事衰落和虚无主义的影响，也就是说它并不需要合法化，它要求的是以经济形式的话语霸权来创造资本主义工业的客观性的时间机制，利奥塔指出这种盲目的必然性背后有一种终结性——"赢得时间"，相反，合法化的规范的政治哲学注定无法揭示这一点。

在利奥塔看来，哈贝马斯的理论前提依然处于现代性的框架之下，这种框架主要包括两种模式：第一种是帕森斯的社会学解释模式，在这种解释模式下，社会构成了一个功能整体。从孔德（Auguste Comte）到卢曼（Niklas Luhmann）的社会学理论进展，显露出一种相似的社会观念：社会是统一的整体，是个"统一体"。法兰克福学派的批判理论的出发点在于，批判这种"传统"社会学理论被并入社会整体的合法化过程之中，成为优化社会整体性能的简单工具，而在法兰克福学派早期，霍克海默等人研究发现，各种社会因素的整合和统一恰恰会带来巨大的危险。因此法兰克福学派引申出第二种解释模式，也就是马克思主义的社会模式，这种模式在一个多世纪的社会、政治和思想史中发生了曲折变化，不管是在自由主义者那里还是在社会主义者那里，马克思对异化社会的批判都逐渐失去了原来的意义，成为合法性论争中不可或缺的工具。然而，在利奥塔看来，阶级斗争的社会基础在当前社会已经逐渐变得模糊，这一点反映在法兰克福学派的批判理论向社会理论的转向之中，也体现在法国的"社会主义或野蛮"组织的分裂和解散之中。

利奥塔认为对于当下的社会关系而言，无论是一元整体的社会理论或二元对立的社会批判理论，都不足以面对后现代社会下知识作为主要生产力的问题。因此我们需要第三种解释模式，也就是维特根斯坦意义上的语言游戏模式，"语言游戏是社会为了存在而需要的最低限度的关系"①，因为当人们给一个尚未出生的婴儿命名的时候，婴儿已经作为叙述话语中的一个指谓出现了，他的社会关系已经包含在其中了。因此利奥塔认为哈贝马斯的交往行为理论是不足够的，我们还需要一种语言游戏理论来对社会关系提供一种语用学的分析。

利奥塔的合法化叙事有两大版本。一种是政治的合法化叙事，它的主体是人民，人民是国家合法性的基础，通过国家的教育和不同职业的培训，人民能够使民族走向进步和自由。另一种是哲学的合法化叙事，它来自洪堡(Wilhelm von Humboldt)所提出的"把科学当作科学来研究"的思想，通过一种研究和教育相结合的方法去追求纯粹的知识，它一方面建立一种关于真理、走向社会主义的元叙事；另一方面建立一种批判的知识，就像法兰克福学派所做的那样，为揭示社会异化和压迫提供理论方法。

二、"分歧"的话语政治学

利奥塔在《分歧》及一系列论著中，再次对哈贝马斯寻求历史的统一目标和主题的思想进行严厉的再检验②，在这里他运用的主要还是"文

---

① ［法］让-弗朗索瓦·利奥塔尔：《后现代状况——关于知识的报告》，车槿山译，62页，南京，南京大学出版社，2011。

② 《后现代性与公正游戏——利奥塔访谈、书信录》，谈瀛洲译，129页，上海，上海人民出版社，1997。

化实验"和"艺术实验"的方法，因为对于利奥塔而言，语言分析和情感分析的方法比其他（政治学的、社会学的或历史学的）方法更为可信，因为它们不用求助于权力、社会或人民这些被传统公认的、免受质疑的宏大叙事，至少在这种立场上，人们能够非功利地进行思索和对纷繁复杂的事件做出判断。用康德的术语来概括这种能力的话，这就是一种"反思性的判断力"，在宏大叙事和普遍的东西（规则、原则、规律）衰落的条件下，"如果只有特殊被给予了，判断力必须为此去寻求普遍，那么这种判断力就只是反思性的"①。利奥塔正是从艺术的特殊的经验性规律出发来考察现代性的总体化观念的。

对于当代艺术所处的机械化和工业化时代，本雅明称之为"灵韵"消失的时代，而利奥塔则称之为"迟滞涣散"（slackening）的时代："东拼西凑的作品是当代一般文化的零度……当艺术成为庸俗流行艺术的时候，它迎合着主宰顾客的'品位'的混乱。艺术家、画廊拥有者、批评家和公众在'无可无不可'的气氛中相互纵容——这是一个迟滞涣散的时代。但是这种'无可无不可'的现实主义是金钱的现实主义，即在没有审美标准的时候，根据艺术品实现的利润来衡量艺术品的价值是可能和有用的。这种现实主义包容了所有倾向，正如资本主义包容了所有'需要'——只要这些倾向和需要拥有购买力。"②去体知这种资本主义现实中的"需要与匮乏"之间的关系，对于理解资本主义乃至整个现代性都极为重要，利奥塔认为，这显然与尼采的所谓"虚无主义"有联系，但在尼采的透视

---

① ［德］康德：《判断力批判》，邓晓芒译，14页，北京，人民出版社，2002。
② 《后现代性与公正游戏——利奥塔访谈、书信录》，谈瀛洲译，133—134页，上海，上海人民出版社，1997。

主义之前，康德的《判断力批判》及其"崇高"概念已经为此提供了先例。

《判断力批判》这部写作于 1789 年法国大革命左右的著作，反映了康德迄今为止尚未引起重视的政治哲学。在讨论和反思历史政治现实之前，对于历史的、被构成的词汇和标准，我们必先经历一番康德那样的整理地基的工作。18 世纪末的政治处境给予了康德的思想符号以一种历史的特征，它哺育了现代性的事业，甚至在这项事业破败不堪的时候依然关涉着我们当今的政治处境。

首先，在《纯粹理性批判》中被看作是"客观对象"的政治异质性符号，在《判断力批判》中已经呼之欲出。判断力的原则既不是从知性中借来的，也不是从理性中借来的，因此，判断力仅仅服务于批判，而不构成一种理论。它来自人的认识能力，但不是为了认识事物；它与《实践理性批判》中的欲求能力不同，后者是与客体的认识打交道的。而当知性不再能够引用诸如因果律、实体关系等去解释自然界中的某些事物，也就是说，知性无法呈现其中那些似乎符合规律的东西的时候，判断力就有助于理解"自然事物和那不可认识的超感性世界的关系"①。在利奥塔看来，判断力是可呈现之物与不可呈现之物之间的中介机能，是各种政治异质性符号之间的过渡能力。如果把我们面对的各种政治话语、符号所占据的区域比喻成海洋上的一系列岛屿和区域的话，那么，判断力就像一支探险队，寻找区域之间的过渡②，探求区域的合法化界限发生的变化，发现那些被现代性的同一逻辑掩盖了的异质性历史的符号。判

---

① ［德］康德：《判断力批判》上卷，宗白华译，6 页，北京，商务印书馆，1985。
② 汪民安主编：《后现代性的哲学话语——从福柯到赛义德》，288—289 页，杭州，浙江人民出版社，2000。

断力由此可以发展成为一种社会批判方法，而不是一种关于社会批判的"理论"，因为它不占据任何区域，它要切除的是理论自身合法化和目的性的尾巴。

其次，康德关于美和崇高的哲学指出了概念与现实之间不确定性的冲突。判断力不限于美学与崇高的判断，但美的哲学和崇高的哲学却构成了批判地研究判断力原理的至关重要的部分。哲学美和崇高二者作为让人愉快的东西，既不系于一种感觉，也不系于一个规定的概念，它们以前面提到的反思性的判断力为前提。两者的不同在于，美是一种自身携带着的、促进生命力的、直接的愉快，而崇高则是"一种仅能间接产生的愉快；那就是这样的，它经历着一个瞬间的生命力的阻滞，而立刻继之以生命力的因而更加强烈的喷射"①。崇高的感觉是一种来自痛苦的愉快，崇高的大是那种超越一切比较的、绝对的大，但这与我们能感觉的对象的有限性是不一致的。这种不确定性让"我们似乎可悲地无法呈现任何物体——以'展示'那绝对的伟大和绝对的权力"②，比如说，18 世纪法国大革命所激起的极度崇高的情感，在 20 世纪现代性的合法化和技术化的要求下，反过来把国际和平和社会的改良作为自己的一部分，这种崇高成为市民社会观念中的一种虚拟的抽象，成为世界政治的符号。对于利奥塔来说，被哈贝马斯混同为弗洛伊德意义上的"升华"的崇高概念，不仅是康德的关于美的美学，而且是对现代意识形态的拆穿，是对被隐藏的事实与关系本身的重新关注。

---

① ［德］康德：《判断力批判》上卷，宗白华译，84 页，北京，商务印书馆，1985。

② 《后现代性与公正游戏——利奥塔访谈、书信录》，谈瀛洲译，136 页，上海，上海人民出版社，1997。

　　然而正因为如此，康德认为，"在我们的想象力里具有一个进展到无限的企图，而我们的理性里却要求着绝对的整体作为一个现实的观念，于是我们对感官世界诸物的量的估计能力的不适合性恰正在我们内部唤醒一个超感性能力的感觉"①。在康德那里，大革命给他带来的崇高体验带来了片面的、但对于预测人类历史进程来说极为重要的符号和信息——"存在着进步"。判断力无法像理性那样做出准确的因果律的计算，它无法预告真正进步何时到来，但康德深信，根据时代种种的合规律性和合目的性，这一目标确定无疑会实现。这种确定无疑的不确定性又让我们想起了前面的哈桑所讲的"不确定的内在性"，这进一步说明了利奥塔的观点：后现代正处于现代性之中，现代性正在不断地被重写，现代性是追求概念与现实的内在统一的崇高想象的失败，重写现代性意味着放弃所有通过概念来把握时间的努力，放弃把时间置于历时性之中的方法，摆脱"迟滞涣散"的状态，根据自身的判断力而不受到一种哈贝马斯所强调的目的理性的指引，让"此时此刻"事物按其本来面目发生。利奥塔运用康德哲学所指出的观点：黑格尔试图用"超验的幻觉"去构造总体化的历史，这一幻觉在 20 世纪被证明了只会带来恐怖，我们为了超越的本质和确定性、唯一的整体和秩序付出了高昂的代价，利奥塔对此的回答是"对总体性开战"和"激活差异"。

　　利奥塔所描述的后现代的"不确定的内在性"在维特根斯坦的哲学中同样能够找到其理论的基础。维特根斯坦在《哲学研究》中对语言、命题、思想的本质问题的探讨，不是为了理解摆在我们眼前的、一目了然

---

① ［德］康德：《判断力批判》上卷，宗白华译，89 页，北京，商务印书馆，1985。

的东西，也不是为了获得任何新的东西，而是要通过分析去挖掘在内部、需要透过去看才能看到的东西。维特根斯坦以语句为例，"人们会说，一个语句的意思当然可以保留这样那样的悬而未决之处，但尽管如此，该语句仍必须具有一种确定的意思。一个不确定的意思就根本不是一个意思"，维特根斯坦反对这一论断："一个不确定的边界根本就不是一个边界"①，即使是最含糊的语句，也包含了确定性的意思，"一个人被锁在密室里——只有一个门开着"，这个陈述说明了他被锁着只是一个骗局，语言游戏的含糊性并不妨碍游戏本身，存在着意思的地方必定有它的秩序。

在利奥塔看来，语句的不确定性反映了不同话语类型的内在功能和结构。正如上文提到的，判断力的运用不限于审美领域，它的更重要的意义在于摆脱人们对真理标准的"依赖症"，如黑格尔主义、拉康主义（黑格尔主义的现代版）及阿尔都塞的马克思主义等。利奥塔在《后现代性与公正游戏》中再次提到了尼采的权力意志及康德的判断力的影响，他认为，如果没有判断力这一"有建设性的想象力"乃至一种"创造标准的能力"，也就不会有公正的问题。② 这里的公正，在与既有标准对立的立场上，不再是一个悬设的标准，而是政治竞技场的一个制约性的理念，是对判断力自身的控制。

由此看来，真正反映利奥塔政治哲学复杂性的著作是他从 1974 年

---

① ［奥］维特根斯坦：《哲学研究》，李步楼译，67—68 页，北京，商务印书馆，2011。引文有改动。

② 《后现代性与公正游戏——利奥塔访谈、书信录》，谈瀛洲译，28 页，上海，上海人民出版社，1997。

着手准备的、花费九年时间所完成的《分歧》，而他在此期间写作的《后现代状况》和《后现代性与公正游戏》里面的许多主要观念在《分歧》中都得到了发展，作为后现代的重要特征的判断力和语言游戏在这里才取得了具体的联系。利奥塔的那本书的法语名为 *le différend*，没有对应的英文词，有分歧、歧义、争论之义，英文版所加的副标题为"Phrases in Dispute"（指争论中的用语或措辞），然而它不仅仅是一种争论，利奥塔更重视的不是话语表达的内容而是话语中的异质性的类型、方式和规则，而政治哲学中至为重要的工作，就是见证各种分歧的发生，而要见证分歧的首要条件，就是为分歧"正名"。

三、利奥塔论教育

"关于哲学课程这一主题的讨论"（Address on the Subject of the Course of Philosophy，1984）是利奥塔在《后现代的解释》（*The Postmodern Explained*）一书末尾的一封书信，它主要探讨了如何训练哲学教师这一问题。利奥塔有着丰富的在中学和大学讲授哲学的经历，这最早可以追溯到他在 20 世纪 50 年代在阿尔及利亚担任中学哲学教师的经历。利奥塔对"后现代"概念做出一系列的补充和深入的探讨，强调在当代社会中，知识的生命力不在于盲目地继承前人的宏大叙事，而要去挖掘各种微观叙事中各个领域中的表现形式，尤其是在文化、艺术和教育等方面。利奥塔的后现代思想是法国乃至西方在 20 世纪后半叶的激烈的思潮变化中最具有代表性的表现形式之一，他对哲学教育的理解在很大程度上也建立在这种思想之上。

利奥塔认为，就"哲学行为"本身而言，这一说法本身就带有歧义，仿佛两者之间只是一种偶然的理论联系。在他看来，哲学不是一种外在化的知识，哲学本身就是一种行动，在此意义上，"教育和指导工作并不比参加宴会或装配一艘船具有更多或更少的'哲学行为'"①。这里我们可以看到利奥塔早期思想的一些痕迹，那是一种关于历史、主体和行动的现实化的哲学。如果我们回到利奥塔早期的那本名为《现象学》(*La Phénoménologie*)的小册子中，就会发现，这种思想一直存在于他的理论和实践的斗争之中："理解历史(对于哲学而言没有比这更真实的任务了)……这种集体意义是历史主体性把它们的意义在共存的基础上投射的结果，而主体性在一种取用的行动中重新获得的东西，使这种意义和历史的异化或物化得以终结，它通过自身改变了这种意义并宣告了一种历史的改造。"②对于利奥塔而言，哲学并不是学科地理中的一个独立区域，而是不断在行动的历史中改变着它的意义，哲学教育本身也取决于我们对过去和现实之间的态度。

利奥塔在写下这封信的不久前，出版了他具有代表性意义的哲学著作《分歧》，这本书包含了利奥塔对自古希腊以来的哲学史的理解。其中，柏拉图的对话反映了一种现实，也就是说，我们无法在不理解双方对话规则的情况下达成一致，因此，我们只能服从于第三方的判决。这

---

① Jean-François Lyotard, *The Postmodern Explained*, Minneapolis, University of Minnesota Press, 1993, pp. 99-100.

② Jean-François Lyotard, *Phenomenology*, Albany, State University of New York, 1991, p. 131.

是一种不可通约的分歧，然而现实找到了管理这种分歧的方式，也就是构建一种元叙事、一种第三方的游戏，按照它自身的规则来对分歧做出判断，这样原初的有分歧的情境被消除了，争论消失在这种普遍性的话语之中。利奥塔认为，这就是所谓"科学认知"的规则的建立方式，同时也是"教育法的核心"①。在《理想国》中，柏拉图借苏格拉底之口讲道："把我们的教育建立在音乐和体育上的那些立法家，其目的并不象有些人所想象的那样，在于用音乐照顾心灵，用体育照顾身体。"②也就是说，单个人的训练与成长必须置于城邦的宪法的监护之下，否则即使一个人变得身强力壮，若从不学习文艺和哲学，苏格拉底也认为这种人会成为厌恶理论的人，他不用论证说服别人而用暴力达到自己的目的。

在利奥塔看来，古希腊的教育是围绕城邦的利益来培训对城邦有用的公民的，它首先是一种训练，其次才是教育和改革。这些要求都建立在儿童心灵的可塑性基础上，而且儿童的心灵必须按照城邦的要求进行塑造，否则，放任心灵随意地成长对于城邦的哲学而言是有害的。从另一个角度来讲，假如哲学家成为城邦的统治者，抑或是当前的统治者能够严肃认真地追求智慧，使知识和权力合二为一，对于城邦和人民而言才是有利的选择。从总体上讲，城邦的教育是一种自我训练，它构成了一个自我说教的雏形，同时它也预设了知识与权力相结合的可能性。

---

① Jean-François Lyotard, *The Differend*, Minneapolis, University of Minnesota Press, 1988, p. 26.

② ［古希腊］柏拉图：《理想国》，郭斌和等译，121 页，北京，商务印书馆，1986。引文有改动。

　　对于当代哲学课程而言，哲学的训练必须摆脱古希腊的各种以城邦利益为单一目的的困扰，并追溯哲学思维的多个来源，在这种意义上，利奥塔写道："进行哲学思考首先是一种自我说教的活动。"①哲学思考必须展现出它的多元性和开放性，否则主体无法走进思维的深处，与此同时，主体也必须走进自身的童年时期，它类似于弗洛伊德意义上的"修通"，我们心灵的最初的可能性不仅被过去的偏见隐藏起来，而且在受教育的过程中，被未来的规划、设计和目标等隐藏起来。因此，哲学的自我说教需要与过去、回忆和反思联系起来，这种教育处于这样的状态之中：不断重新开始，时刻保持向前和向后的双重态度，保持自由浮动的注意力。这里，我们已经触及利奥塔后现代思想的一个基本态度，更确切地说，它是对现代性的一种重写，后现代性是现代性的一部分，它包括这样一条原则："不要预先判断，悬置判断，对发生的所有事情按其原貌给予同样的注意。"②对于教育而言，我们也需要尊重这一原则，重视儿童的所有想法及它们的无规律性，重视它们的各种各样的表达方式，如话语、身体、象征、情境和记忆等。

　　利奥塔举了"哲学阅读"的例子，哲学阅读实际上构成了自我对话的大部分内容，我们往往在阅读材料的选择中和阅读过程中逐渐形成了我们思考的主题。然而利奥塔认为，判断一种阅读是不是哲学阅读的标准并不在于阅读的材料，而在于阅读的过程本身。阅读哲学的文本并不意味着就是

---

　　①　Jean-François Lyotard，*The Postmodern Explained*，Minneapolis，University of Minnesota Press，1993，p. 100.

　　②　《后现代性与公正游戏——利奥塔访谈、书信录》，谈瀛洲译，上海，上海人民出版社，1997。

一种哲学阅读，同时，哲学阅读不仅限于文本，可以扩展到艺术、音乐等。利奥塔写道："只有阅读成为一种自我说教，在与文本的关系上成为一种培养不安的训练，成为一种培养耐性的训练时，它才是哲学的。在哲学阅读的长期过程中不仅要学习什么东西需要去阅读，而且要认识到阅读永不休止，你只能从头开始，忘记你所读过的东西。"①在这种意义上，唤醒过去的记忆并不意味着回到过去，而是重新思考之前未思考过的东西，甚至去思考那些我们认为已经理解过的东西。

这种对过去和记忆的态度意味着，哲学教育需要揭露现实的规则，把现实本身悬置起来。利奥塔认为，"赢取时间"是当今现实的主要原则之一，而它的根源毫无疑问是资本主义的合法化叙事。资本主义通过它的经济形式的话语霸权建立起它的客观性的时间机制，一方面，它是一种趋向过去的神话叙事，旨在建立其合法化的权威的历史；另一方面，它是一种趋向未来的解放叙事，旨在建立发展和进步逻辑的目的机制。哲学教育必须摆脱这种时间机制的干扰。

利奥塔写道："作为哲学教师，我们的困难在本质上与保持耐性密切相关。我们可以容忍（以可计算和可见的方式存在）不进步的状况，可以容忍永远只是掀起一个开端，这种观念与下述事物相对立，也就是普遍的价值期望、发展、目标、表现、速度、协约、执行和实现等。"②利奥塔回想起他的哲学课程，一个学期以来他与学生都处于茫然的状态之中，因为利奥塔不仅把众所周知的哲学案例和符号展示给学生，使

---

① Jean-François Lyotard, *The Postmodern Explained*, Minneapolis, University of Minnesota Press, 1993, p. 101.

② Ibid. , p. 102.

之成为一种学术的话语，而且在实用的意义上，把聆听、记忆和阐释的方法嵌入课堂之中，嵌入时长两小时的哲学课堂之中，嵌入"此时此地"之中。这就使哲学教育永远处于一种童年的状态，处于一种牙牙学语的新生状态，在思想与非思想的交融之中重新思考词语与事物之间的意义。

在上述基础上利奥塔认为，如何讲授哲学与如何进行哲学思考在本质上是一致的。哲学是无法仅仅通过学习而获得的，我们最多能够学会如何进行哲学思考，这是利奥塔从康德那里得到的启发。无论是通过自身的努力，还是通过与其他学生一起参与哲学课程，我们都只能在自我领会和自我说教中学会以哲学的方式进行思考。

康德曾在《逻辑学讲义》中讨论了如何学习哲学的问题，他认为所谓哲学家是那些能够推究哲理的人，而推究哲理只能通过练习和理性本身的使用来学习。康德写道："可以说，每一位哲学思想家都是在别人工作的废墟上写出他自己的著作的；但是没有一部作品达到了所有部分都固定不朽的境地。由于这种理由，哲学是不能学习的，因为它还没有拿出来。假如面前确有一种哲学，也不会有学了它，便能称哲学家的人，因为他这种知识永远只是主观——历史的。"①换句话说，学习哲学推理就是仅仅把一切哲学体系看作是理性使用的历史，看作是训练自身的哲学才能的对象。康德之所以有这样的想法，一方面，是因为他不希望人们成为某一种哲学体系的奴隶，通过模仿别人的方式来使用理性；另一方面，他提醒我们在使用理性的过程中，避免把知识看作是一种固定的

---

① ［德］康德：《逻辑学讲义》，许景行译，16 页，北京，商务印书馆，1991。

真理或智慧，这种做法实际上是一种诡辩，并不能给我们使用理性的能力带来长进，反而损害了哲学教育的事业。

可以看出，康德对哲学的定义在学术层面上和在世界层面上是不一样的。在学术层面上，哲学与技巧相关，它与利奥塔所说的耐性的训练相关，而在世界的层面上，哲学与实践相关，它不仅传授智慧，而且为人类理性这一最后目的服务和承担责任，用康德的话来说，真正的哲学家是"人类理性的立法者"。在康德晚年，这种世界层面的意义表现得越来越明显。然而利奥塔认为，在实践中，在两个世纪以来的现代性和启蒙的过程中，无论在法国还是在德国，哲学的学术层面的意义依然占据着上风，哲学教育实际上培养的是符合本国利益的公民而非世界公民，哲学只是充当知识的功能而没有实现它在世界层面上的解放的功能。

康德关于哲学教育的这种现代理念在当今逐渐衰落，当下的哲学课程的内容和设定反映了这一点，因为学生并没有得到足够的耐性去学习如何进行哲学思考，没有得到足够的时间去回忆哲学的童年，回忆人类使用理性的历史，他们并没有足够的时间停留在茫然若失的状态之中，而这种状态恰恰有利于我们产生关于未来的可能性的思想。这种哲学课程仅仅教给学生一个学术层面上的"世界"的观念，而没有告诉学生在这个追求速度、竞争、成功、满足的真实世界中，应该承担什么样的责任。哲学课程中存在的分歧是，学生对老师产生抱怨，因为学生没有得到应有的哲学训练，而老师为了吸引学生的注意力则采取了一些诡计和手段，这样只会导致更严重的后果。

利奥塔在另一本书《激情：康德式的历史批判》里写道："或许，在当下，反思的责任依然在于识别分歧、尊重分歧并使之得到尊重，在异质的措辞家族之上建立恰当的属于超验需要的那种不可通约性，而且为那些不能通过现有语言进行自我表达的人寻找另外的语言。这毫无疑问忠实于康德式的'文化'观念，它被理解为在现实中通向自由的痕迹。"①在这种意义上，教师和学生既是分歧的双方，又是这种分歧的受害者。在这种不可通约的分歧中，没有任何一方的话语能够胜过另外一方，也不存在能够做出公正判断的第三方。在这种情况下，与其停留于抱怨和诡计，不如让我们正视分歧，揭露其中的恶，并为我们所坚持的善做持续的斗争。

在此，利奥塔提出了三点建议。第一，哲学教师需要接受语言的训练，亚里士多德提倡学习修辞学和辩证法的主要原因在于，一个人在学院的辩论中被认为是正确的，他在市集中却有可能被辩倒，这是由于他没有考虑到现实中各种分歧的存在，而当今学院也处于各种分歧之中，我们必须对此做好充分的准备。第二，哲学课程既不能听任权力而仅仅传递某种知识，也不能作为一种可有可无的主题与政治现实划清界限，我们必须在此时此地思考并探索通向思想的道路。第三，在哲学与其他学科的结合中，我们可以找到更多的提出问题的方式，无论是在学院中还是在学院之外，无论是在童年还是在成年阶段，我们可以在任何时候、任何地点寻找世界层面上的通向自由的意义。

利奥塔认为，与哲学课程的基本精神相悖的是追求时间和效益的

①　Jean-François Lyotard, *L'enthousiasme: La critique kantienne de l'histoire*, Paris, Galilée, 1986, p. 114.

资本主义，然而这种资本主义精神不仅统治教育领域，而且渗透到日常生活的每个方面，包括个人的情感和快乐等方面，而哲学教育恰恰需要一个独特的运用理性的环境。利奥塔在《儿童讲稿》中提到了阿伦特的这段话："越是成熟的现代社会，越是抛弃了私人和公共之间的区别（即只有在封闭环境中才能生长的东西，和需要在公共世界的光照之下显示给所有人看的东西之间的区别），就越是在私人领域和公共领域之间引入一个社会领域。在那里，私人的变成了公共的，公共的反过来变成了私人的，这对孩子来说是最糟糕的，因为他们不受干扰的成长，本质上需要一个封闭环境。"①阿伦特在看待当代教育危机的问题上与利奥塔的观点是基本一致的，教育问题在根本上需要回到社会和文化问题上。

阿伦特所面对的是美国的教育危机，这一问题与同时代发生的其他危机相比，似乎只是一个无关紧要的地域现象，然而人们容易忽略这一事实，也就是自 20 世纪以来，任何发生在一国之内的事情，在可预见的未来都同样有可能发生在几乎任何一个国家。危机迫使我们回到问题本身，但这绝不意味着我们匆忙地提出解决办法，因为如果没有消除早已形成的偏见，而试图用这些偏见来应对危机，我们就不仅没有解决危机，而且使危机演变为灾难，使我们错失对现实经验进行反思的机会。利奥塔所指出的那些分歧，正是这种澄清偏见的基础工作。阿伦特写道："教育的本质是诞生性，即人出生在这个世界上的事实。"②刚出生

---

① ［美］汉娜·阿伦特：《过去与未来之间》，王寅丽等译，175 页，南京，译林出版社，2011。

② 同上书，164 页。

的、崭新的人，意味着新的世界和新的秩序的开始。因此，教育在从古至今的政治理论中都扮演着重要的角色，因为参与政治的人必须是受过教育的人。在此意义上，教育对于新来者而言是一张参与政治活动的通行证，它表面上是对新来者的保护，实际上是一种限制和说服。这种教育实际上并没有创造一个新的世界，而是维护一个在可接受范围之内进行改革的旧世界。

这是阿伦特对教育危机进行解答的一种尝试，对这种政治问题的解答需要运用康德意义上的"共通感"（sensus communis），凭借这种共同的感觉理念，我们才能避免把主观私人感觉看作是客观的权威或准则。康德写道："人们必须把 sensus communis［共通感］理解为一种共同的感觉的理念，也就是一种评判能力的理念，这种评判能力在自己的反思中（先天地）考虑到每个别人在思维中的表象方式，以便把自己的判断仿佛依凭着全部人类理性，并由此避开那将会从主观私人条件中对判断产生不利影响的幻觉，这些私人条件有可能会被轻易看作是客观的。"①康德举了一个例子，一个流落到荒岛上的人不会去装饰他的茅屋。阿伦特认为这里包含了康德政治哲学最伟大、最有原创性的思想之一，它指出了世界的本质在于它是一个共同的世界，我们和他人共有和共享着这个非主观的世界，因此思维不仅需要与自身一致，还要站在他人的位置去思考，因此，共通感不仅是人的基本的审美判断能力，而且是一种极为重要的政治生活的能力。

阿伦特指出了现代世界的教育问题在于，这种教育在本质上不能放

①　［德］康德：《判断力批判》，邓晓芒译，135—136 页，北京，人民出版社，2002。

弃权威或传统，尤其是在消费社会的条件下，人们的闲暇时间越来越多地用于消费和娱乐，而不是用于自我完善和建立自我认同。在此意义上，教育领域需要与其他领域分隔开来，尤其是公共领域和政治领域，同时，也不应当把成人世界中要求的普遍有效性的权威概念强加到儿童世界之中，这样才不会剥夺新来者对旧世界进行反思和在新世界中进行创新的机会。与此类似，利奥塔也写道："不能浪费时间去质疑古人和传统了。相反，要争取时间，为了避免我们又回到应当被忘却的事物之中。"①利奥塔认为，我们不能仅仅满足于康德的共通感概念所揭示出来的感觉的可交流性，而要重新描述儿童世界的这种尚未被概念和权力支配的原始感觉，这就是利奥塔所说的文学、艺术和写作的关键任务。

因此，作为教育的哲学应当承担起更多的责任，它不仅要指出教育与社会、政治之间的历史关系，而且要在思想上澄清诞生性、儿童与成人世界之间的联系，不把哲学看作是一种固定的知识或权威，而看成一种在每时每刻进行的理性的训练。我们应当让哲学行动、观察和思考先于一般概念，只有让儿童学会用自己的而不是别人的标准来衡量事物时，他才能避免和消除偏见，运用个人的判断力对事物进行分析。只有哲学教育不再受其他力量的奴役，它才会演变为自发的对真理和自由的思考，它的目的不在于维护旧的世界，而在于承担起人类的共同命运这一责任。

利奥塔在他的《非人：时间漫谈》（*L'Inhumain：Causeries sur le temps*）中很好地总结了现代人文主义教育的这些弊端，在他看来，哲学

---

① Jean-François Lyotard, *Lecture d'enfance*, Paris, Galilée, 1991, p. 83.

教育归根结底是对人的教育，对于成人而言，为了适应习俗制度和共同体生活必须不断使自己人文化，而儿童由于在人文方面受到的训练原始滞后因此更容易陷入习俗制度的支配之中，利奥塔描述了这种人的状况："成人被赋予了认知和使人认知，行动和使人行动，以及将文化关怀和价值内在化的手段；成年人也能够追求完整的人文化，有效地实现思想如意识、认识和意志。他只能在不断地履行其诺言的同时，摆脱童年蒙昧的野蛮。这就是人的状况。"①这恰恰就是利奥塔所理解的发达的知识社会，或者说后现代社会的状况，所谓人文主义的教育牺牲了它教育人的功能，却为人文主义的虚无目标服务，缺乏对人的潜能、感觉和痛苦的考虑使得人的本义在教育中缺失。因此，对于哲学教育而言，我们不应当仅仅在思维中建立思维权，还要在思维之外，在实践中重建思想的权威，从利奥塔所提示的"工作、象征、异质、分歧、变故、事物"中去寻找意义和原动力，在文化、艺术和教育等各个领域发挥思想的能动性，而不是受政治、经济等资本主义意识形态所牵累，这应当是利奥塔这位后现代思想家能够带给我们的真正有意义的启示。

---

① ［法]让-弗朗索瓦·利奥塔：《非人——时间漫谈》，罗国祥译，4 页，北京，商务印书馆，2000。

结 语 ｜ **重写现代性**

正当利奥塔试图从弗洛伊德和马克思思潮中偏离出来之时，法国的思想环境又一次发生了天翻地覆的变化。对此，西里奈利是这样描述的："正如法国经济分别于1973年和1979年遭到了石油危机的持续震撼一样，法国知识界大致在同一个时期遭到了两次思想打击：一次是1974年的'索尔仁尼琴效应'，另一次是70年代末对印度的幻想的破灭。在那些决定性的年代里，历史改变了航向，知识分子历史的一页正在被翻过。"①苏联社会主义模式已显示出退却的迹象，曾经深受苏联马克思主义鼓舞的法国知识界，突

---

① ［法］让-弗朗索瓦·西里奈利：《20世纪的两位知识分子：萨特与阿隆》，陈伟译，367页，南京，江苏人民出版社，2001。

然间不再接受革命的影响，甚至开始对革命产生怀疑。在这不久以后，左派知识分子开始失去了他们仰望的思想大师——巴特、萨特、拉康相继离世，法国思想界似乎突然间陷入空虚，而新思想又开始从这种空虚中迸发出来。对于利奥塔而言，他的思想转变主要体现在 20 世纪 70 年代的三个阶段。

第一，利奥塔实际上从 1968 年开始一直思考着政治运动的出路。从《话语，图形》可以看出，弗洛伊德主义之所以对利奥塔产生强大的吸引力，是因为它让人们看到了欲望的原发过程，这一过程表现为差异的痕迹和驱力的运动，并通过各种话语、图形和其他形式来展现自己，也就是说，欲望的原发过程并不受到任何辩证法的二元论中介的影响，而只会受到二次加工的妨碍和欺骗，因此，它意味着任何像黑格尔主义那样讲究中介和调和的哲学、美学和政治学都不再可能。《话语，图形》反对的就是拉康意义上的符号界对语言和知识领域的统治，而利奥塔对吕贝尔和阿尔都塞的批判，则是因为他们对马克思的人道主义解释和科学主义解释无益于质疑现实和颠覆现实，或者说对暴露资本主义社会中神秘化或异化的现实没有帮助。利奥塔此时思考的主要问题是：如何避免理论走向黑格尔意义上的总体化而失去了对现实的批判功能，总体化的理论容易走向一种总体化的政治，从而导致人们重蹈法国学生运动的覆辙。

在此基础上，利奥塔开始把重心转向到对欲望的多样性和差异性的阐释上，他在《驱力部署》中认为，弗洛伊德的欲望概念除了具有"愿望"的意思之外，还具有尼采意义上的"力"和"能量"之意。利奥塔写道："一种是在匮乏和否定范畴下产生的欲望思想，以及在肯定的思想中以词句、声音、颜色、体积形式出现的欲望的产物，即对某物的欲望，单纯的欲望。另一种是在空无中根据匮乏而塑造的欲望副本（幻想、化身、复制品、全息图），作为劳动的欲望，没有目标的变形，没有记忆的游戏。这两重含义都存在在弗洛伊德那里：原发过程。"①英国学者彼得·丢斯(Peter Dews)认为："在此立场上，解决利奥塔困境的方法很简单，那就是德勒兹和加塔利在《反俄狄浦斯》中所尝试的解决方法：放弃所有对欲望的否定的、怀旧的解释，并拥护一种完全积极的、肯定的和生产性的欲望的概念。"②此时利奥塔关注的中心已经不再是马克思政治经济学意义上的当代资本主义何以可能的问题，而是尼采意义上的从纯粹肯定的角度对新世界进行想象的问题，由于这是一种生命力之强度的波动，因而他自认为能够摆脱任何目的论或进步论的嫌疑。

第二，这里不能不提到利奥塔的《力比多经济学》，在关于马克思的章节中，利奥塔强调他并不是在阅读马克思或修正马克思，不是像阿尔都塞主义者那样去解释马克思的真理，这种做法无异于把马克思奉为像黑格尔和亚里士多德那样的经典人物。利奥塔把马克思看作一名富有情感的作者，把马克思的作品看作是欲望的表达，就像弗洛伊德对达·芬奇的童年时期所做的精神分析一样。弗洛伊德认为："精神病学通常选取意志薄弱的人作为研究对象，一旦这种研究接触到人类中的伟大人物，外行人就会认为没理由这样做。'使辉煌黯然失色，把崇高拖入泥潭'，这不是研究的目的。企图填平将伟大人物的完美同普通人的不足

---

① Jean-François Lyotard, *Des dispositifs pulsionnels*, Paris, Galilée, 1994, p. 197.

② Peter Dews, *Logics of Disintegration*, London, Verso, 1987, p. 132.

分离开来的鸿沟，会让人感到不满意。然而，研究不能不发现那些杰出人物们可以被认识、理解的每件有价值的事，并且相信他们同样受正常的和病理的活动规律的控制和影响。"①在此基础上，利奥塔区分了两个马克思，小女孩的马克思代表了马克思追求社会正义、终结异化和剥削的欲望，而伟大的马克思代表了追求知识的欲望，他通过认识资本主义体系而推断出它的垮台和新的社会体系的形成。利奥塔之所以认为所有政治经济学都属于力比多系统，属于心理能量的表达，是因为任何系统都必然掩饰它自身的欲望，就像马克思在政治经济学著作中抹去早期对异化的表述一样。欲望有着自我生成和消逝的趋向，它无法归因于任何知识体系，而理论本身则反映了作者自身的欲望与其社会关切之间的张力。

第三，正如利奥塔所意识到的那样，《力比多经济学》意味着欲望系统的哲学走入了一条相对主义的死胡同，因为在此意义上，任何行动、话语或审美既有可能是批判的，又有可能被资本主义意识形态所利用。自《力比多经济学》以后，利奥塔做出了理论的调整，把关注点转向理论的社会关系层面，1979 年出版的《论公正》(*Au Juste*)和《后现代状况》正是此次调整的产物。

《论公正》是利奥塔与法国《精神》(*L'esprit*)的编辑泰波的访谈合集，他们的讨论正是以备受争议的《力比多经济学》一书开始的。利奥塔承认这并非一本哲学著作，而更多的是一种古怪的、诗意的文学化的表达，

---

①　车文博主编：《弗洛伊德文集 7：达·芬奇对童年的回忆》，73 页，长春，长春出版社，2004。

同时利奥塔也认为，这部著作实际上并不面向任何人，也就是像上述的《拉摩的侄儿》的比喻那样，它是利奥塔的一次"自言自语"。在利奥塔看来，当作者背负着读者的需要（或作者想象中的读者的需要）时，作者并不能真正地为写作而写作，就像在《力比多经济学》里面描述的马克思那样；而《力比多经济学》本身是没有接收者的，它就像被扔到大海之中的"漂流瓶"一样，它的接收者并不为作者所知，因为在现代社会之下，过去所固有的品位和标准体系已经烟消云散，取而代之的是一本书在经济意义上的销售和流通网络，它需要创造和寻找它自己的接收者。利奥塔认为，这就是现代性（modernité）的一部分。

利奥塔这里所讲的现代性与波德莱尔所讲的正好相反，众所周知，波德莱尔提出了法语世界中最早的一个关于"现代性"的定义："问题在于把在时尚中可能包含着的、富有诗意的东西从历史中解放出来，从短暂中提取出永恒。……一句话，为了使整个现代性都值得变成古典性，必须把人类生活无意间置于其中的神秘美提炼出来。"而在利奥塔所处的当代资本主义条件下，作品"根本不为所谓被误解的艺术家或领先于时代的天才的悲叹提供理由。交流根本就不存在，因为标准体系不够稳定，作品无法找到它指定的位置，确保得到受公众赏鉴的机会"①。波德莱尔所描述的是一种古典主义的模式，也就是构造出一种普遍性，而在利奥塔的时代，普遍的标准是匮乏的，作品的接收者是消失的，就像狄德罗在写作《拉摩的侄儿》的时候那样。因

---

① 《后现代性与公正游戏——利奥塔访谈、书信录》，谈瀛洲译，19 页，上海，上海人民出版社，1997。

此，幽默和反讽成为利奥塔所说的现代性的基调之一，这里的现代性已经非常接近于一种与波德莱尔的现代性概念相对立的意味，或者我们可以称之为"后现代性"。

利奥塔在《后现代状况》中反对哈贝马斯意义上的现代性，也就是建构社会文化的统一，它使日常生活和思想在有机的总体中找到应有的位置。利奥塔思考的是，不同性质的语言游戏，包括知识、伦理和政治，它们的差异性如何在受制约的语用关系中表现。以艺术为例，古典主义的品位在资本的名义下已经失去了它的灵韵，这种状况与波德莱尔所描述的现代性时代已经完全不同了，哈桑虽然给予这种文化状况以"后现代"之名，但只是描述了这种状况的分裂和弥散，却没有在哲学上提出综合的解决方法。

利奥塔并没有沿着哈桑的后现代文化解释的方向前进，而是回到现代性本身，后现代的状况是在现代性的基础上不断新生而出的，这种状况是一再出现的而没有时代的限制，它可以表现为博斯的《愚人船》这幅画、狄德罗的《拉摩的侄儿》这本书，或马拉美《骰子一掷永远取消不了偶然》这首诗。后现代中的"后"意味着对现代的新的接替和转换，但后现代思想与现代思想的不同点在于，后现代痴迷于不可呈现之物，拒绝中介、调和或共识，正如利奥塔反对黑格尔把感性确定性淹没在真理的话语中一样，后现代反对的是总体性的哲学，它走向总体性的对立面，也就是走向不可化约的差异本身。

相比于"后现代"一词，利奥塔更愿意用"重写现代性"之义："重写可以是我刚才提到的让时钟重新从零开始、把过去一笔勾销的姿态，这一姿态一举开始了新的时代和新的分期。'重'的使用意味着回到起始点，回到按说是摆脱了任何偏见的开端，因为人们以为，偏见完全来源于判断的累积和传统，这些判断以前没有经过重新考虑就被认为是正确的。……马克思把他在期望和准备的社会主义革命之前的一切人类历史都称作'前历史'，对这个名称我们就应当这样理解。"①此外，"重"还有另外一层含义，也就是弗洛伊德意义上的对欲望的原发过程的回忆，它不仅是个人层面的自我修复，更在社会层面上揭露资本主义的现代性本身是一种骗局，这种欺骗不仅掩盖了资本的原始积累过程，而且遮蔽了资本运作过程中的物化过程，用霍克海默和阿多诺的观点来讲，"一切物化过程都是遗忘过程"②。但同时利奥塔也提醒说，我们在试图回忆的时候要避免再一次遗忘当下的历史情境。

也因为如此，利奥塔自觉地把自己的解释与当代意识形态市场上的后现代性或后现代主义区别开来。正如前文所述，利奥塔此时所走的道路是回到康德和维特根斯坦，这里的康德并不是我们一般意义上所理解的那个理性的康德，而是那个在 1789 年法国大革命的动荡中写下《判断力批判》并开始重新反思历史政治现实的晚年康德，而维特根斯坦则提供了解开当代社会的语言游戏之谜的钥匙。在利奥塔看来，后现代问题应该置于现代性问题之中去理解，概括而言："后现代性不是一个新的时代，而是对现代性自称拥有的一些特征的重写，首先是对现代性将其合法性建立在通过科学和技术解放整个人类事业的基础上的宣言的重

---

① 《后现代性与公正游戏——利奥塔访谈、书信录》，谈瀛洲译，155 页，上海，上海人民出版社，1997。

② ［德］马克斯·霍克海默、西奥多·阿道尔诺：《启蒙辩证法——哲学断片》，渠敬东等译，262 页，上海，上海人民出版社，2003。

结语 重写现代性 | 297

写。但正如我已经说过的，这种重写在现代性本身里面已经进行很长时间了。"①利奥塔在完成《力比多经济学》以后开始着手准备《分歧》一书，把康德和维特根斯坦的问题展开到一个更广泛的政治层面，这本利奥塔耗费将近 10 年时间而写成的哲学著作，则属于另一个需要我们深入研究的理论主题。

通过上述利奥塔对后现代的解释及他与哈贝马斯之间的争论，我们可以观察到 20 世纪 70 年代西方马克思主义思潮的内部冲突、转向和终结的种种迹象。受到苏联社会主义体系内部分裂和法国学生与工人革命失败的影响，利奥塔的马克思主义信念从 20 世纪 70 年代左右开始发生动摇，一方面是为了摆脱所有政治意识形态的束缚，另一方面是为了寻找新的独立自主的批判话语，他所使用的"漂流"一词极好地反映了此时他与马克思主义之间若即若离的关系。在这种理论的漂流中，利奥塔的弗洛伊德主义和尼采主义日益彰显，马克思的资本概念在利奥塔那里逐渐被唯心主义改造成欲望或永恒回归，似乎仅仅通过对欲望系统的超越就能解决资本主义现代性的难题。这里利奥塔犯下了与鲍德里亚相似的错误，就是把资本看作是哲学的符号，"并以符号生产和抽象的差异性社会关系彻底取代了马克思所强调的前提性的社会物质生产结构"②，与此相应的，马克思的生产、消费和劳动力等概念也被利奥塔泛化了，无产阶级革命的意义被舍弃，这对于当代的政治经济学研究而言无疑是

---

①　《后现代性与公正游戏——利奥塔访谈、书信录》，谈瀛洲译，165 页，上海，上海人民出版社，1997。

②　张一兵：《反鲍德里亚——一个后现代学术神话的祛魅》，载《学术月刊》，2009年第 4 期。

一种倒退。

与利奥塔差不多在同一时期成长起来的新一代法国思想家，如福柯、德勒兹、加塔利、德里达和鲍德里亚等人，他们与利奥塔的共同点在于，都在想方设法地瓦解宏观的总体性的思想史，瓦解马克思和弗洛伊德等人建立起来的宏大叙事的合法性。而哈贝马斯则坚持从一种现代性的哲学话语，逐渐走向一种哲学与政治学相结合的交往行为的理论，他实际上把物化问题规范化为一种中立的文化与价值的问题，这也从侧面反映了西方马克思主义的理论逻辑由于缺乏苏联马克思主义这一对应物，不可避免地对自身的马克思主义哲学基础产生怀疑而逐渐走向终结，西方左派批判理论此时才开始形成后现代思潮这种新的理论形态。

随着后现代思潮越来越受到学界的关注，正如詹明信指出，人们逐渐意识到它"绝不仅是一种文化意识形态或者文化幻象，而是有确切的历史（以及社会经济）现实根据的——它是资本主义全球性发展史上的第三次大规模扩张（在此之前，资本主义曾有过两次全球性的扩张，第一次促进国家市场的建立，而第二次则导致旧有帝国主义系统的形式；这两个各有其文化特殊性，也曾各自衍生出符合其运作规律的空间结构）"①，詹明信甚至认为"后现代"已经成为晚期资本主义整体逻辑里的主导文化形式。暂且不论詹明信的论断是否合理，我们确实在利奥塔的思想中找到了全球资本主义现代化进程所留下的烙印，不管是从开创后现代性的角度，还是从重写现代性的角度，利奥塔通过他的行动和话语

---

① ［美］詹姆逊：《晚期资本主义的文化逻辑》，陈清侨等译，415 页，北京，生活·读书·新知三联书店，2013。

对这些资本主义的最新变化做出了他的回应，从思想形成史和效果史的角度，他对于西方马克思主义和后现代思潮而言具有代表性的意义。但问题不仅在于厘清思想史，更重要的在于重新回到历史的当下性，反思马克思所提出的资本主义的现代性难题如何在当今成为关系到全球命运的世界性总问题。

马克思意义上的对现代性的重写来源于对黑格尔法哲学的批判，来源于对法国大革命后出现的、马克思称之为"现代国家"及其矛盾性的批判，这一问题延续到成熟的马克思的政治经济学写作规划之中，利奥塔从文本上和精神上很好地抓住了这一点。从利奥塔对法国马克思主义思想的继承中，从他对法国无产阶级和第三世界的反殖民斗争的写作中，以及从他对法国进入 20 世纪 60 年代教育体制的异化的分析中，我们能清楚地看到马克思主义在 20 世纪西方马克思主义及其后来者中留下的深刻烙印。正如马克思通过法国革命的演变不断重写了他对资产阶级国家的看法，利奥塔也通过对国家官僚主义、殖民主义和资本主义文化现代性的批判，在一定程度上更新了马克思的理论，为我们反思资本主义在现代进程中的得与失提供了宝贵的参考。从哲学层面来讲，利奥塔所提出的图形秩序对话语秩序的颠覆，反映了利奥塔拒绝黑格尔意义上的总体性哲学的诉求，这是资本主义意识形态构成的一个雏形。否定这种虚构的总体性和目的论，才能够使多样性和差异性成为可能，德里达在写给利奥塔的悼文中所讲的"超越所有终点""把命运交还给思考"①反映

---

① Jacques Derrida, *The Work of Mourning*, Chicago, University of Chicago Press, 2001, p. 234.

了两位思想家之间的共同旨趣。

但同时我们也要意识到，利奥塔对资本主义社会意识形态的批判不能代替对资本主义现实本身的批判，只要以资本主义生产关系为纽带的这一过程一直持续下去，这种意识形态就会一直像幽灵一样困扰着我们，资本主义即使不以"后现代"作为它宏大叙事的名字，也会以另一个名字继续幸存下去。资本主义本身是一个不断克服自身的界限、解决自身的矛盾和不断扩张的历史进程，马克思对资本主义的理解经历了漫长的认识、思考和自我修复的过程，社会主义理论与实践的发展也是如此。然而利奥塔并没有全面地看到这一点，没有看到社会主义所取得的举世瞩目的成就和改变，而是沉浸在自己的痛苦和失落之中，幻想着只要通过激活差异就能走向自由。任何孤立静止的哲学观点都无法真正理解当代资本主义和社会主义现实的瞬息万变，只有坐言起行地发挥历史辩证法的实践精神，从历史唯物主义的高度把握当今社会的最新动态，才能逐步探索出一条与现实相适应的解决资本主义矛盾的道路。

马克思所提出的资本主义的现代性难题一直萦绕在利奥塔思想的中心，利奥塔耗费一生的精力对这一问题进行了思考和重写，现在，这一问题依然是摆在我们面前的根本问题。如果我们仅仅把马克思主义看作是一种宏大的历史叙事，那么我们可能陷入利奥塔对历史叙事的无休止的解构之中，而无法对当代世界提出有效的诊断，甚至对理论自身提出怀疑。尽管利奥塔的哲学话语中有许多新颖之处，但它始终无法对当代资本主义生产关系的内在性问题做出有效的回答。要想面对当今资本主义现实中的政治、经济和文化转变，我们就需要发挥实践的批判精神，把握资本统治形式的最新变化，发掘被这种统治方式所掩盖的不可呈现之物，以此作为我们铸造新的批判理论的武器。与此同时，我们要警惕资本主义意识形态的陷阱，在运用历史唯物主义进行分析时避免迷失于后现代等时髦的话语之中，坚持科学的马克思主义理论意识和细致的历史分析，形成独立的具有中国特色的马克思主义理论和立场。

索　引

利奥塔生平及著作年表

1924 年，生于凡尔赛。

1948 年，在《现代》(*Les Temps Modernes*)杂志上发表文章《生于 1925 年》(Nés en 1925)。

1950—1952 年，在君士坦丁担任中学哲学教师。

1952—1959 年，在陆军子弟学校 (Prytanée militaire de la Flèche) 任教。

1954 年，加入"社会主义或野蛮"(Socialisme ou barbarie)组织，出版《现象学》(*La Phénoménologie*)。

1955 年，接管《社会主义或野蛮》杂志的阿尔及利亚"部分"。

1955—1962 年，在《社会主义或野蛮》上就阿尔及利亚问题陆续发表评论，后来这些文章收入《阿尔及利亚的战争》(*La Guerre des Algériens*)。

1959—1966 年，在巴黎大学任教。

1964 年，"社会主义或野蛮"组织分裂；利奥塔加入由前者分出的"工人权利"(Pouvoir Ouvrier)组织。

1966 年，辞去在《工人权利》的职务。

1966—1970 年，在南泰尔大学任教。

1968 年，五月风暴期间于南泰尔大学组织游行。

1970—1972 年，在樊尚的巴黎第八大学任教。

1971 年，出版《话语，图形》(*Discours, Figure*)。

1972—1987 年，在樊尚巴黎第八大学任哲学教授。

1973 年，出版《驱力部署》(*Des dispositifs pulsionnels*)；《从马克思和弗洛伊德开始的漂流》(*Dérive à partir de Max et Freud*)。

1974 年，出版《力比多经济学》(*Économie Libidinale*)。

1974—1976 年，分别在加利福尼亚大学圣地亚哥分校与伯克利分校，约翰霍普金斯大学巴尔的摩分校任客座教授。

1976 年，任威斯康星大学高级研究员。

1977 年，出版《异教的知识》(*Instructions païennes*)；《异教入门》(*Rudiments païennes*)；《论述的类型》(*Genre dissertatif*)；《杜尚的改造》(*Les transformateurs duchamp*)；《摇摇欲坠的叙事》(*Récits tremblants*)。

1978—1980 年，任巴西圣保罗大学及蒙特利尔大学客座教授。

1979 年，出版《论公正》(*Au Juste*)；《后现代状况》(*La Condition postmoderne*)；《太平洋之墙》(*Le mur du Pacifique*)。

1980 年，《论阿尔贝·埃默近作中色彩的时空建构》(*Sur la constitution du temps par la couleur dans les oeuvres récentes d'Albert Ayme*)。

1983 年，协助建立国际哲学学院；出版《分歧》。

1984 年，《绘画经验的谋杀：莫诺里》(*L'Assassinat de l'experience*

par la peinture：Monory）；《知识分子的坟墓及其他论文》（*Tombeau de l'intellectuel et autres papiers*）；《漂流之作》（*Driftwork*）。

1984—1986 年，任巴黎国际哲学学院院长。

1985 年，在巴黎蓬皮杜现代艺术中心筹办"非物质"（Les Immatériaux）艺术展。

1986 年，在加利福尼亚大学的埃尔文分校韦勒克图书馆举办系列讲座（Wellek Library Lectures），后以《游历：法则、形式与事件》（*Peregrinations：Law，Form，Event*）为题出版；担任加利福尼亚大学埃尔文分校法语系和批判理论项目特聘教授；出版《后现代儿童指南：1982—1985 通信集》（*Le Postmoderne expliqué aux enfants：Correspondence 1982—1985*）；《激情：康德式的历史批判》（*L'Enthousiasme：la critique kantirnne de l'histoire*）；任明尼苏达大学客座教授。

1987 年，出版《孰画？阿达米·荒川·布罕》（*Que peindre？Adami Arakawa Buren*）。

1988 年，出版《游历》（*Pérégrinations*）；《非人：时间漫谈》（*L'Inhumain：Causeries sur le temps*）；《海德格尔与"犹太人"》（*Heidegger et «les juifs»*）；《阿尔及利亚的战争：1956—1963 年文集》（*La Guerre des Algériens*）；任德国席根大学客座教授。

1989 年，出版《利奥塔读本》（*The Lyotard Reader*）；任纽约大学宾汉顿分校客座教授。

1990 年，任丹麦奥尔胡斯大学高级研究员；后任纽约大学斯托尼布鲁克分校客座教授。

1991 年，出版《崇高分析讲稿》（*Leçons sur l'Analytique du sub-*

lime：*Kant*）；《儿童讲稿》（*Lectures d'enfance*），任都灵大学高级研究员。

1992 年，任耶鲁大学客座教授。

1993 年，出版《后现代道德》（*Moralités postmoderbes*）。

1993—1995 年，任埃默里大学亚特兰大分校客座教授。

1998 年，在巴黎逝世。

参考文献

一、法文部分

1. Jean-François Lyotard, *La Phénoménologie*, Paris: PUF, 1954.

2. Jean-François Lyotard, *Dérive à partir de Marx et Freud*, Paris: UGE, 1973.

3. Jean-François Lyotard, *Des dispositifs pulsionnels*, Paris: Galilée, 1994.

4. Jean-François Lyotard, *Économie libidinale*, Paris: Minuit, 1974.

5. Jean-François Lyotard, *Instructions païennes*, Paris: Galilée, 1977.

6. Jean-François Lyotard, *Rudiments païennes*, Paris: UGE, 1977.

7. Jean-François Lyotard, *La condition postmoderne*, Minuit, 1979.

8. Jean-François Lyotard, *Au juste*, Paris: Christian Bourgois, 1979.

9. Jean-François Lyotard, *Le Différend*, Paris: Minuit, 1983.

10. Jean-François Lyotard, *Pérégrinations*, Paris: Galilée, 1990.

11. Jean-François Lyotard, *Discours, Figure*, Paris: Klincksieck, 1971.

12. Jean-François Lyotard, *La Guerre des Algériens*: Écrits 1956—1963, Paris: Galilée, 1989.

13. Jean-François Lyotard, "Note sur le Marxism, "*Tableau de la Philosophie Contemporaine*, Paris: Fischbacher, 1956.

14. Gilles Deleuze, Félix Guattari, *L'Anti-Oedipe*, Paris: Editions de Minuit, 1972.

15. Jean-Paul Sartre, *Situation, I*, Paris: Gallimard, 2010.

16. Maurice Merleau-Ponty, *Parcours Deux*: 1951—1961, Lagrasse: Éditions Verdier, 2001.

17. Michel Foucault, *Dits et écrits I*. 1954—1975, Paris: Gallimard, 1994.

18. Pierre Souyri, *Révolution et Contre-Révolution en Chine*, Paris: Christian Bourgois éditeur, 1982.

二、英文部分

1. Jean-François Lyotard, *Political Writings*, translated by Bill Readings and Kevin Paul Geiman, London: UCL Press, 1993.

2. Jean-François Lyotard, *Peregrinations*: *Law, Form, Event*, New York: Columbia University Press, 1988.

3. *The Lyotard Reader and Guide*, Edited by Keith Crome and James Williams, Edinburgh: Edinburgh University Press, 2006.

4. Alan B. Spitzer, "Born in 1925," *French Politics, Culture & Society*, Vol. 24, No. 2 (Summer 2006).

5. Claude Lefort, "An Interview with Claude Lefort," *Telos*, No. 30, 1976.

6. Cornelius Castoriadis, *The Castoriadis Reader*, translated and edited by David Ames Curtis, Oxford: Blackwell Publishers Ltd, 1997.

7. Cornelius Castoriadis, *Political and Social Writings Volume* 1, translated and edited by David Ames Curtis, Minneapolis: University of Minnesota Press, 1988.

8. Dylan Evans, *An introductory Dictionary of Lacanian Psychoanalysis*, London: Routledge, 2006.

9. Edward Said, *Reflection on Exile and Other Essays*, Cambridge: Harvard University Press, 2002.

10. Ihab Hassan, *The Postmodern Turn*: *Essays in Postmodern Theory and Culture*, Cybereditions Corporation, 2001.

11. Jacques Derrida, *The Work of Mourning*, Chicago: University of Chicago Press, 2001.

12. Mark Poster, *Existential Marxism in Postwar France*, Princeton: Princeton University Press, 1975.

13. Peter Dews, *Logics of Disintegration*, London: Verso, 1987.

14. Rosa Luxemburg, *The Crisis in the German Social-Democracy (The "Junius" Pamphlet)*, New York: The Socialist Publication Society, 1919.

15. *The Structuralist Controversy*: *The Languages of Criticism and the Sciences of Man*, edited by Richard Macksey and Eugenio Donato, Baltimore: The Johns Hopkins University Press, 1972.

三、中文部分

1.《马克思恩格斯全集》第 3 卷，人民出版社 2002 年版。

2.《马克思恩格斯全集》第 11 卷，人民出版社 1995 年版。

3.《马克思恩格斯全集》第 30 卷，人民出版社 1995 年版。

4.《马克思恩格斯全集》第 3 卷，人民出版社 1960 年版。

5.《马克思恩格斯全集》第 4 卷，人民出版社 1958 年版。

6.《马克思恩格斯全集》第 17 卷，人民出版社 1963 年版。

7.《马克思恩格斯全集》第 20 卷，人民出版社 1971 年版。

8.《马克思恩格斯全集》第 31 卷，人民出版社 1972 年版。

9.《马克思恩格斯全集》第 33 卷，人民出版社 1973 年版。

10.《马克思恩格斯全集》第 42 卷，人民出版社 1979 年版。

11.《马克思恩格斯全集》第 48 卷，人民出版社 1985 年版。

12. ［德］阿多诺：《美学理论》，王柯平译，四川人民出版社 1998 年版。

13. ［法］阿尔贝·加缪：《西西弗的神话——论荒谬》，杜小真译，生活·读书·新知三联书店 1987 年版。

14. ［德］埃德蒙德·胡塞尔：《笛卡尔沉思与巴黎讲演》，张宪译，人民出版社 2008 年版。

15. ［德］埃德蒙德·胡塞尔：《逻辑研究》第 1 卷，倪梁康译，上海译文出版社 1994 年版。

16. ［德］埃德蒙德·胡塞尔：《欧洲科学危机和超验现象学》，张庆熊译，上海译文出版社 1988 年版。

17. ［德］埃德蒙特·胡塞尔：《内在时间意识现象学》，杨富斌译，华夏出版社 1999 年版。

18. ［法］安德烈·布勒东：《超现实主义宣言》，袁俊生译，重庆大学出版社 2010 年版。

19. ［澳］格雷厄姆·琼斯：《利奥塔眼中的艺术》，王树良等译，重庆大学出版社 2016 年版。

20. 「法」保罗·利科：《解释的冲突：解释学文集》，莫伟民译，商务印书馆 2008 年版。

21. ［法］鲍德里亚：《生产之镜》，仰海峰译，中央编译出版社 2005 年版。

22. ［法］波德莱尔：《波德莱尔美学论文选》，郭宏安译，人民文学出版社 1987 年版。

23. 车文博主编：《弗洛伊德文集 7：达·芬奇对童年的回忆》，长春出版社 2004 年版。

24. 车文博主编：《弗洛伊德文集 5：精神分析新论》，长春出版社 2004 年版。

25. 车文博主编：《弗洛伊德文集 6：自我与本我》，长春出版社 2004 年版。

26. ［美］道格拉斯·凯尔纳、斯蒂文·贝斯特：《后现代理论——批判性的质疑》，张志斌译，中央编译出版社 2011 年版。

27. ［瑞士］费尔迪南·德·索绪尔：《普通语言学教程》，高名凯译，商务印书馆 1999 年版。

28. ［德］弗兰克：《理解的界限——利奥塔和哈贝马斯的精神对话》，先刚译，华夏出版社 2003 年版。

29. ［美］弗雷德里克·詹姆逊：《文化转向：后现代论文选》，胡亚敏等译，中国社会科学出版社2000年版。

30. ［德］弗里德里希·尼采：《查拉图斯特拉如是说》，孙周兴译，上海人民出版社2009年版。

31. ［奥］弗洛伊德：《释梦》，孙名之译，商务印书馆2002年版。

32. ［奥］弗洛伊德：《一种幻想的未来 文明及其不满》，严志军等译，河北教育出版社2003年版。

33. ［美］赫伯特·施皮格伯格：《现象学运动》，王炳文等译，商务印书馆1995年版。

34. ［德］黑格尔：《精神现象学》上卷，贺麟等译，商务印书馆1983年版。

35. 《后现代性与公正游戏——利奥塔访谈、书信录》，谈瀛洲译，上海人民出版社1997年版。

36. ［德］胡塞尔：《纯粹现象学通论——纯粹现象学和现象学哲学的观念》第1卷，李幼蒸译，商务印书馆1996年版。

37. ［德］霍克海默、阿多诺：《启蒙辩证法——哲学断片》，渠敬东等译，上海人民出版社2003年版。

38. ［法］吉尔·德勒兹：《尼采与哲学》，周颖等译，社会科学文献出版社2001年版。

39. ［法］吉尔·德勒兹：《哲学与权力的谈判——德勒兹访谈录》，刘汉全译，商务印书馆2000年版。

40. ［法］加斯东·巴什拉：《水与梦——论物质的想象》，顾嘉琛译，岳麓书社2005年版。

41. 瞿葆奎主编，张人杰选编：《法国教育改革》，人民教育出版社 1994 年版。

42. ［德］康德：《纯粹理性批判》，邓晓芒译，人民出版社 2004 年版。

43. ［德］康德：《历史理性批判文集》，何兆武译，商务印书馆 1996 年版。

44. ［德］康德：《逻辑学讲义》，许景行译，商务印书馆 1991 年版。

45. ［德］康德：《判断力批判》上卷，宗白华译，商务印书馆 1985 年版。

46. ［法］科耶夫：《黑格尔导读》，姜志辉译，译林出版社 2005 年版。

47. ［德］库尔特·考夫卡：《格式塔心理学原理》，黎炜译，浙江教育出版社 1997 年版。

48. 《拉康选集》，褚孝泉译，上海三联书店 2001 年版。

49. ［法］雷蒙·阿隆：《历史讲演录》，张琳敏译，上海译文出版社 2011 年版。

50. ［法］路易·阿尔都塞：《保卫马克思》，顾良译，商务印书馆 2006 年版。

51. ［德］马丁·海德格尔：《尼采》上卷，孙周兴译，商务印书馆 2002 年版。

52. ［法］米歇尔·福柯：《古典时代疯狂史》，林志明译，生活·读书·新知三联书店 2005 年版。

53. ［法］莫里斯·梅洛-庞蒂：《辩证法的历险》，杨大春等译，上海译文出版社 2009 年版。

54. ［法］莫里斯·梅洛-庞蒂：《可见的与不可见的》，罗国祥译，商务印书馆 2008 年版。

55. ［法］莫里斯·梅洛-庞蒂：《行为的结构》，杨大春等译，商务印书馆 2005 年版。

56. ［法］莫里斯·梅洛-庞蒂：《知觉现象学》，姜志辉译，商务印书馆 2001 年版。

57. ［德］尼采：《不合时宜的沉思》，李秋零译，华东师范大学出版社 2007 年版。

58. ［德］尼采：《权力意志》，孙周兴译，商务印书馆 2007 年版。

59. ［苏］尼·格·波波娃：《法国的后弗洛伊德主义》，李亚卿译，东方出版社 1988 年版。

60. ［英］佩里·安德森：《后现代性的起源》，紫辰等译，中国社会科学出版社 2008 年版。

61. 秦喜清：《让-弗·利奥塔——独树一帜的后现代理论家》，文化艺术出版社 2002 年版。

62. ［法］让·保尔·萨特：《自我的超越性——一种现象学描述初探》，杜小真译，商务印书馆 2001 年版。

63. ［法］让-保罗·萨特：《辩证理性批判》上，林骧华等译，安徽文艺出版社 1998 年版。

64. ［法］让-弗朗索瓦·利奥塔：《非人：时间漫谈》，罗国祥译，商务印书馆 2000 年版。

65. ［法］让-弗朗索瓦·利奥塔：《后现代道德》，莫伟民等译，学林出版社 2000 年版。

66. ［法］让-弗朗索瓦·利奥塔尔：《后现代状态——关于知识的报告》，车槿山译，生活·读书·新知三联书店 1997 年版。

67. ［法］让-弗朗索瓦·利奥塔：《话语，图形》，谢晶译，上海人民出版社 2011 年版。

68. ［法］让-弗朗索瓦·西里奈利：《知识分子与法兰西激情——20 世纪的声明和情愿书》，刘云虹译，江苏人民出版社 2001 年版。

69. ［法］让-弗朗索瓦·西里奈利：《20 世纪的两位知识分子：萨特与阿隆》，陈伟译，江苏人民出版社 2001 年版。

70. ［法］萨特：《存在与虚无》，陈宣良等译，生活·读书·新知三联书店 1997 年版。

71. 汪民安等主编：《后现代性的哲学话语：从福柯到赛义德》，浙江人民出版社 2000 年版。

72. 汪民安主编：《生产·新尼采主义》第四辑，广西师范大学出版社 2007 年版。

73. ［法］文森特·德贡布：《当代法国哲学》，王寅丽译，新星出版社 2007 年版。

74. 吴晓明、张亮主编：《当代学者视野中的马克思主义哲学：西方学者卷》补卷，北京师范大学出版社 2011 年版。

75. ［奥］西格蒙德·弗洛伊德：《弗洛伊德后期著作选》，林尘等译，上海译文出版社 2005 年版。

76. ［英］西蒙·莫尔帕斯：《导读利奥塔》，孔锐才译，重庆大学出版社 2014 年版。

77. 《一八七一——一九一八年的法国》，楼均信等选译，商务印书馆 1989 年版。

78. ［德］于尔根·哈贝马斯：《现代性的哲学话语》，曹卫东译，译林出版社 2011 年版。

79. 余英时：《士与中国文化》，上海人民出版社 2003 年版。

80. ［美］詹明信：《晚期资本主义的文化逻辑》，陈清侨等译，生活·读
    书·新知三联书店 2013 年版。

81. 周慧著：《利奥塔的差异哲学：法则、事件、形式》，重庆大学出版
    社 2012 年版。

82. ［法］让-弗朗索瓦·利奥塔：《马尔罗传》，蒲北溟译，东方出版中心
    2000 年版。

83. ［法］L. 阿尔都塞：《列宁与黑格尔》，《哲学译丛》，1980 年第 3 期。

84. ［法］M. 福柯：《福柯答复萨特》，《世界哲学》，2002 年第 5 期。

85. ［美］P. 杜斯、P. 奥斯本：《卡斯托列迪斯访问记》，《国外社会科
    学》，1993 年第 6 期。

86. ［美］R. 罗蒂：《哈贝马斯和利奥塔论后现代性》，《世界哲学》，2004
    年第 4 期。

87. ［美］Wald Godzich：《利奥塔与〈后现代状况〉的来龙去脉》，《开放时
    代》，1998 年第 6 期。

88. 高秉江：《胡塞尔的 Eidos 与柏拉图的 idea》，《哲学研究》，2004 年
    第 2 期。

89. 刘怀玉：《不平衡发展的"现在"历史空间辩证法》，《学习与探索》，
    2011 年第 6 期。

90. 刘怀玉：《马克思主义辩证法的重复性、回忆性与修复性》，《天津
    社会科学》，2016 年第 1 期。

91. ［法］路易·阿尔都塞：《论马克思与弗洛伊德(1977)》，《当代国外

马克思主义评论》,2010 年第 1 期。

92. [法]米歇尔·福柯:《〈反俄狄浦斯〉序言》,《国外理论动态》,2003 年第 7 期。

93. 孙周兴:《永恒在瞬间中存在——论尼采永恒轮回学说的实存论意义》,《同济大学学报(社会科学版)》,2014 年第 5 期。

94. [德]于尔根·哈贝马斯:《现代性——一项尚未完成的事业》上、下,《文艺研究》,1994 年第 5、6 期。

95. 张一兵:《反鲍德里亚——一个后现代学术神话的祛魅》,《学术月刊》,2009 年第 4 期。

96. 张一兵:《马克思:自在之物与事物自身之谜的破解——历史唯物主义的构境论阐释》,《南京大学学报(哲学·人文科学·社会科学)》,2015 年第 2 期。

后　记

　　本书是根据本人在 2016 年年底通过答辩的博士学位论文《在走向后现代途中的西方马克思主义：利奥塔早中期思想研究》扩充和修改而成的，指导老师是刘怀玉教授。之所以把题目改为《重写现代性：利奥塔的马克思主义思想研究》，是希望把利奥塔的思想置于更广阔的现代性理论空间之中，而不仅仅把它归结为后现代主义。利奥塔不仅以马克思主义作为理论出发点和重要的理论参照系，重新书写当代资本主义社会（后现代社会）的文化状况，而且对现象学、精神分析学、尼采主义和后现代主义也提出了许多独到的见解。在这几年期间，国内已经陆续出现了许多研究利奥塔的著作和文章，其中有许多值得我们学习和借鉴的地方。本书的研究还有许多不足和错漏之处，希望在与相关领域的专家的交流中弥补这种遗憾，为大家进一步理解利奥塔的思想提供一些帮助。

　　本书从构思到成稿，自始至终是在导师刘怀玉教授的关心和指导下进行的，他不仅为我指出了学术研究的方向，更教导了我为人为文的道理。另外还要感谢张异宾老师的筹划及北京师范大学出版社的支持和帮助。

郑劲超

2019 年 6 月于广州中山大学南校区

图书在版编目（CIP）数据

重写现代性：利奥塔的马克思主义思想研究 / 郑劲超著. —北京：北京师范大学出版社，2021.8

（当代国外马克思主义哲学研究）

ISBN 978-7-303-26784-2

Ⅰ.①重… Ⅱ.①郑… Ⅲ.①利奥塔（Lyotard，Jean Francois 1924-1998）－马克思主义哲学－思想评论 Ⅳ.①B098.1

中国版本图书馆 CIP 数据核字（2021）第 015748 号

营 销 中 心 电 话 010-58805385
北 京 师 范 大 学 出 版 社   http://xueda.bnup.com
主题出版与重大项目策划部

CHONGXIE XIANDAIXING

| 出版发行：北京师范大学出版社   www.bnup.com |
| 北京市西城区新街口外大街 12-3 号 |
| 邮政编码：100088 |

印　　刷：鸿博昊天科技有限公司
经　　销：全国新华书店
开　　本：730 mm×980 mm　1/16
印　　张：22.75
字　　数：274 千字
版　　次：2021 年 8 月第 1 版
印　　次：2021 年 8 月第 1 次印刷
定　　价：88.00 元

策划编辑：郭　珍	责任编辑：张　爽
美术编辑：王齐云	装帧设计：王齐云
责任校对：段立超　王志远	责任印制：陈　涛